Die Welt der blühenden Pflanzen

**Die Orchideen von Maurice Lecoufle sind überall bekannt. In seinen Gewächshäusern in Boissy-Saint-Léger züchtete er äußerst seltene Sorten, die er in die ganze Welt exportierte.
Neben seiner fachlichen Kompetenz zeichnete er sich auch durch Freundlichkeit und große Hilfsbereitschaft aus.**

Viele Fotografien von Orchideen in diesem Buch stammen von Maurice Lecoufle. Leider ist er im Oktober 1994 gestorben. Dieses Buch ist ihm gewidmet.

Der Autor bedankt sich bei folgenden Personen, ohne deren Fotografien dieses Buch nicht realisierbar gewesen wäre:

**Vincent Cerutti (Kakteen)
Jean-Claude Duformentelle (Orchideen)
Gérard Malinvaud (Wasserpflanzen)
Roger Rousseau (Rosen)
Jean-Claude und Louise-Marie Schryve (Knollenpflanzen und andere seltene Blumen)**

© by Copyright, Paris
© der deutschsprachigen Ausgabe: Karl Müller Verlag,
Danziger Str. 6, D-91052 Erlangen, 1996

Alle Rechte vorbehalten.
Kein Teil des Werkes darf in irgendeiner Form (durch Fotokopien, Mikrofilm oder ein ähnliches Verfahren) ohne die schriftliche Genehmigung des Verlages reproduziert oder unter Verwendung elektronischer Systeme verarbeitet, vervielfältigt oder verbreitet werden.

Titel der Originalausgabe: Les Fleurs du Monde
Übertragung aus dem Französischen: Karin Hofmann
Lektorat: Christine Rapp/Angelika Scheulen

ISBN 3-86070-584-9
4 3 2 1   96 97 98

Die Welt der blühenden Pflanzen

Michel Viard

KARL MÜLLER VERLAG

Inhalt

Blumen der Tropenwälder
7

Blumen der Mischwälder
35

Blumen der Berge
61

Wiesenblumen
79

Blumen in Wüste und Macchie
113

Blumen in Sümpfen und Gewässern
141

Strandblumen
155

Gezüchtete Blumen
169

Blumen der Tropenwälder

Die Regionen, die zwischen dem Wendekreis des Krebses und dem des Steinbocks liegen, gelten als die heißesten und feuchtesten der Erde. Die Tages- und Nachttemperaturen sind praktisch identisch, hier gibt es keinen Wechsel zwischen den Jahreszeiten, die Pflanzen blühen und grünen ununterbrochen. Von den lichtdurchfluteten Baumkronen bis hinunter zum dämmrigen Boden – überall Pflanzen, so weit das Auge reicht. Im Dschungel von Monteverde in Costa Rica wurden auf einer Fläche von fünf Hektar 1500 verschiedene blühende Pflanzen und 750 Baumarten gezählt. Trotz dieses Überflusses ist das Milieu des tropischen Regenwaldes äußerst empfindlich. Mit jedem Baum, der gefällt wird, zerstört man auch Hunderte von Moosarten, Farnen, Orchideen und Lianen, die auf seinem Stamm oder in seinen Ästen wachsen. Plötzlich fällt gleißendes Sonnenlicht auf die Pflanzenarten, die bis dahin im Dämmerlicht existierten. Der fruchtbare Erdboden ist fortan schutzlos den reißenden Regenfällen ausgeliefert. Hunderte von Schmetterlingen und Insekten, die für die Vermehrung der Pflanzen verantwortlich sind, verlieren ihren Lebensraum.

Vor 20 Jahren stellten Experten fest, daß in den Regenwäldern bereits die Hälfte aller Tier- und Pflanzenarten dieser Erde beheimatet sind. Die Zahl aller noch unbekannten Arten wurde auf drei Millionen geschätzt. Heute geht man davon aus, daß mindestens zehn Millionen Tiere und Pflanzen noch unentdeckt sind und sich 90 % davon in den heißen und feuchten Urwäldern verstecken. Die Frage ist nur, ob dem Menschen noch Zeit genug bleibt, sie zu entdecken und zu klassifizieren, denn die Zerstörung des Regenwaldes schreitet mit 30 Hektar pro Minute unaufhaltsam voran.

Linke Seite: *Dendrobium cruentum*.
Familie: Knabenkrautgewächse (Birma/Malaysia).

Links: *Ipomoea tricolor*.
Familie: Windengewächse (Mexiko).

1 *Masdevallia picturata*. Familie: Knabenkrautgewächse (Ecuador). **2** *Masdevallia robledorum*. Familie: Knabenkrautgewächse (Kolumbien). **3** *Dracula vampira*. Familie: Knabenkrautgewächse (Ecuador). **4** *Dracula chimaera*. Familie: Knabenkrautgewächse (Kolumbien). **5** *Masdevallia coccinea*. Familie: Knabenkrautgewächse (Kolumbien/Peru). **6** *Masdevallia caudata*. Familie: Knabenkrautgewächse (Kolumbien/Venezuela).

Rechte Seite: *Masdevallia veitchiana*. Familie: Knabenkrautgewächse (Peru).

Im Süden von Ecuador, an der Grenze zu Peru, erstreckt sich El Condor, ein weites Bergland mit dichten und undurchdringlichen Wäldern. Diese schwer erreichbare und unwirtliche Gegend scheint von aller Welt vergessen zu sein. Niemand interessierte sich je für dieses Gebiet, abgesehen von einigen wenigen Missionaren, die sich dort niederließen, um den ansässigen Indianern (insbesondere den Jivaros) das Christentum zu bescheren. Einer von ihnen, Padre Andreetta, der gekommen war, um den letzten Eingeborenenvölkern zu helfen, stellte bald fest, daß diese Wälder Tausende verschiedener Orchideenarten beherbergten, darunter auch *Masdevallia* und *Dracula*, die bis dahin kaum bekannt waren. Mit Unterstützung von amerikanischen Botanikern versucht er nun die beiden angrenzenden Staaten dazu zu bringen, aus El Condor das erste Naturschutzgebiet der Welt für Orchideen zu machen.

1 *Passiflora caerulea*. Familie: Passionsblumengewächse (Brasilien). **2** *Passiflora coriacea*. Familie: Passionsblumengewächse (Mexiko/Peru). **3** *Passiflora cymbarina*. Familie: Passionsblumengewächse (Ecuador). **4** *Passiflora violacea*. Familie: Passionsblumengewächse (Rio de Janeiro, Brasilien).

Rechte Seite: *Passiflora edulis*. Familie: Passionsblumengewächse (Brasilien).

Folgende Doppelseite: Königin der Nacht *Selenicereus grandiflorus*. Familie: Kaktusgewächse (Jamaika).

In den heißen Sommernächten verströmen die tropischen Wälder in Jamaika einen betörenden Vanilleduft. Dieser stammt von der „Königin der Nacht" und ihren bis zu 35 Zentimeter großen weißen Blüten. Der Duft dieser Blüten zählt zu den intensivsten Gerüchen des Pflanzenreiches und wird von den Fledermäusen, die diese Blüten bestäuben, über viele Kilometer hinweg wahrgenommen. Die „Königin der Nacht" ist ein Kaktusgewächs. Ihre dünnen, quadratischen Stengel sind mit Dornen übersät und finden, dank ihrer Luftwurzeln, Halt an den Bäumen des Waldes. Manchmal können diese Stengel bis zu 100 Meter lang werden. Leider jedoch kann die „Königin der Nacht" nur für sehr kurze Zeit Hof halten, denn sie verblüht innerhalb weniger Stunden.

1 *Dendrobium brymerianum*. Familie: Knabenkrautgewächse (Birma/Laos/Thailand). **2** *Paphiopedilum rothschildianum*. Familie: Knabenkrautgewächse (Borneo, nur auf dem Berg Kinabalu). **3** *Odontoglossum bictoniense*. Familie: Knabenkrautgewächse (Mexiko/Guatemala). **4** *Oncidium papilio*. Familie: Knabenkrautgewächse (Ecuador/Peru). **5** *Brassia longissima*. Familie: Knabenkrautgewächse (Costa Rica/Panama). **6** *Paphiopedilum sukhakulii*. Familie: Knabenkrautgewächse (Thailand).

Linke Seite: *Epidendrum ilense*. Familie: Knabenkrautgewächse (Ecuador).

Im Jahr 1976 versammelten sich aufgeregte Botaniker in Ecuador um einen Baum, der nur drei Fuß weit von einer bis dahin unbekannten Orchidee gefällt worden war. Man nannte die neue Art *Epidendrum ilense*, aber noch bevor man sie auf die Liste der bedrohten Pflanzen setzen konnte, war sie schon von Motorsägen und Bulldozern ausgelöscht worden. Glücklicherweise wurden jedoch drei Exemplare gerettet. Eines blieb in Amerika, das zweite brachte man nach England und die dritte Pflanze gelangte nach Boissy-Saint-Léger, nahe Paris, wo es gelang, sie mit künstlicher Bestäubung zu vermehren.

1 *Dendrobium unicum*. Familie: Knabenkrautgewächse (Neu-Guinea). **2** *Paphiopedilum concolor*. Familie: Knabenkrautgewächse (Birma). **3** *Angraecum magdalenae*. Familie: Knabenkrautgewächse (Madagaskar). **4** *Aerangis cryptodon*. Familie: Knabenkrautgewächse (Uganda/Kenia). **5** *Arachnis flos-aeris*. Familie: Knabenkrautgewächse (Sumatra/Java). **6** *Angraecum compactum*. Familie: Knabenkrautgewächse (Madagaskar).

Rechte Seite: *Angraecum sesquipedale*. Familie: Knabenkrautgewächse (Madagaskar).

1850 entdeckte Charles Darwin auf Madagaskar eine Orchidee mit weißen, wachsartigen Blütenblättern und einem etwa 40 Zentimeter langen Sporn, die den Namen *Angraecum sesquipedale* erhielt. Auf dem Grund dieses röhrenartigen Sporns befand sich eine süß schmeckende Flüssigkeit. Für Darwin war klar, daß dieser Nektar zum Anlocken von Insekten diente. Er nahm an, irgendwo im Dschungel lebe ein Insekt mit einem 40 Zentimeter langen Rüssel, welches obendrein noch nachtaktiv sei, da die Pflanze nur bei Nacht duftete. Eine Theorie, mit der er bei den Entomologen seiner Zeit höhnisches Gelächter auslöste. 50 Jahre später wurde jedoch ein Nachtfalter entdeckt, der am Kopf eine seltsame Spirale vor sich hertrug, der *Xanthopan morgani predicta*. Vom Duft angelockt, fand der Schmetterling die Orchidee. Seine Spirale entrollte sich und wurde zu einem Rüssel von 40 Zentimeter Länge … Heute wissen wir, daß jede der 200 *Angraecum*-Arten ihren „eigenen" Nachtfalter besitzt. Die Länge ihrer Rüssel paßt perfekt zu der des Orchideensporns.

1 *Jacobinia chrysostephana*. Familie: Akanthusgewächse (Brasilien). **2** *Aeschynanthus speciosus*. Familie: Gesneriengewächse (Java). **3** *Pachystachys lutea*. Familie: Akanthusgewächse (Peru). **4** *Crossandra nilotica*. Familie: Akanthusgewächse (Indien/Sri Lanka). **5** *Aphelandra squarrosa*. Familie: Akanthusgewächse (Brasilien). **6** *Calathea crocata*. Familie: Pfeilwurzgewächse (Brasilien). Aus den Blättern der *Calathea* flechten die Indianer Körbe. Das griechische Wort für Korb ist *kalathos*.

Rechte Seite: *Gloriosa rothschildiana*. Familie: Liliengewächse (Kenia/Uganda).

Die Prachtlilie oder *Gloriosa* wächst zunächst gerade nach oben. Sobald sie vier oder fünf Blätter hat, krümmt sich ihr Stengel auf der Suche nach Halt. Ihre neuen Blätter besitzen an den Enden kleine Ranken, mit denen sie nach benachbarten Pflanzen „angelt". Wenn der Kontakt hergestellt ist, wächst der Stengel wieder gerade, nur die Blattranken setzen ihren gekrümmten Weg fort, um der Lilie die nötige Verankerung zu geben. Schließlich ist die Pflanze erwachsen, ihre Blätter werden dicker und besitzen keine Ranken mehr.
Die Pflanze treibt Blüten. Die *Gloriosa* war bei den eingeborenen Sammlern in den tropischen Wäldern Afrikas sehr begehrt. Nicht etwa wegen ihrer Schönheit, sondern aufgrund ihrer hochgiftigen Zwiebel, reich an Alkaloiden, aus denen ein äußerst wirksames Pfeilgift gewonnen wurde.

1 *Tibouchina semidecandra*. Familie: Schwarzmundgewächse (Brasilien). **2** *Hoya multiflora*. Familie: Schwalbenwurzgewächse (Malakka/Malaysia/Borneo). **3** *Begonia metallica*. Familie: Begoniengewächse (Bahia/Brasilien). **4** *Solanum pyracanthum*. Familie: Nachtschattengewächse (Madagaskar). **5** *Ixora macrothyrsa*. Familie: Rötegewächse (Sumatra). **6** *Hoya bella*. Familie: Schwalbenwurzgewächse (Indien).

Rechte Seite: *Hoya carnosa*. Familie: Schwalbenwurzgewächse (China).

Die wachsweißen Büten der Wachsblume oder *Hoya* sondern in den wärmsten Stunden des Tages kleine Nektartröpfchen ab, die sofort von Bienen und Ameisen aufgesammelt werden. In den malaysischen, indischen und australischen Wäldern kommen etwa 50 verschiedene *Hoya*-Arten vor. Die meisten von ihnen sind Schlingpflanzen. Solange die Pflanzen noch jung sind, geben sie sich den Anschein von Sukkulenten: ihre Blätter und Stengel sind fleischig-saftig. Mit zunehmendem Alter werden die Stengel holziger und die Blätter dünner. Bei allen Arten treten häufig auch gefleckte Blätter und Blattdeformationen auf.

Nächste Doppelseite: *Setcreasea purpurea*. Familie: Commelinengewächse (Mexiko).

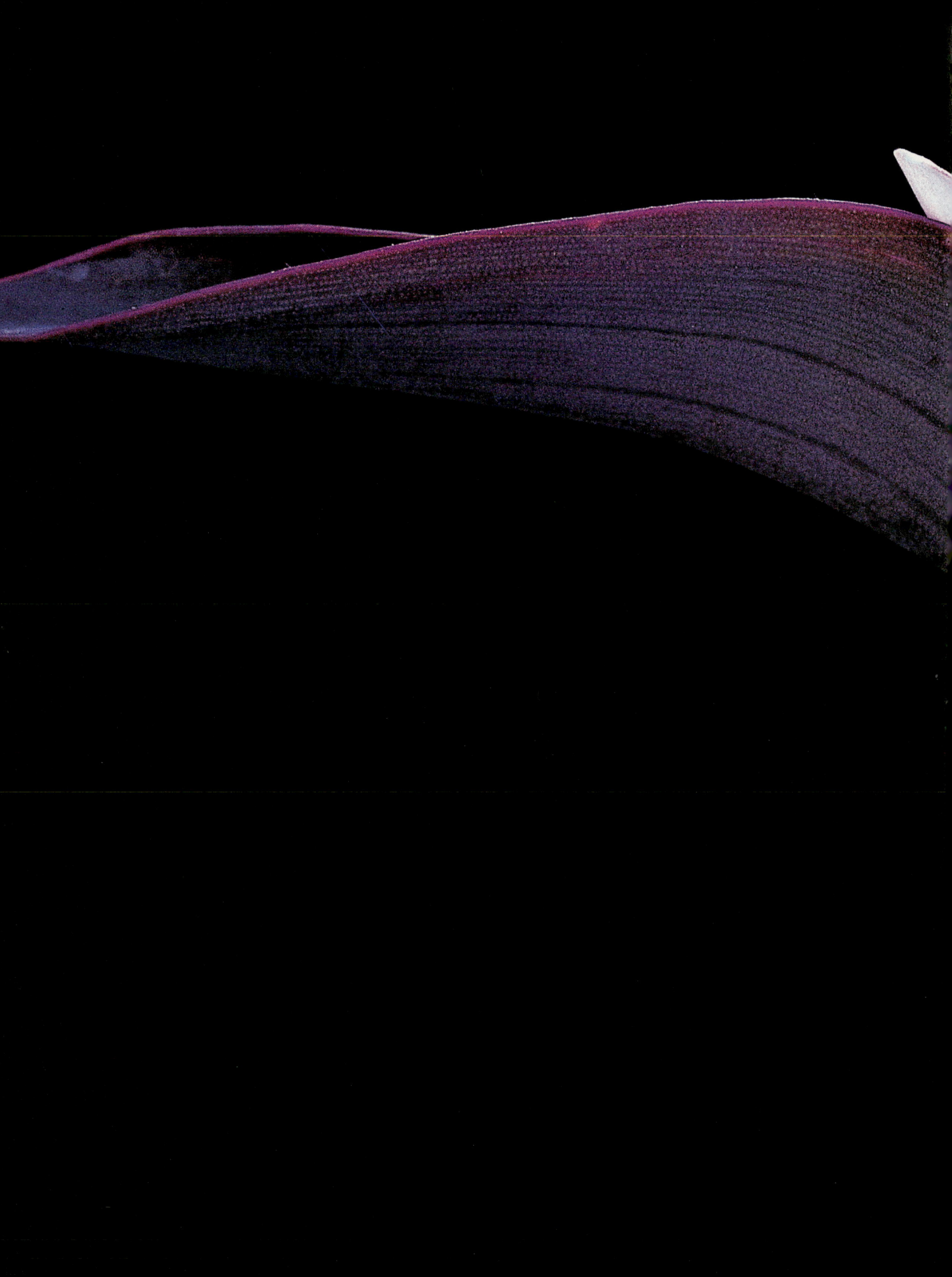

1 *Bulbophyllum lobii*. Familie: Knabenkrautgewächse (Bali). **2** *Cymbidiella rhodochila*. Familie: Knabenkrautgewächse (Madagaskar). **3** *Brassavola nodosa*. Familie: Knabenkrautgewächse (Panama). **4** *Phragmipedium besseae*. Familie: Knabenkrautgewächse (Ecuador). **5** *Cymbidium finlaysonianum*. Familie: Knabenkrautgewächse (Philippinen/Malaysia/Sumatra). **6** *Dendrobium crystallinum*. Familie: Knabenkrautgewächse (Birma).

Linke Seite: *Catasetum pileatum*. Familie: Knabenkrautgewächse (Venezuela).

Die *Catasetum* steht zu den Insekten in einer äußerst gewalttätigen Beziehung. Ihr Pollenstaub ist in zwei kleinen Klümpchen, sogenannten Pollinien, konzentriert. Die männliche Blüte besitzt einen Mechanismus, mit dem sie bei der geringsten Berührung den Insekten ihre Pollinien an den Kopf schleudert. Eine Begegnung, die für das Insekt häufig tödlich endet. Trotz des unfreundlichen Empfangs wird die *Catasetum*, hauptsächlich von männlichen Insekten, oft besucht. Diese trotzen der Gefahr und sammeln in den Blüten eine Substanz mit starkem Minzegeruch. Mit ihren Flügeln zerstäuben sie dann dieses Parfüm, um ihr Territorium zu markieren oder Partnerinnen anzulocken.

1 *Solandra nitida*. Familie: Nachtschattengewächse (Jamaika/Mexiko). Die Farbe der herrlichen, nach Kokosnuß duftenden Blüten wechselt mit den Jahren von hellgelb zu goldgelb. **2** *Plumeria acutifolia*. Familie: Hundsgiftgewächse (Mexiko). **3** *Gardenia jasminoides*. Familie: Rötegewächse (China). Die Pflanze wird in China nicht nur wegen ihres betörenden Duftes, sondern auch wegen ihrer Heilkraft gegen Verstauchungen geschätzt. **4** *Spathiphyllum patinii*. Familie: Aronstabgewächse (Kolumbien). **5** *Petrea ohautiana*. Familie: Eisenkrautgewächse (Panama). **6** *Clusia rosea*. Familie: Johanniskrautgewächse (Panama/Venezuela).

Rechte Seite: *Bougainvillea glabra*. Familie: Wunderblumengewächse (Brasilien).

1 *Vriesea psittacina*. Familie: Ananasgewächse (Brasilien). **2** *Aechmea recurvata*. Familie: Ananasgewächse (Uruguay/Brasilien). **3** *Billbergia nutans*. Familie: Ananasgewächse (Uruguay/Argentinien). **4** *Aechmea nudicaulis*. Familie: Ananasgewächse (Brasilien). **5** *Tillandsia cyanea*. Familie: Ananasgewächse (Ecuador). **6** *Aechmea chantinii*. Familie: Ananasgewächse (Venezuela/Peru).

Linke Seite: *Aechmea fasciata*. Familie: Ananasgewächse (Brasilien).

Die meisten Arten der Bromelien- oder Ananasgewächse kommen ohne direktes Sonnenlicht aus. Wie die Orchideen zählen sie zu den Epiphyten (baumbewohnende Pflanzen). Weil sie ohne Wurzeln auskommen müssen, saugen sie Tau oder Regenwasser mit Hilfe von kleinen Härchen auf, die sich an den Blättern befinden. Andere sammeln Nahrung und Feuchtigkeit in der Tiefe ihrer rinnenförmig aufgebogenen, häufig rosettenartig angeordneten Blätter. In diesem natürlichen Reservoir existiert ein kompletter Mikrokosmos mit Wasserpflänzchen und Insekten, die wiederum Frösche und Kolibris anziehen. Letztere sind übrigens die wichtigsten Bestäuber der Bromelien. Nur um sie anzulocken, trägt die Pflanze ihr herrliches Farbenkleid. Die winzigen Blüten werden den Vögeln in prachtvollen Hüllblättern dargeboten, deren Anblick eine wahre Augenweide ist.

1 Gewürznelke *Eugenia caryophyllata*. Familie: Myrtengewächse (Molukken). Die Gewürznelken, wie wir sie kennen, sind nichts anderes als die kleinen Knospen dieser Pflanze. **2** *Pavonia multiflora*. Familie: Malvengewächse (Brasilien). **3** *Heliconia wagneriana*. Familie: Heliconiengewächse (Costa Rica). **4** *Monstera deliciosa*. Familie: Aronstabgewächse (Guatemala/Mexiko). Der Blütenstand verwandelt sich in eine delikate Frucht, die nach Erdbeeren und Bananen schmeckt. **5** *Zingiber spectabile*. Familie: Ingwergewächse (Malaysia). **6** Roter Ingwer *Alpinia purpurea*. Familie: Ingwergewächse (Molukken/Neukaledonien).

Rechte Seite: *Nidularium innocentii*. Familie: Ananasgewächse (Brasilien).

1 *Asclepias currassavica*. Familie: Schwalbenwurzgewächse (Brasilien/Argentinien). **2** *Ceropegia distincta*. Familie: Schwalbenwurzgewächse (Malaysia/Indien). **3** *Periploca laevigata*. Familie: Schwalbenwurzgewächse (tropisches Afrika). **4** *Ceropegia stapeliiformis*. Familie: Schwalbenwurzgewächse (Malaysia/Indien). **5** *Ceropegia ampliata*. Familie: Schwalbenwurzgewächse (tropisches Afrika). **6** *Alocasia sanderiana*. Familie: Aronstabgewächse (Philippinen).

Auf den Blütenkronen der *Ceropegia* wiegen sich winzige Härchen im Wind. Von diesen und einem unwiderstehlichen Duft angezogen, klettern Blattläuse zur Blüte hinauf. Aber der Geruch ist nur ein Köder, es gibt keinen Nektar in der Blüte und der Abstieg, wird den Läusen durch die Härchen verwehrt. Sie sind gefangen und bedecken sich beim Versuch zu entkommen über und über mit Pollen. Erst Tage später, wenn die Blüte verblüht, können sie sich befreien. Die *Asclepias* verhält sich nicht weniger sadistisch. Die Wespen, die auf ihr landen, geraten mit den Beinen in die sich verengenden Staubgefäße. Nur den stärksten Insekten gelingt es, sich wieder zu befreien, wobei sie den Pollenstaub mit sich nehmen. Die *Alocasia* „vergreift" sich sogar an Schnecken. Diese werden von dem starken Verwesungsgeruch der Pflanze angezogen und bestäuben sich dabei mit Pollen. Im Versuch, den Pollenstaub wieder loszuwerden, fliehen sie, wenden sich aber gleich der nächsten *Alocasia* zu, die jedoch diesmal eine ätzende Flüssigkeit absondert. Schmerzgepeinigt winden sich die Schnecken und geben so den Blütenstaub, den sie bei ihrem ersten Besuch gesammelt hatten, wieder ab.

Linke Seite: *Anthurium andreanum*. Familie: Aronstabgewächse (Kolumbien).

BLUMEN DER MISCHWÄLDER

✻

Die Mischwälder der gemäßigten Zonen bedecken den größten Teil Europas, Mittelchinas, Japans und Nordamerikas. Südlich des Äquators findet man derartige Wälder nur am äußersten Rand von Afrika und Südamerika. In der nördlichen Hemisphäre variieren wohl die klimatischen Bedingungen der einzelnen Regionen, aber die Struktur der Wälder bleibt in etwa gleich: Eichen und Buchen überragen den etwas niedrigeren Ahorn und die Birke, die dem mit allerlei Kräutern bewachsenen Boden Schatten spenden. Die Vegetation lebt im Wechsel der vier Jahreszeiten. Mit dem nahenden Winter verlieren die meisten Bäume ihre Blätter. Im Frühling, wenn die neuen Blätter noch nicht nachgewachsen sind, ist dagegen der sonnenbestrahlte Erdboden mit einer Blütenpracht übersät. Im Sommer bleibt es im Mischwald, dank der schattenspendenden Bäume, immer relativ kühl und feucht. Die Blätter, die im Herbst herabfallen, sind wertvoller Kompost für den Boden und sichern die Versorgung der Vegetation für das nächste Jahr.

Die natürliche Evolution des Mischwaldes verläuft stets zum Vorteil der Laubbäume. Die Koniferen leisten zwar bei der Entstehung neuer Wälder „Pionierarbeit", werden aber schnell von den Birken, dann von den Eichen und schließlich von den Buchen verdrängt. Letztere gelten als die Herrinnen des Waldes. Notgedrungen mußten so die Koniferen in die etwas unwirtlicheren Zonen jenseits des 55. nördlichen Breitengrades zurückweichen, wo häufig strenger Frost herrscht und ein rauher Wind weht.

Die Wälder, in denen wir heute spazierengehen, sind nicht auf natürliche Weise entstanden, sondern wurden vom Menschen angelegt. In der Forstwirtschaft werden Föhren und andere immergrüne Bäume bevorzugt, weil sie am schnellsten wachsen. So kommt es, daß die „Verlierer" der Evolution heute in den Wäldern der gemäßigten Zonen in der Überzahl sind.

Linke Seite: Wiesenschlüsselblume *Primula veris*. Familie: Primelgewächse.

Links: *Trillium sessile*. Familie: Trilliumgewächse (Nordamerika).

1 Fremde Färberröte *Rubia peregrina*. Familie: Rötegewächse. **2** Wolliger Schneeball *Viburnum lantana*. Familie: Geißblattgewächse. **3** *Deutzia gracilis*. Familie: Steinbrechgewächse. **4** Kolchis-Pimpernuß *Staphylea colchica*. Familie: Pimpernußgewächse (Russland). **5** Weißdorn *Crataegus oxyacanthoides*. Familie: Rosengewächse. **6** Wasserhanf *Eupatorium cannabinum*. Familie: Korbblütler.

In Frankreich in der Gascogne erzählt man, daß der Blitz niemals in einen Weißdorn-Busch einschlägt, weil die Jungfrau Maria bei ihrer Flucht aus Ägypten einmal unter einem solchen geschlafen hätte. In einer anderen französischen Gegend wird am 1. Mai ein Weißdornzweig in den Misthaufen gesteckt, damit er die Schlangen fernhalte. Die Häuser neugewählter Bürgermeister werden heute noch mit Pfosten in den Farben der Trikolore und mit Weißdornzweig geschmückt.

Die französische Legende erzählt, daß die heiligen Hirsche mit dem Wasserhanf ihre Wunden behandelten. Aber auch heute noch wird dieser Pflanze eine heilende Wirkung bei Schlangenbissen nachgesagt. Die Guaco-Indianer in Südamerika setzen eine andere Spezies dieser Art, die *Eupatorium crenatum*, zur Behandlung von Skorpionstichen ein. Alle Pflanzen der Gattung *Eupatorium* enthalten Eupatorin, ein starkes Alkaloid.

Rechte Seite: Italienischer Aronstab *Arum italicum*. Familie: Aronstabgewächse.

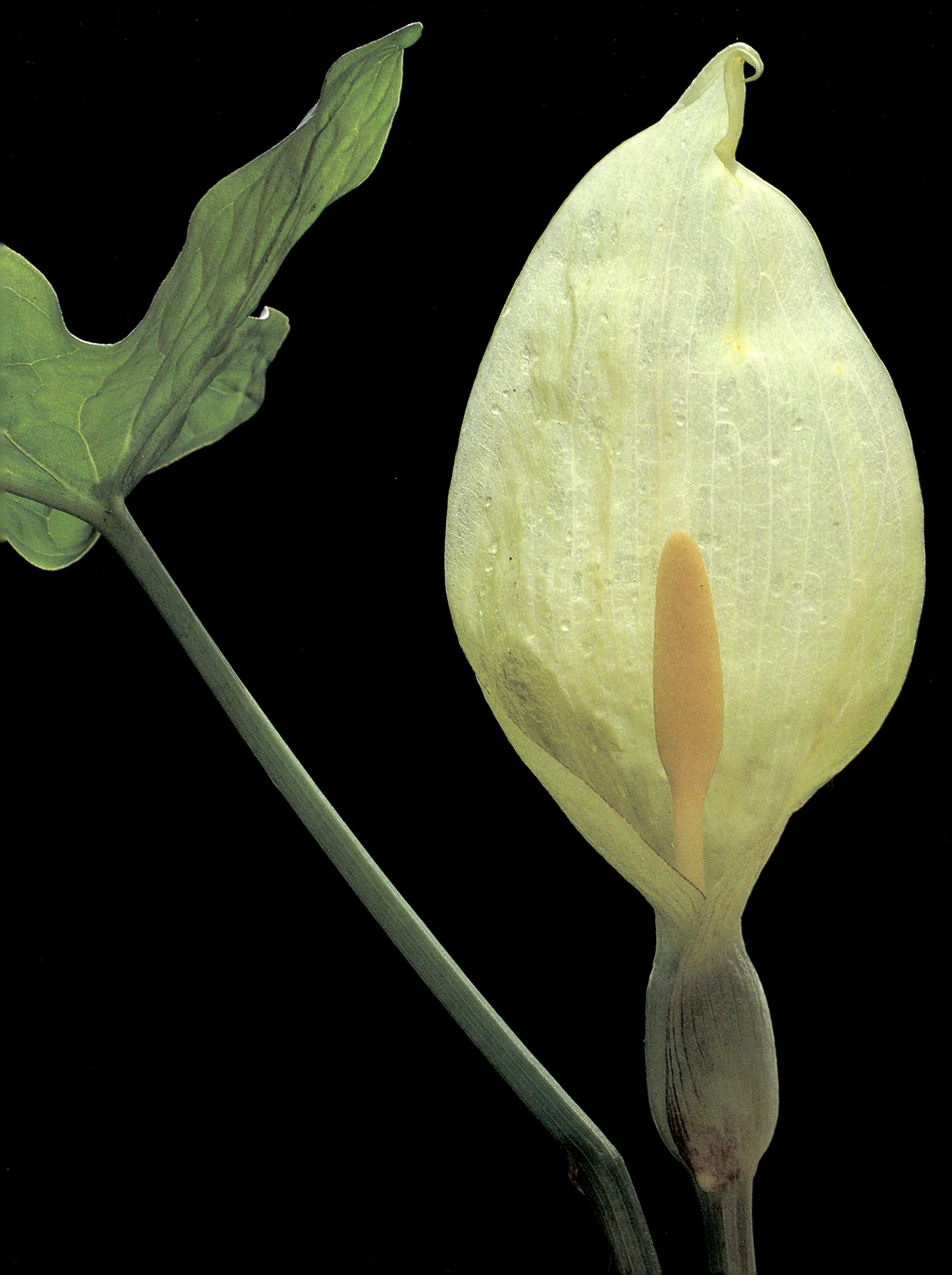

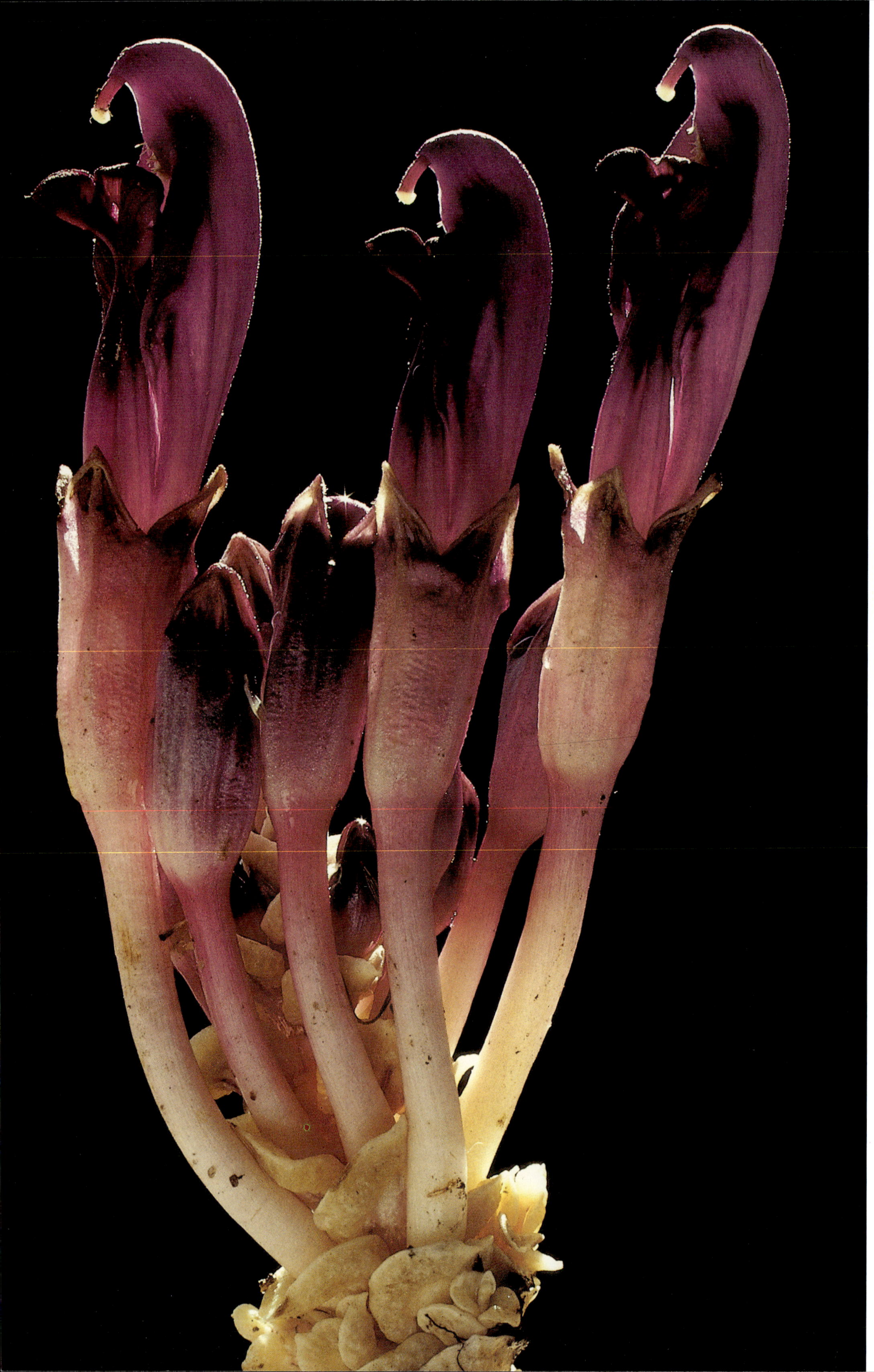

1 Großblättrige Glockenblume *Campanula latifolia*. Familie: Glockenblumengewächse. **2** Großblütige Braunelle *Prunella grandiflora*. Familie: Lippenblütler. **3** Echtes Lungenkraut *Pulmonaria officinalis*. Familie: Rauhblattgewächse. **4** Gemeiner Beinwell *Symphytum officinale*. Familie: Rauhblattgewächse. **5** Waldläusekraut *Pedicularis silvatica*. Familie: Rachenblütler. **6** Wohlriechendes Veilchen *Viola odorata*. Familie: Veilchengewächse. Aus den Wurzeln dieser kleinen Blume gewinnt die Parfümindustrie ein begehrtes Duftextrakt.

Linke Seite: Schuppenwurz *Lathraea clandestina*. Familie: Rachenblütler.

An den feuchtesten Stellen des Waldes gedeiht die *Lathraea*, die zugleich Schmarotzer und fleischfressende Pflanze ist. Ihre Blüte besitzt in der Mitte eine Art Feder, die das reife Samenkorn der Pflanze mehrere Meter weit schleudern kann. An den Wurzeln einer Birke oder Ulme beginnt es zu keimen und entwickelt Saugorgane, mit denen der Keimling in das Gewebe des Baumes eindringt. Unterirdisch verbreitet sich die Pflanze um den Baum herum, indem sie immer neue Saugwurzeln und ein Netz von weißen und schuppigen Stengeln entwickelt. Diese Stengel dienen als Fallen für die nahrhafte Mikrofauna des Erdbodens, mit deren Hilfe die *Lathraea* schließlich aus dem Boden wächst und in dichtgedrängten Gruppen blüht.

Nächste Doppelseite: Hundsrose *Rosa canina*. Familie: Rosengewächse.

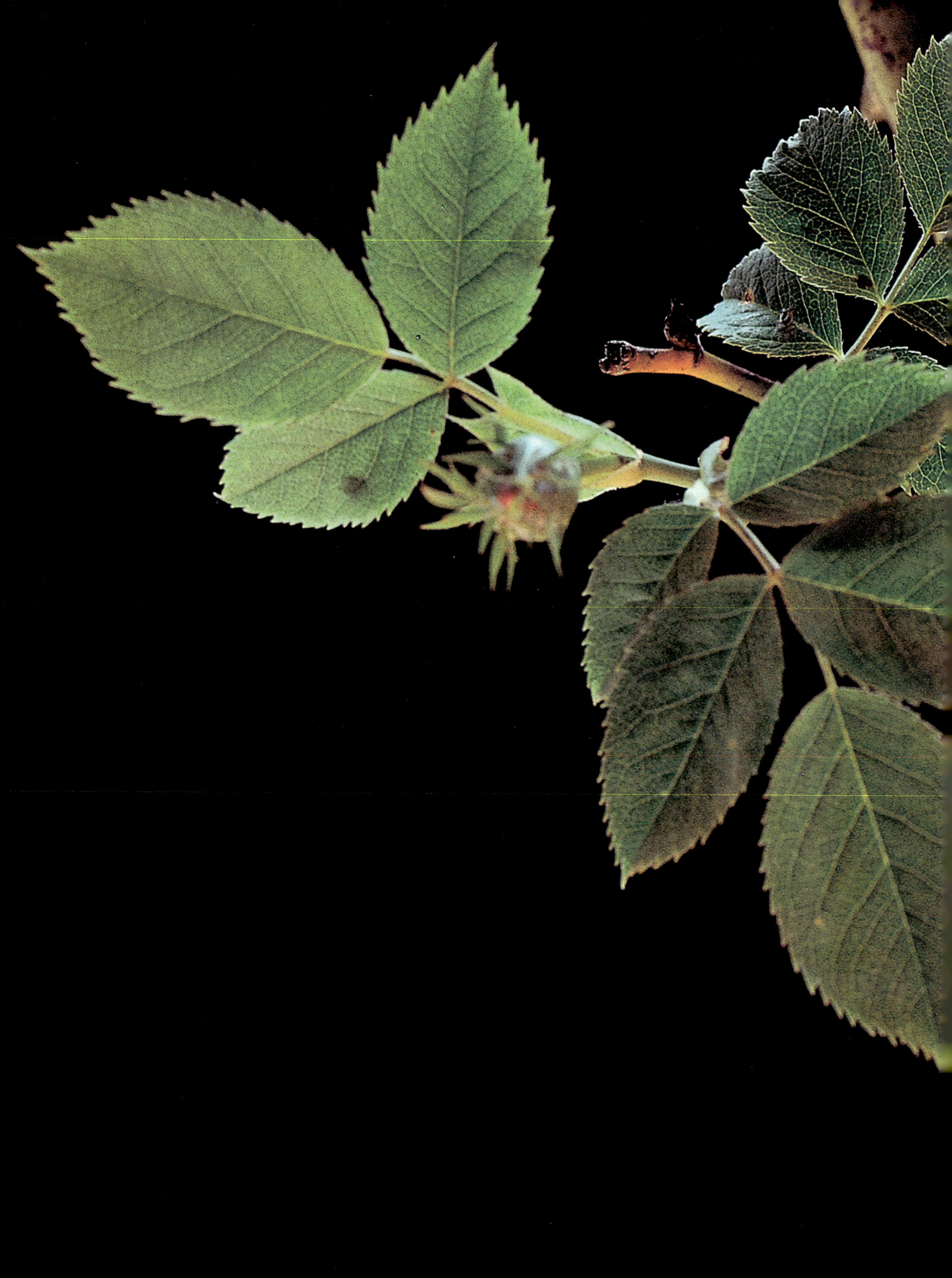

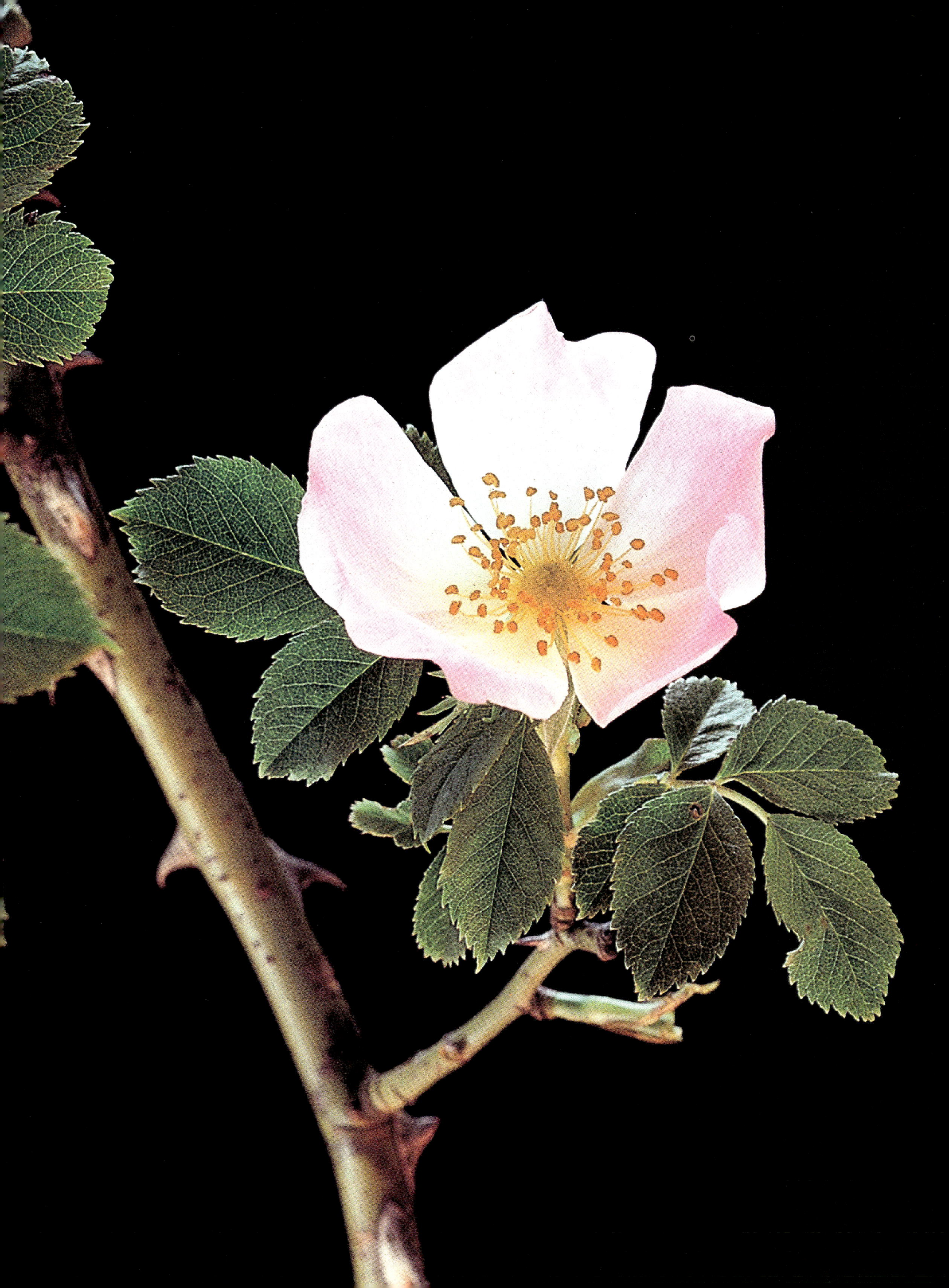

1 Liguster *Ligustrum vulgare*. Familie: Ölbaumgewächse. **2** Attich *Sambucus ebulus*. Familie: Geißblattgewächse. **3** Gemeine Stechpalme *Ilex aquifolium*. Familie: Stechpalmengewächse. **4** Buchsbaum *Buxus sempervirens*. Familie: Buchsbaumgewächse. **5** Gemeine Waldrebe *Clematis vitalba*. Familie: Hahnenfußgewächse. Die Waldrebe ist die einzige Schlingpflanze der europäischen Flora und äußerst giftig, da ihr Saft ein starkes Hautreizmittel enthält. Früher brachten sich die Bettler damit Wunden bei, um mehr Mitleid zu erregen. Daher erklärt sich auch der französische Name der Waldrebe „herbe aux gueux" (Bettlerkraut). **6** Schlehe *Prunus spinosa*. Familie: Rosengewächse.

Rechte Seite: Stechender Mäusedorn *Ruscus aculeatus*. Familie: Liliengewächse.

Der Mäusedorn wächst häufig im dichten Unterholz und bildet kleine, immergrüne Büsche. Zur Umwandlung von Sonnenenergie in Nährstoffe benutzt der Mäusedorn nicht seine winzig kleinen Blättchen, sondern die ovalen Auswüchse an seinen Stengeln, die chlorophyllhaltigen Blättern täuschend ähnlich sehen. Auf diesem Blattersatz (Kladodien) wachsen zunächst die Blüten und dann die kleinen roten Beeren, die im Zweiten Weltkrieg auch als Ersatz für Kaffee dienten.

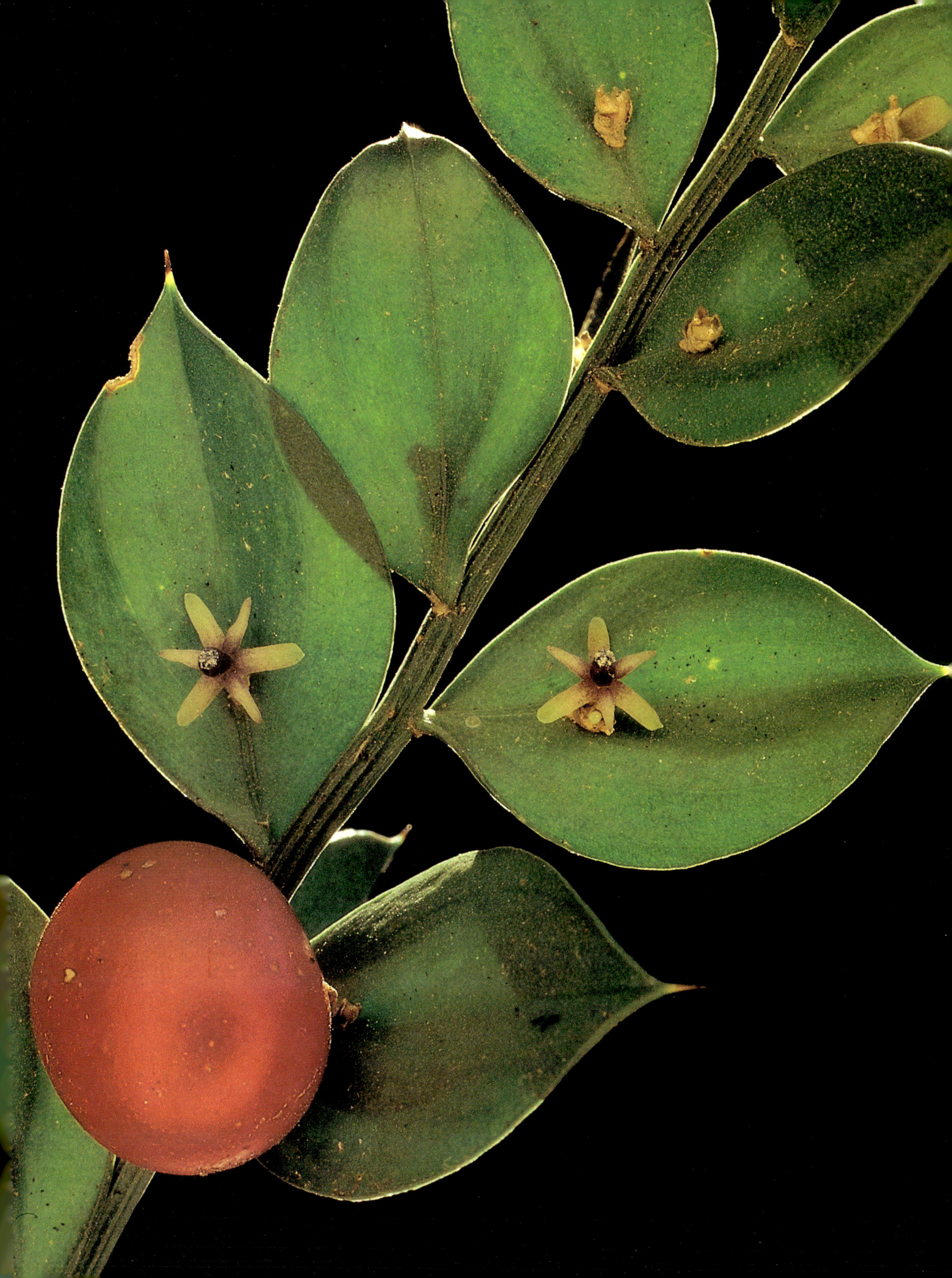

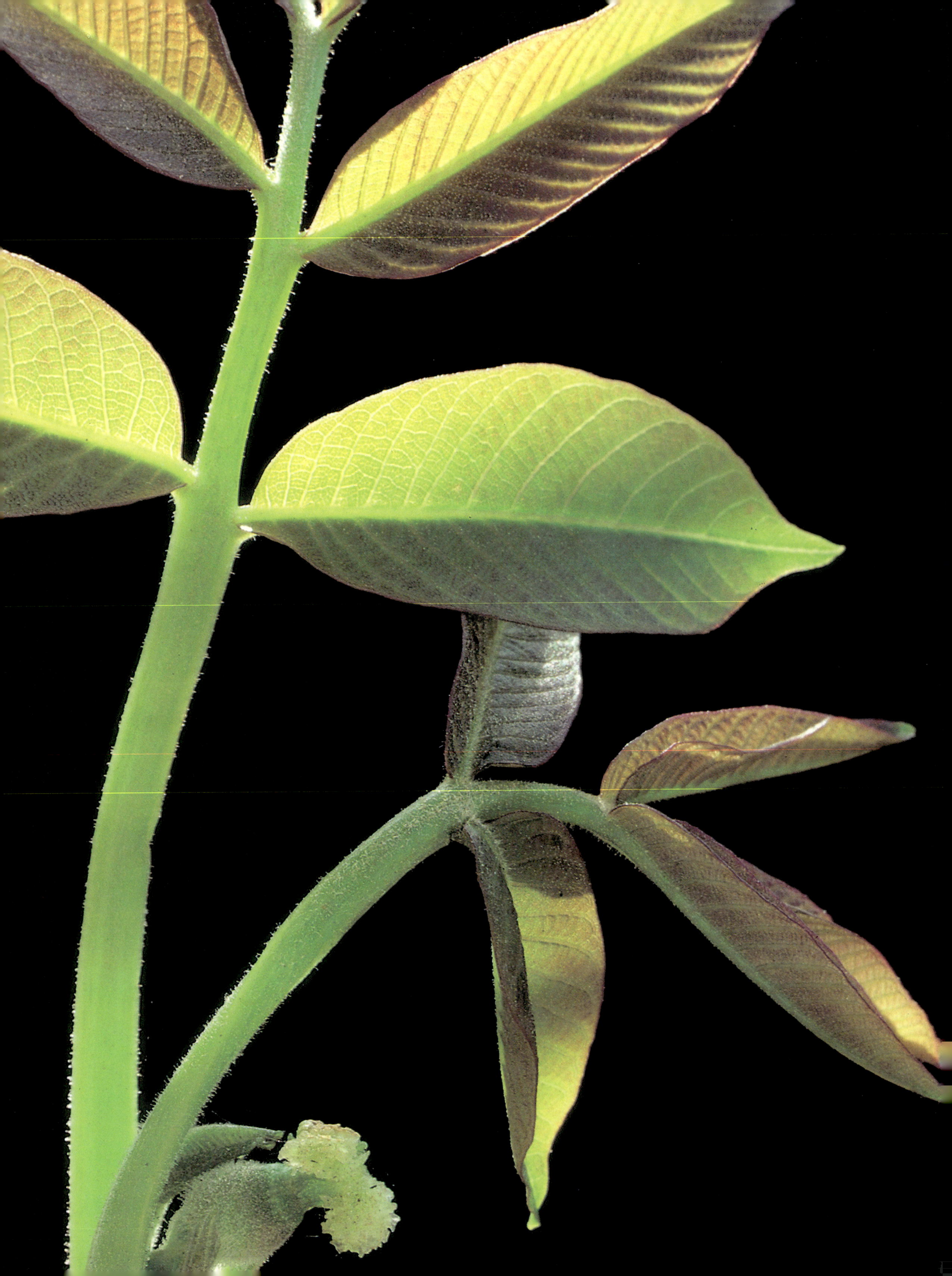

1 Traubeneiche *Quercus sessiliflora*. Familie: Buchengewächse. **2** Gewöhnliche Esche *Fraxinus excelsior*. Familie: Ölbaumgewächse. **3** Weißbirke *Betula alba*. Familie: Birkengewächse. **4** Gemeine Hainbuche *Carpinus betulus*. Familie: Haselnußgewächse. **5** Edelkastanie *Castanea vulgaris*. Familie: Buchengewächse. **6** Linde *Tilia vulgaris*. Familie: Lindengewächse.

Linke Seite: Walnußbaum *Juglans regia*. Familie: Walnußgewächse (Kaukasus/China).

Der Walnußbaum ist für den Menschen sehr nützlich. Die Gastronomen schätzen seine Nüsse frisch oder als Likör, ebenso wie sein aromatisches Öl. Die Schreiner zählen sein Holz zu den edelsten der Welt. In der Pflanzenheilkunde setzt man eine Tinktur aus frischen grünen Nußschalen gegen lymphatische Leiden ein. Die Tierärzte reiben Pferde und Hunde mit einer Paste aus zerstoßenen Blättern ein, um Ungeziefer zu vertreiben. Trotz seiner Nützlichkeit besitzt der Walnußbaum jedoch keinen allzu guten Ruf. Seine Wurzeln produzieren nämlich Juglon, eine Substanz, die für alle in der Nähe befindlichen Pflanzen schädlich ist. Die Leute auf dem Land vermeiden es außerdem, sich unter einem Nußbaum auszuruhen, weil dies angeblich eine Lungenentzündung auslösen könnte! Eine uralte französische Empfehlung zur Abwendung eines schlimmen Schicksals besagt, daß man einen Ast des „bösen" Nußbaumes brechen und einen Stein gegen seinen Stamm werfen soll …

1 Roßkastanie *Aesculus hippocastanum*. Familie: Roßkastaniengewächse (Albanien/Griechenland). Die Blüten der Roßkastanie sind weiß und bilden aufrechte, pyramidenförmige Rispen. **2** Großblütige Magnolie *Magnolia grandiflora*. Familie: Magnoliengewächse (Virginia, USA). **3** Robinie *Robinia pseudoacacia*. Familie: Schmetterlingsblütler (ursprünglich aus den USA). Die ersten zwei Robinien gelangten im Jahr 1600 nach Frankreich, was Jean Robin, dem Gärtner Heinrich IV. zu verdanken ist. Eine wurde im Jardin des Plantes eingepflanzt, die andere auf dem Square Viviani, gegenüber dem Notre-Dame de Paris, wo sie auch heute noch bewundert werden kann. **4** Trauben- oder Ahlkirsche *Prunus padus*. Familie: Rosengewächse. **5** Zuckerahorn *Acer saccharum*. Familie: Ahorngewächse (Kanada, USA). Sein Blatt ziert die kanadische Flagge. **6** *Paulownia tomentosa*. Familie: Rachenblütler (China/Japan).

Rechte Seite: Mandelbäumchen *Prunus triloba*. Familie: Rosengewächse (China).

Nächste Doppelseite: *Pleione formosana*. Familie: Knabenkrautgewächse (China/Formosa/Tibet).

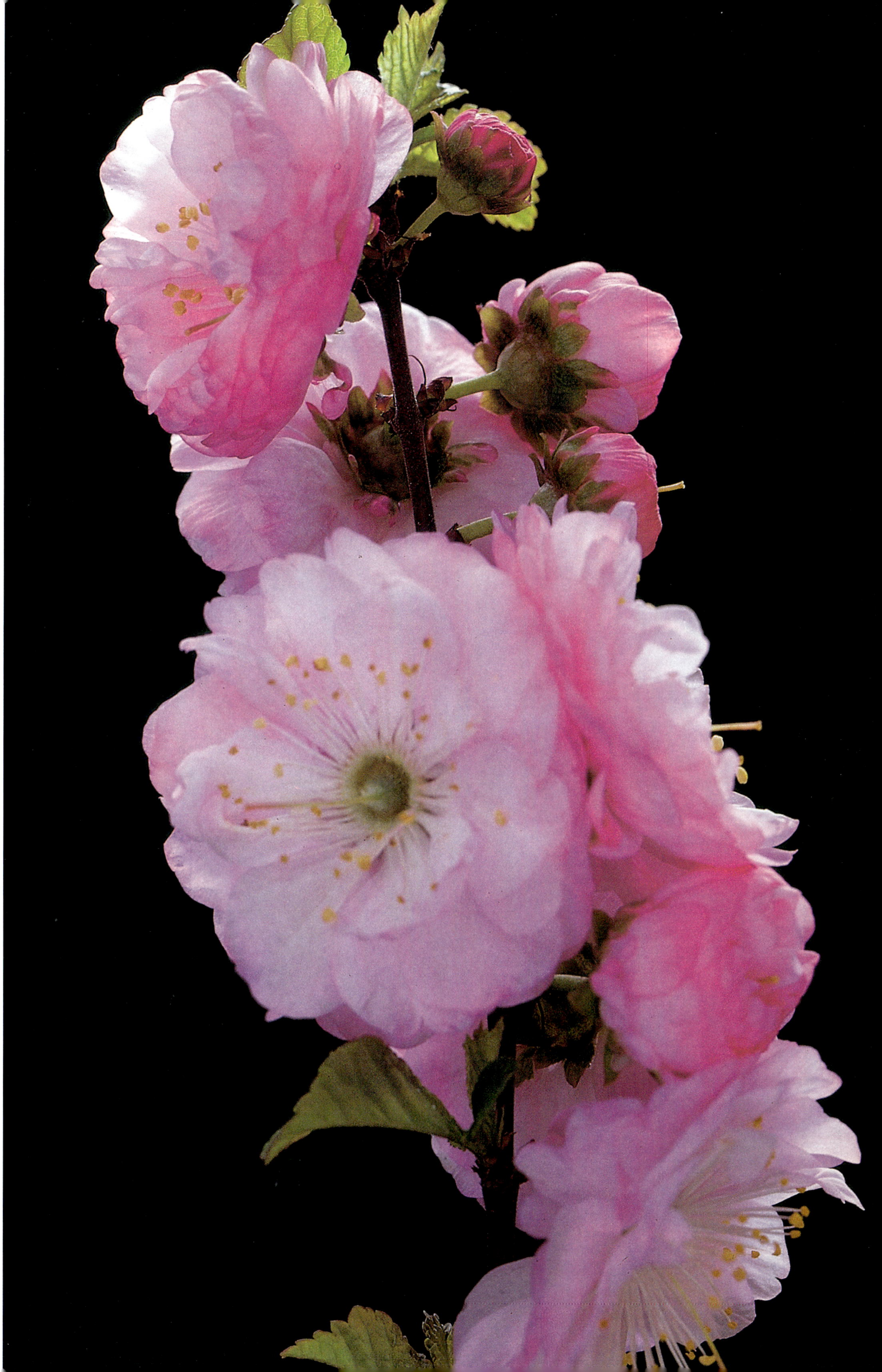

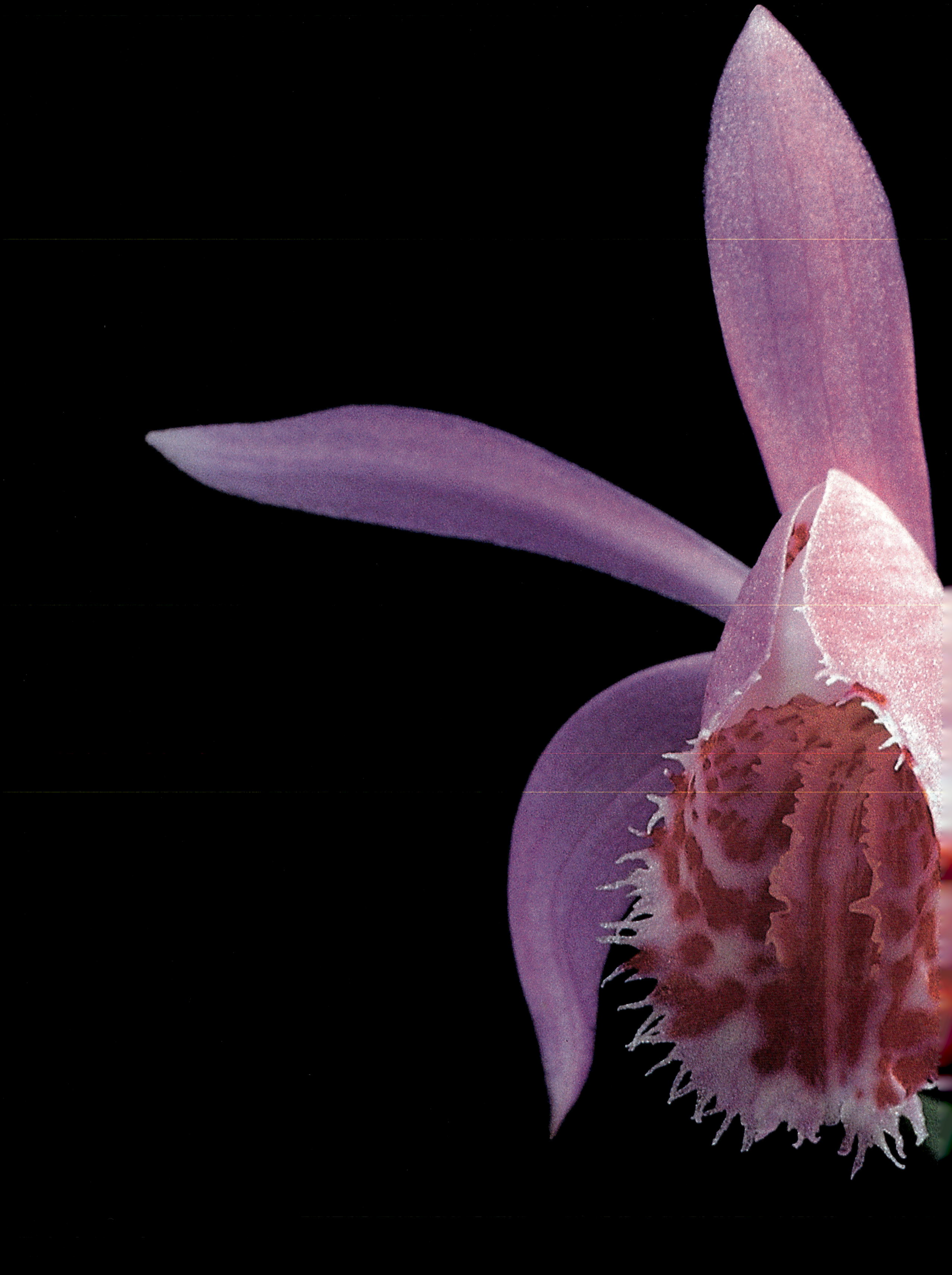

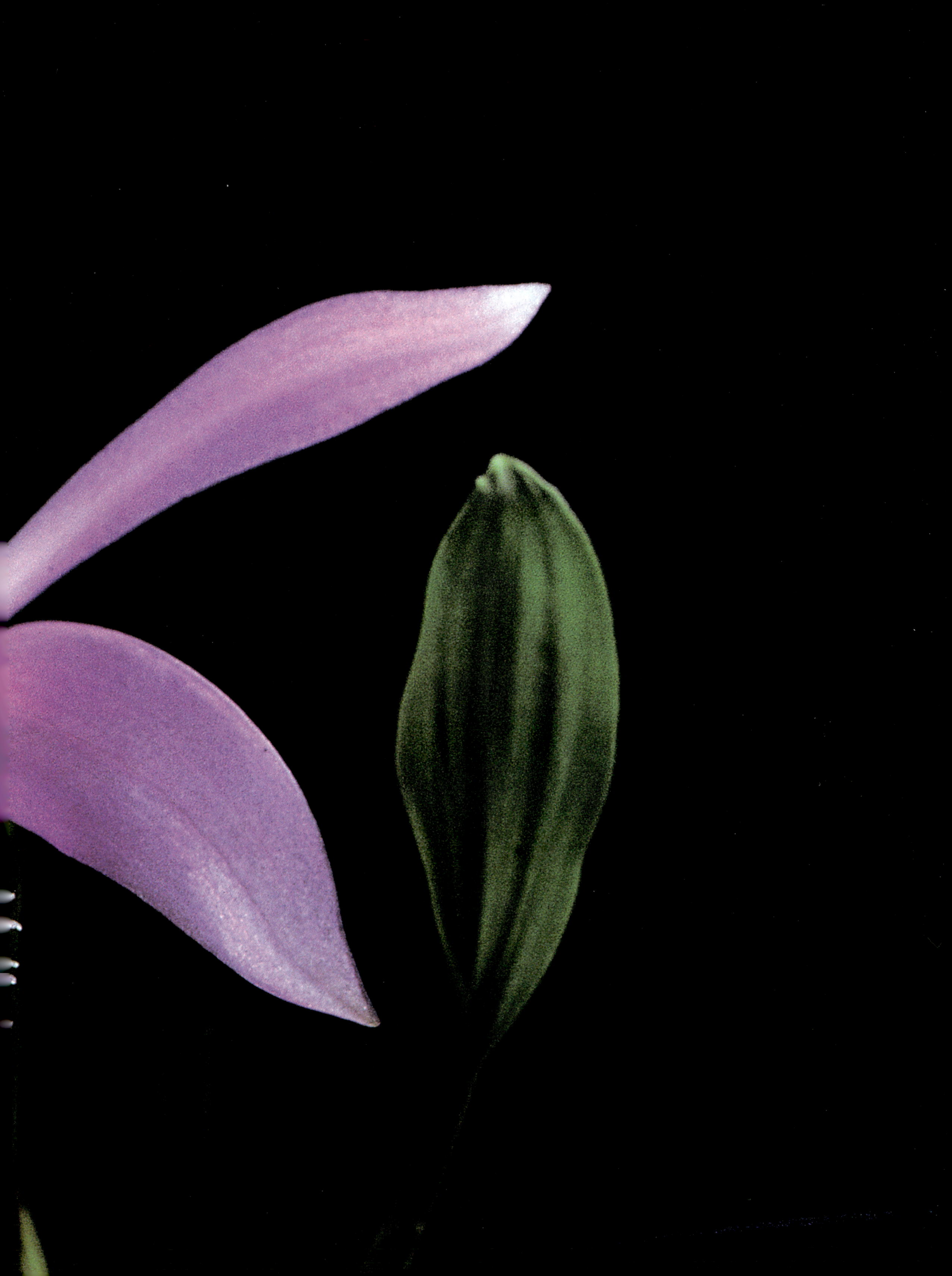

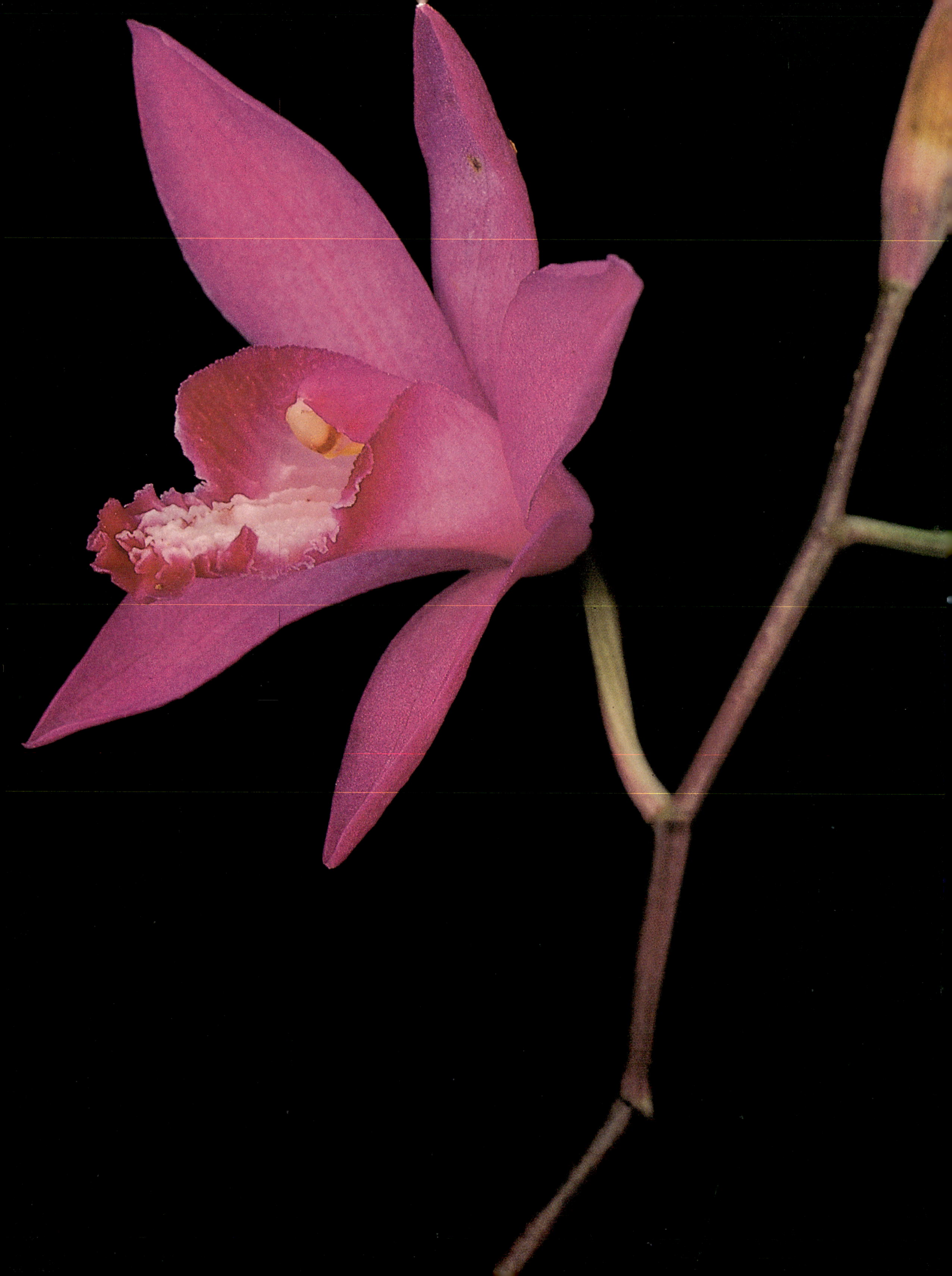

1 Fratzenorchis *Aceras anthropophorum*. Familie: Knabenkrautgewächse. **2** Schwertblättriges Waldvögelein *Cephalanthera longifolia*. Familie: Knabenkrautgewächse. **3** *Barlia robertiana*. Familie: Knabenkrautgewächse (Kanarische Inseln). **4** Zweiblättrige Kuckucksblume *Platanthera bifolia*. Familie: Knabenkrautgewächse (Frankreich/Rußland/Schweiz). **5** Dingel *Limodorum abortivum*. Familie: Knabenkrautgewächse. **6** Nestwurz *Neottia nidus-avis*. Familie: Knabenkrautgewächse (Europa).

Die Nestwurz zählt zu den Saprophyten, d.h. Fäulnispflanzen, die totes organisches Material abbauen und sich davon ernähren. Die Wurzeln dieser heimischen Orchidee bilden ein wirres Durcheinander und sehen aus wie ein winziges Vogelnest (daher der Name). An ihrem Stengel sitzen kleine, gelbbraune Blüten, die winzige Insekten anlocken. Wenn ein besonders strenger Winter naht, scheint die Nestwurz vorauszuahnen, daß es im Frühjahr weniger Insekten geben wird und bildet daher keine Stengel mehr aus, sondern blüht unterirdisch. Dabei befruchten sich die Blüten dann selbst.

Linke Seite: *Bletilla striata*. Familie: Knabenkrautgewächse (China/Japan/Tibet).

1 Gemeine Klette *Lappa communis*. Familie: Korbblütler. **2** Schierlings-Reiherschnabel *Erodium cicutarium*. Familie: Storchschnabelgewächse. **3** Wald-Ziest *Stachys silvatica*. Familie: Lippenblütler. **4** Graue Glockenheide *Erica cinerea*. Familie: Erikagewächse. **5** Gundelrebe *Glechoma hederacea*. Familie: Lippenblütler. **6** Besenheide *Calluna vulgaris*. Familie: Erikagewächse.

Rechte Seite: Roter Fingerhut *Digitalis purpurea*. Familie: Rachenblütler.

Im Laufe seines zweiten und letzten Lebensjahres blüht der Fingerhut und bietet den Hummeln seinen Nektar an. Seine Blütenkrone ist perfekt auf deren Besuch eingerichtet. Sie besitzt kleine, weiße Markierungen, die den Bestäubern den Weg ins Innere der Blüte weisen, wo sich ihre Fortpflanzungsorgane und der zuckersüße Nektar befinden. Die Fruchtkapsel dieser Pflanze umschließt Tausende kleiner Samen, die, nach dem Aufplatzen der Kapsel, vom Wind weggetragen werden. Die Schönheit des Fingerhutes kann verhängnisvoll sein, denn in seinen Blüten und Blättern sind hochgiftige Substanzen enthalten. Richtig dosiert und präpariert wirken sie jedoch als Heilmittel gegen Herz- und Lungenkrankheiten.

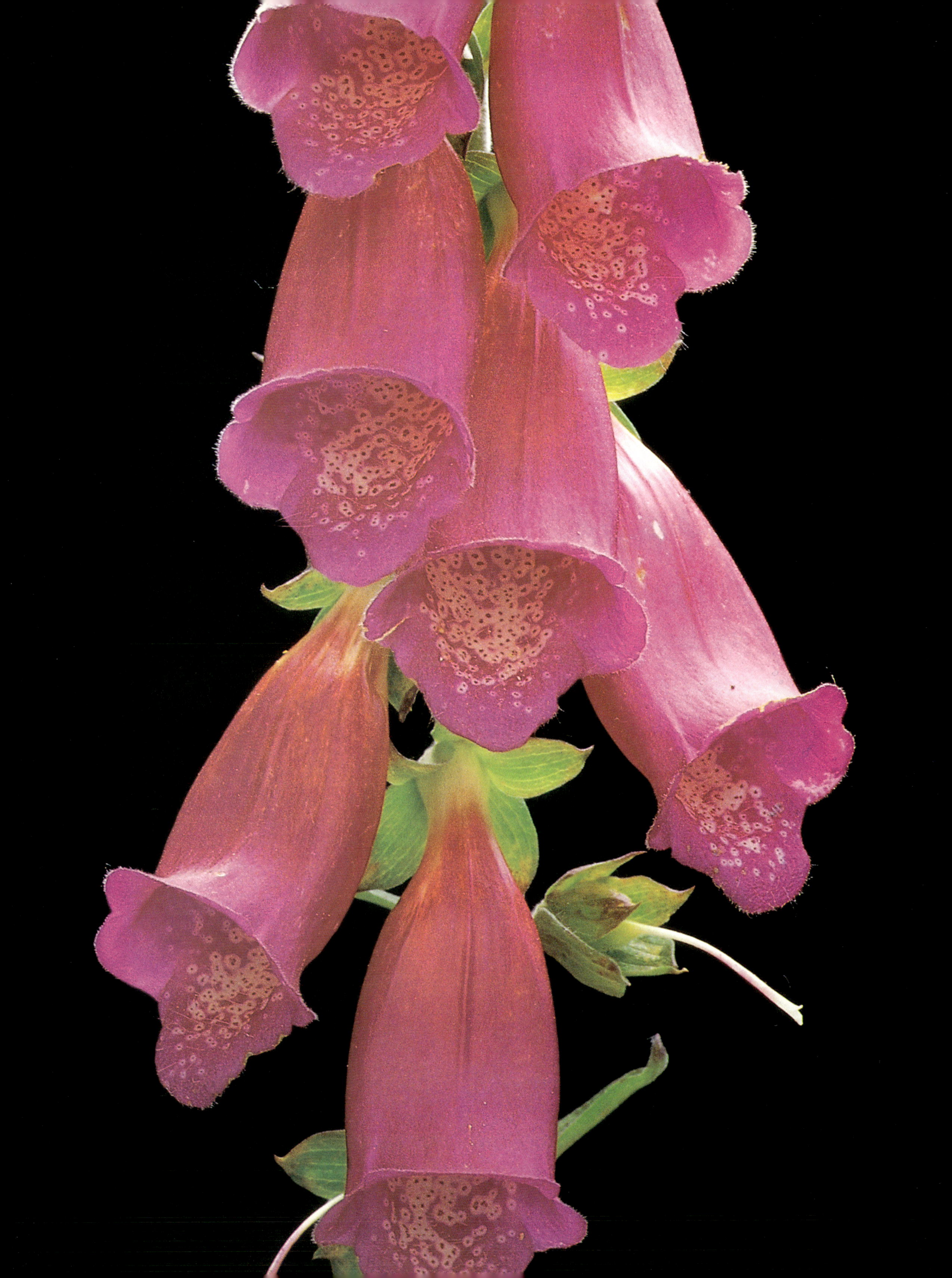

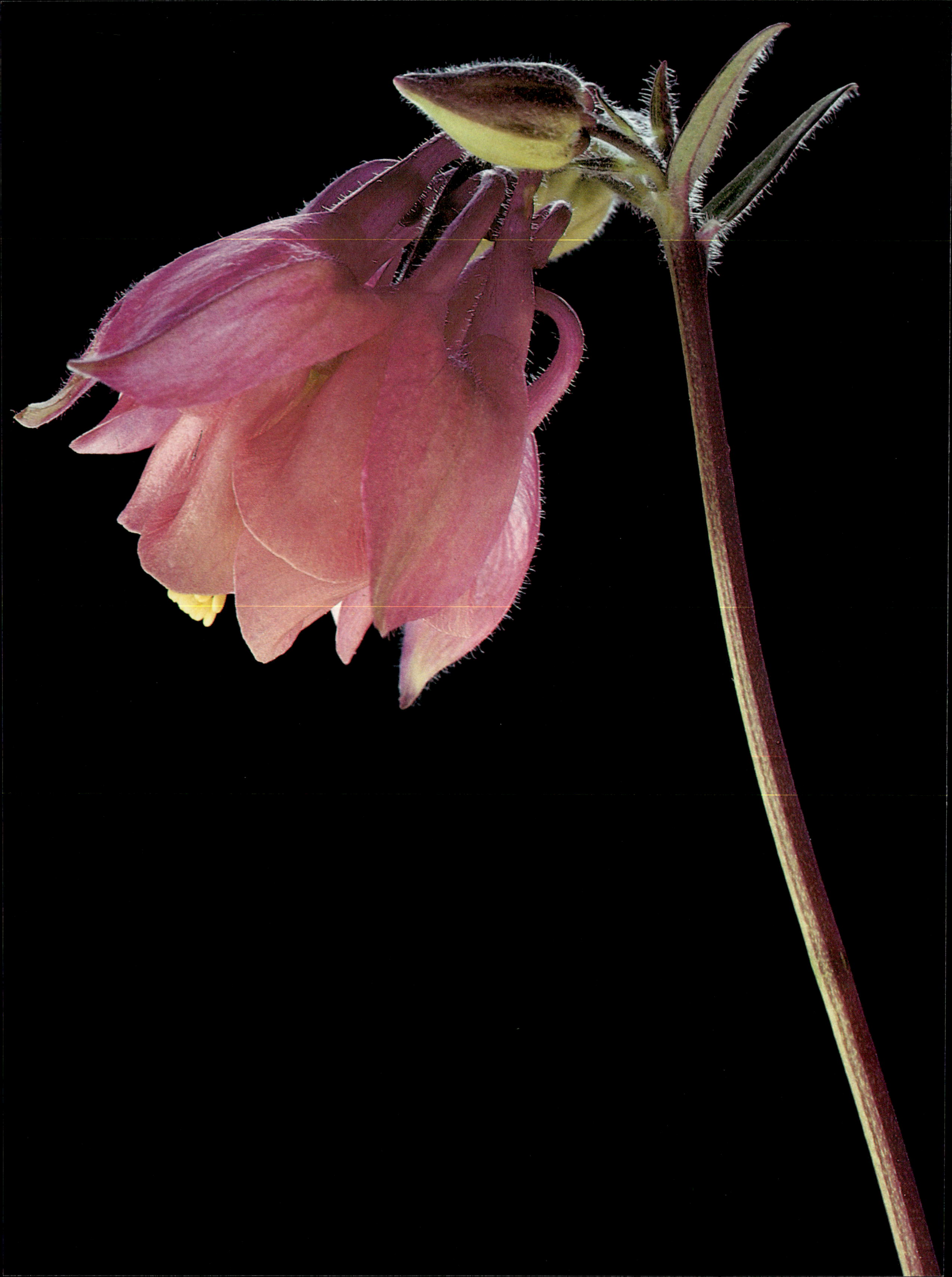

1 Hundszahn *Erythronium dens-canis*. Familie: Liliengewächse. **2** Deutscher Ziest *Stachys germanica*. Familie: Lippenblütler. **3** Schwarznessel *Ballota foetida*. Familie: Lippenblütler. **4** Immenblatt *Melittis melissophyllum*. Familie: Lippenblütler. **5** Wohlriechendes Geißblatt *Lonicera caprifolium*. Familie: Geißblattgewächse. **6** *Trillium grandiflorum*. Familie: Trilliumgewächse (Nordamerika. Emblem der Provinz Quebec).

Im Unterholz der nordamerikanischen Wälder blühen im Frühling Tausende von Trilliumpflanzen, die wiederum in einer großen Artenvielfalt vorkommen. In einigen Punkten stimmen sie jedoch alle überein: Sie besitzen drei Blätter, drei Blütenblätter, drei Kelchblätter, einen Stempel mit drei Fruchtblättern und drei Narben. Die Blütezeit der Trilliumgewächse verkündet, so sagt man, die Rückkehr der Zugvögel. Leider verströmt die Mehrzahl der Trilliumgewächse einen eher unangenehmen Duft, der die Mücken anlocken soll. In der Heilkunde der Indianer wurde diese Pflanze zur Erleichterung von Geburten eingesetzt. Auch die ersten Pioniere lernten, mit der Heilkraft der Trilliumgewächse umzugehen. So verbreitete sich der Gebrauch ihrer Wurzel in ganz Nordamerika, wo sie auch heute noch gegen Frauenleiden verwendet wird.

Linke Seite: Gemeine Akelei *Aquilegia vulgaris*. Familie: Hahnenfußgewächse.

1 Maiglöckchen *Convallaria majalis*. Familie: Liliengewächse. **2** Salomonsiegel *Polygonatum vulgare*. Familie: Liliengewächse.
3 Wald-Ruhrkraut *Gnaphalium silvaticum*. Familie: Korbblütler. **4** Wald-Nelkenwurz *Geum silvaticum*. Familie: Rosengewächse.
5 Goldnessel *Lamium galeobdolon*. Familie: Lippenblütler. **6** Großes-Schöllkraut *Chelidonium majus*. Familie: Mohngewächse.

Das Schöllkraut kannten bereits die alten Griechen und Römer. In der Antike glaubte man, daß die Schwalben damit ihre Anfälle von Blindheit heilten. Im Mittelalter versuchten die Alchimisten mit Hilfe seines Saftes den Stein der Weisen zu finden. Auch Gelbsucht und andere Leberleiden sollten durch das Schöllkraut geheilt werden. Während der Zeit der Aufklärung geriet das Schöllkraut in Vergessenheit und wurde erst im 20. Jahrhundert neu entdeckt. Seine Wirkstoffe entsprechen denen des Opiums und sind schmerzlindernd. Ein Aufguß aus seinen Blättern wirkt entkrampfend und wird bei Angina pectoris und Asthma empfohlen. Der Blättersud oder Saft mit Wasser verdünnt gilt auch heute noch als Volksheilmittel bei Augenleiden. Hauptsächlich verwendet man jedoch den reinen Saft oder die frische Wurzel gegen Hühneraugen und Warzen.

Rechte Seite: *Monarda didyma*. Familie: Lippenblütler.

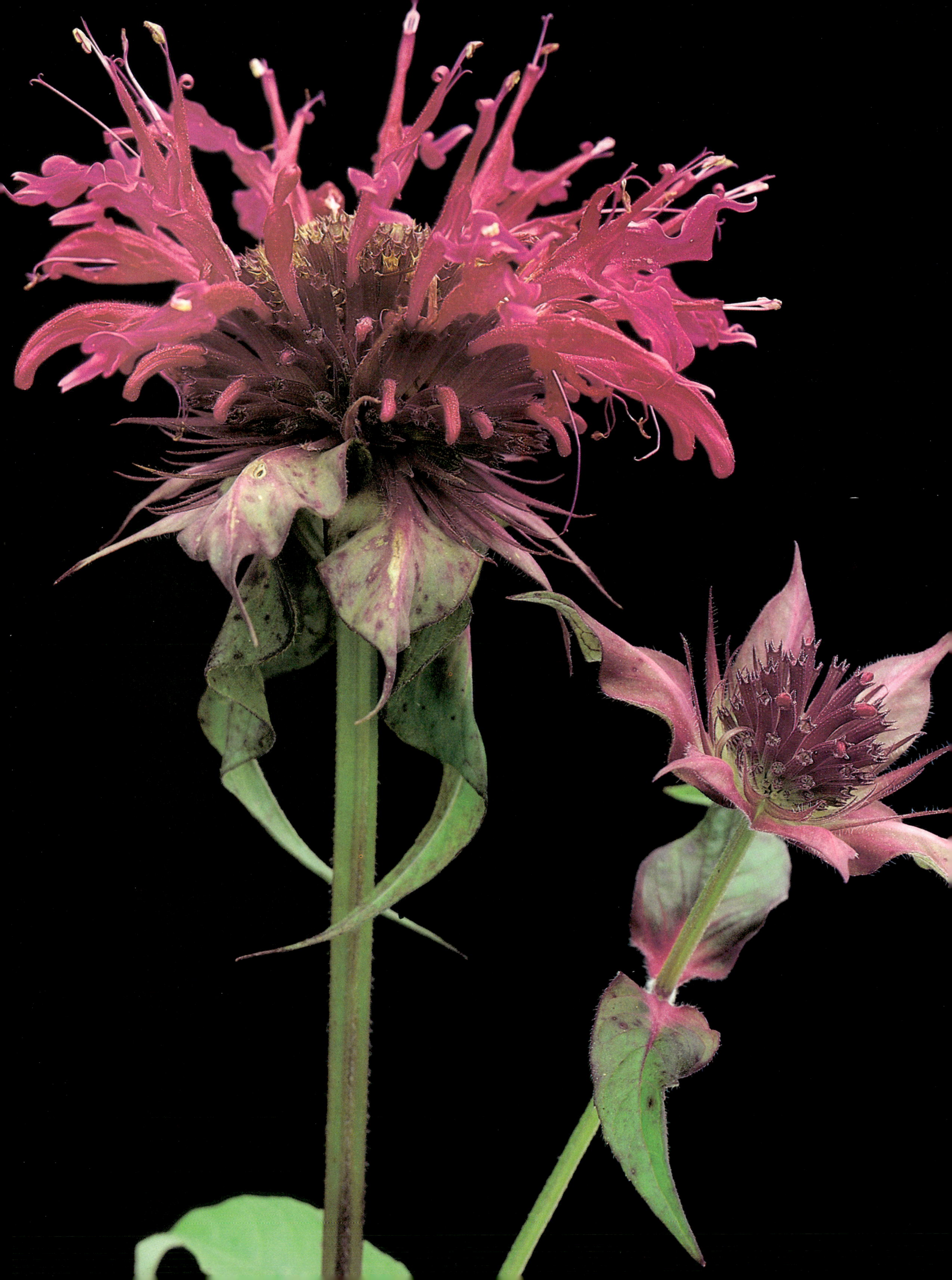

1 Dreifarbige Kapuzinerkresse *Tropaeolum tricolorum*. Familie: Kapuzinerkressengewächse. **2** *Arisaema sikokianum*. Familie: Aronstabgewächse. **3** *Roscoea purpurea*. Familie: Ingwergewächse. **4** Kapuzinerkresse *Tropaeolum speciosum*. Familie: Kapuzinerkressengewächse. **5** *Nectaroscordum siculum*. Familie: Liliengewächse. **6** Fichtenspargel *Monotropa hypopitys*. Familie: Wintergrüngewächse.

Der Fichtenspargel besitzt kein Chlorophyll und lebt auf den Wurzeln verschiedener Waldbäume. Lange Zeit nahm man an, daß es sich hierbei um eine Fäulnispflanze (Saprophyt) handelt, aber sein Vegetationsmodus ist wesentlich komplexer. Der Fichtenspargel lebt in Symbiose mit mikroskopisch kleinen Pilzen, deren Fadengeflecht zwischen ihm und dem Baum eine Art Brücke bildet. Mit Hilfe dieses Geflechts verwandeln die Pilze gewisse Substanzen aus der Baumwurzel (hauptsächlich Phosphate) in Nahrung. Dafür profitieren sie vom Zuckerüberschuß der Schmarotzerpflanze. Am Fichtenspargel finden sich Unmengen dieser Pilze. Sie wachsen an seinen Wurzeln, am Stengel und sogar in seinen Blüten. Im Spätsommer lockt die Pflanze mit ihrem angenehmen Zitronenduft viele Insekten an. Die Indianer bereiteten aus dem Wurzelsaft des Fichtenspargels Augentropfen. In Europa wird er gegen Keuchhusten eingesetzt.

Rechte Seite: *Puschkinia scilloides*. Familie: Liliengewächse.

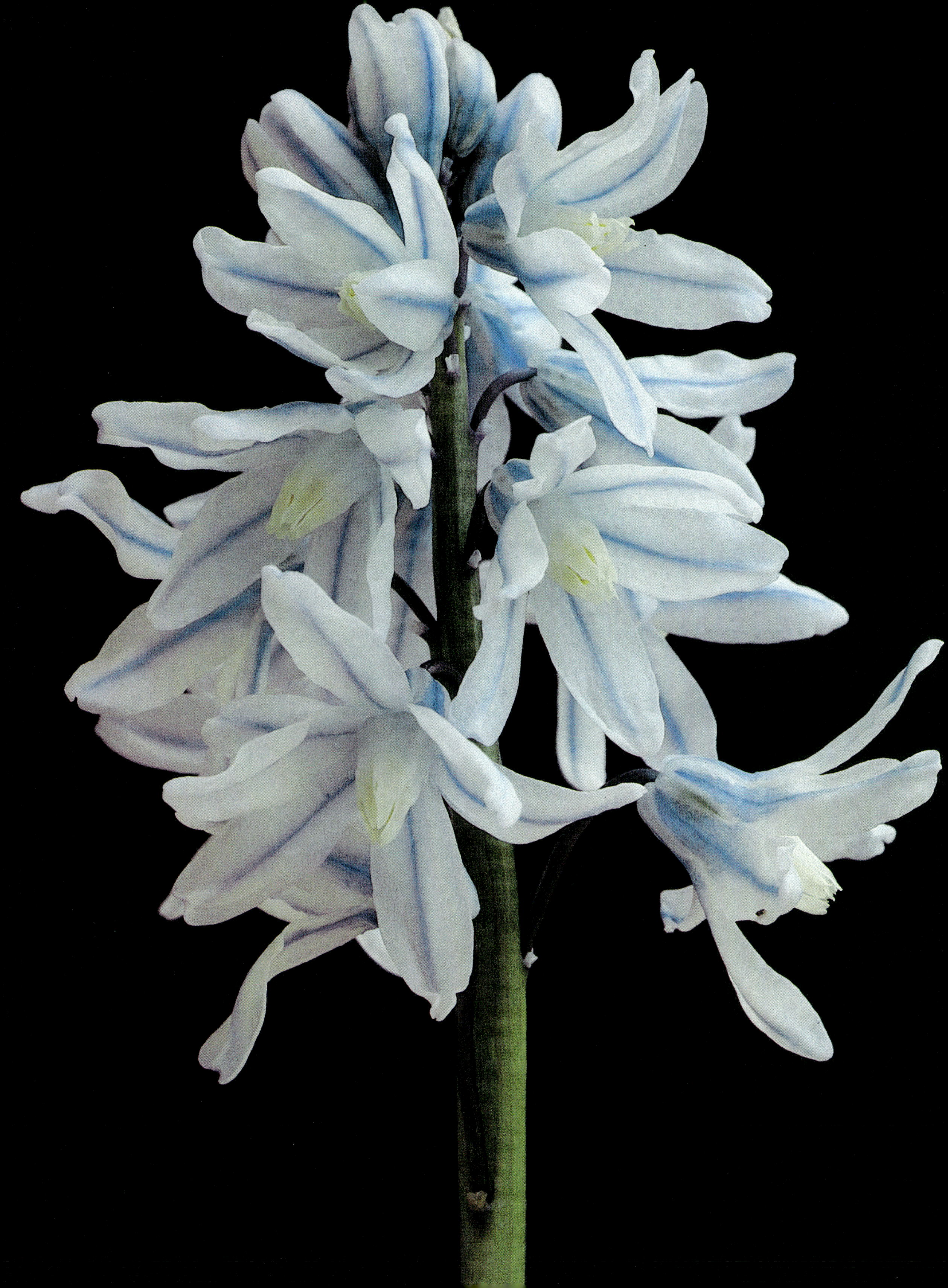

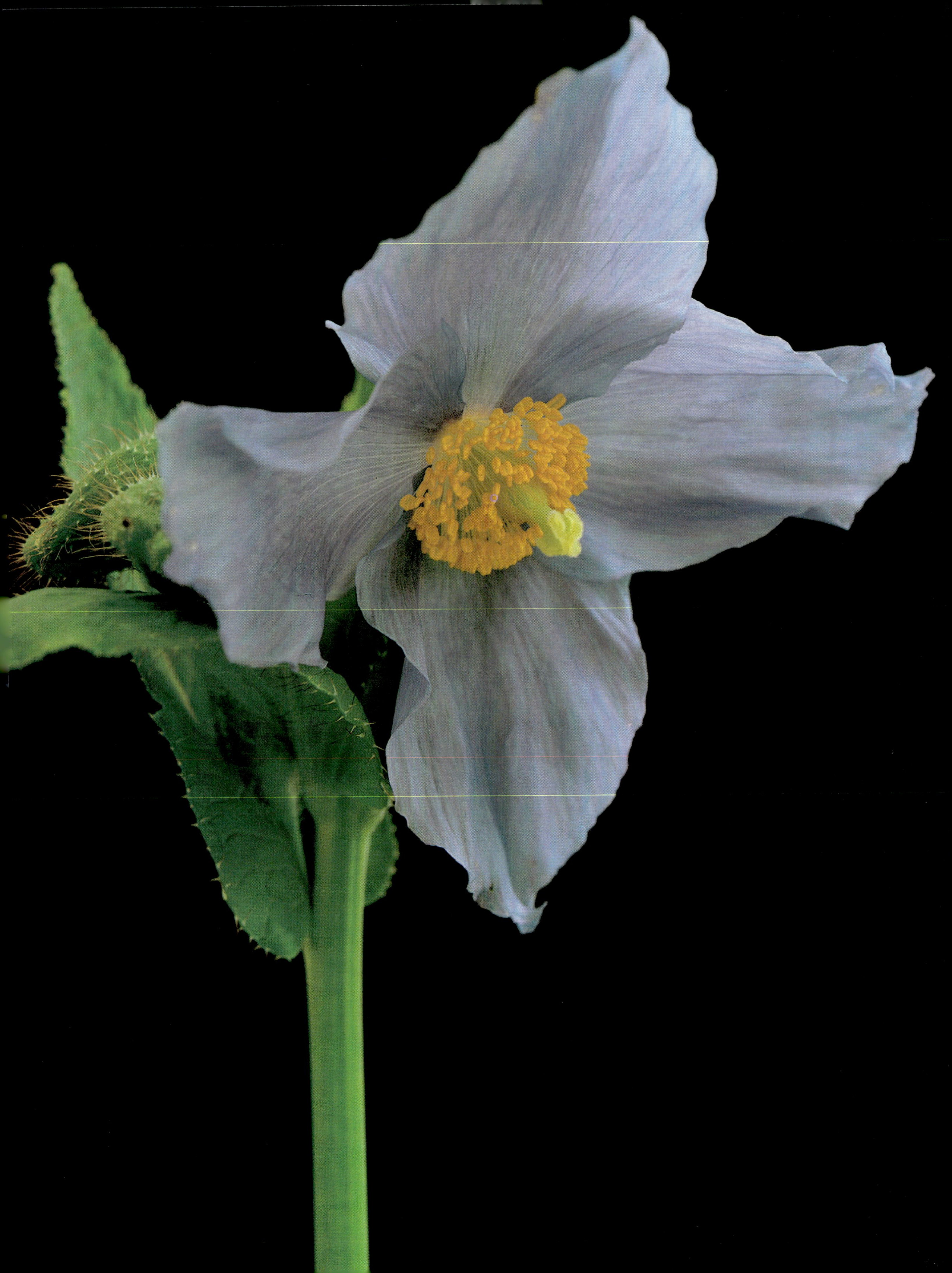

BLUMEN DER BERGE

❋

Je weiter man die Höhen der Berge dieser Welt erklimmt, desto ähnlicher wird die Vegetation, die man dort vorfindet. Kälte, Schnee, starker Wind und ein besonders intensives Licht sind die harten Bedingungen, unter denen dort die wenigen Pflanzen existieren.

Der Wind hält die Gebirgspflanzen sehr klein: Die Polarweide mißt nur noch drei Zentimeter. Gegen den Frost schützen sie sich, indem sie in Gruppen wachsen oder ihre Blütenkronen zu einer Art „sonnenbetriebenem Heizofen" umwandeln. Dadurch kann die Differenz zwischen der Innen- und Außentemperatur der Blüte manchmal sogar 20 °C übersteigen. Für die Insekten eine willkommene Möglichkeit, sich aufzuwärmen.

Durch die langen Winter sind viele Arten zu einjährigen Pflanzen geworden, das heißt, sie wachsen, blühen, tragen Früchte, verstreuen ihren Samen und sterben innerhalb einer Saison. Ihre Blüten tragen meist prachtvolle Farben, um sich für die wenigen bestäubenden Insekten so attraktiv wie möglich zu machen. Dabei ist die Farbe Blau bei den Flügeltieren besonders beliebt. Der blaue Scheinmohn im Himalaya (linkes Bild) öffnet seine Blüten in über 5000 Meter Höhe. Die Arten, die es geschafft haben, sich dem unwirtlichen Gebirgsklima anzupassen, haben zumindest keiner Platzprobleme, wie es unter anderem in den „überfüllten" tropischen Urwäldern der Fall ist. Je höher man hinaufsteigt, desto weniger Pflanzen gibt es. In 6000 Meter Höhe haben die winzigen Blüten einiger Pflanzen nurmehr Flechten als Nachbarn.

Linke Seite: Scheinmohn *Meconopsis baileyi*. Familie: Mohngewächse (Tibet/Nepal/Birma).

Rechts: Blauer Eisenhut *Aconitum napellus*. Familie: Hahnenfußgewächse.

1 Punktierter Enzian *Gentiana punctata.* Familie: Enziangewächse (Europa). **2** Kreuzenzian *Gentiana cruciata.* Familie: Enziangewächse (Europa). **3** Gefranster Enzian *Gentiana ciliata.* Familie: Enziangewächse (Europa). **4** Stengelloser Enzian *Gentiana acaulis.* Familie: Enziangewächse (Europa). **5** Gelber Enzian *Gentiana lutea.* Familie: Enziangewächse (Europa). **6** Feld-Enzian *Gentiana campestris.* Familie: Enziangewächse (Europa).

In der kurzstieligen Blüte des Enzians entwickeln sich die Staubgefäße vor der Narbe, die Staubbeutel öffnen sich und geben den Pollen frei, der auf den Grund der Blütenkrone fällt. Danach schließt sich die Blüte vollständig. Sobald die Narbe ausgebildet ist, neigt sich die Blüte und der Pollen rutscht vom Blütengrund auf die Narbe, so daß sich die Pflanze selbst bestäuben kann. Der Feld-Enzian neigt allerdings nicht seine Blüten, sondern seine Staubgefäße, wobei sich die Narbe zur gleichen Zeit entwickelt und der Pollen direkt auf die weiblichen Fortpflanzungsorgane gerät.

Rechte Seite: Ährige Teufelskralle *Phytheuma spiicatum.* Familie: Glockenblumengewächse (Europa).

Folgende Doppelseite: *Lilium martagon.* Familie: Liliengewächse (Europa).

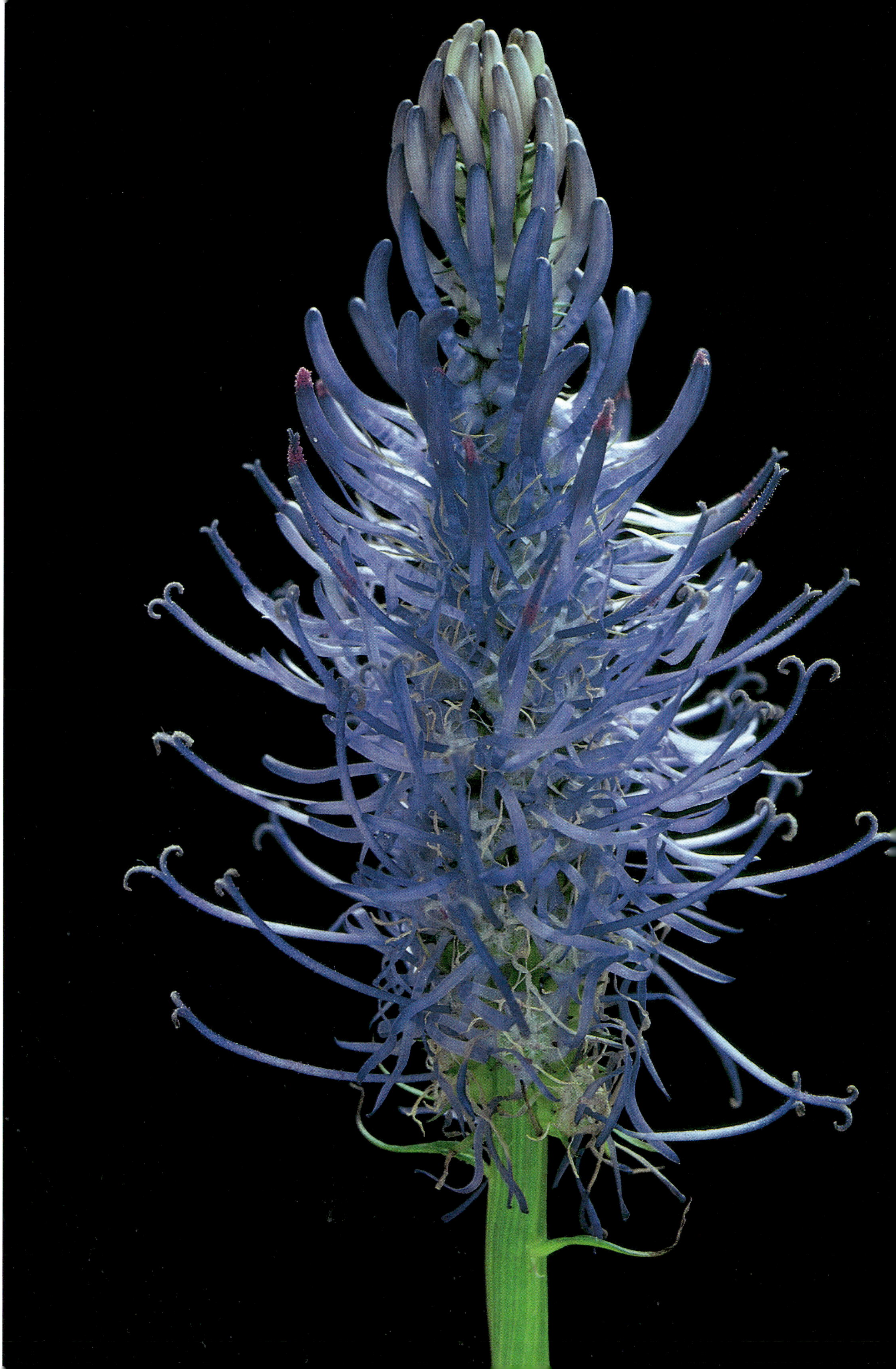

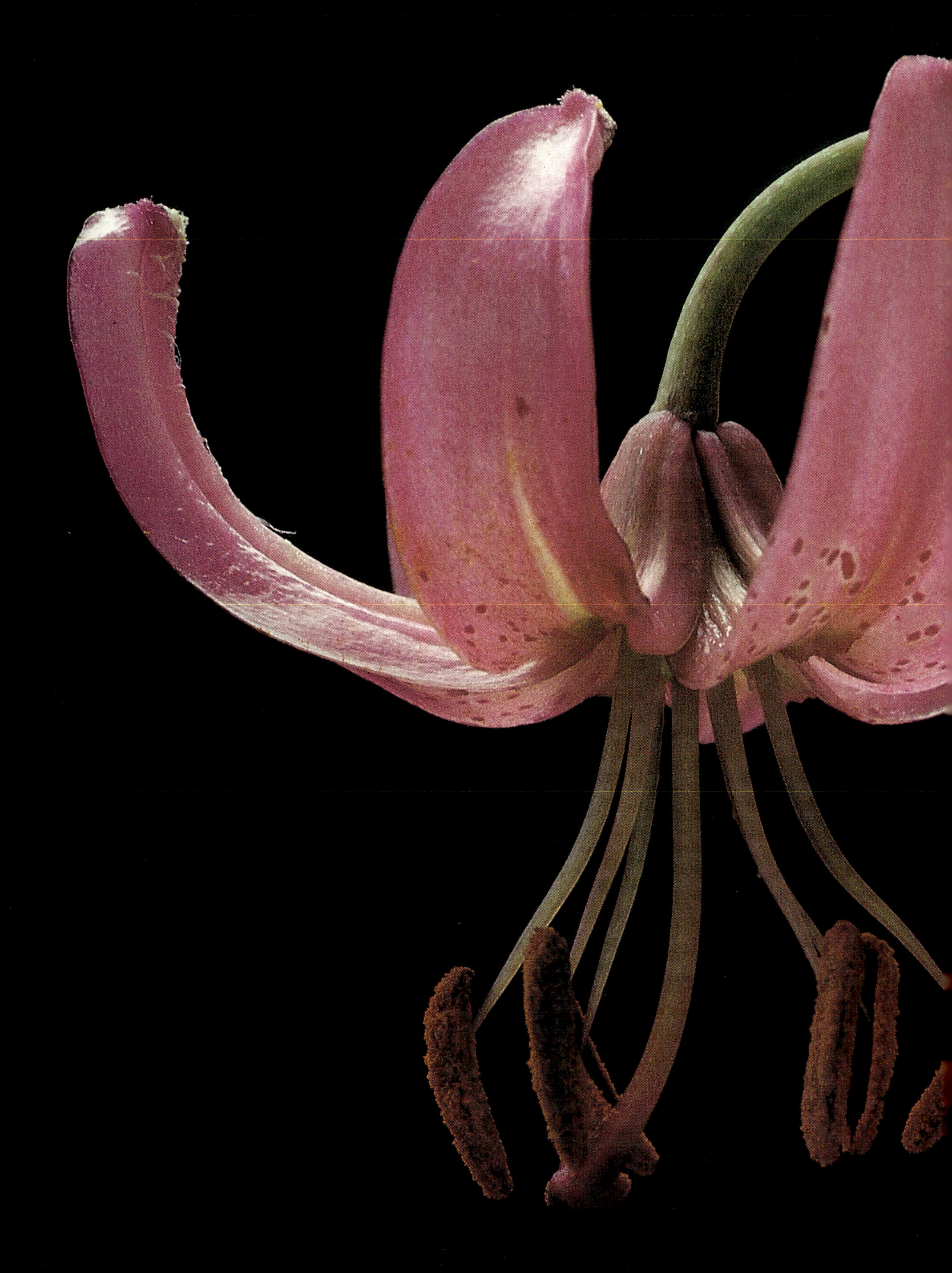

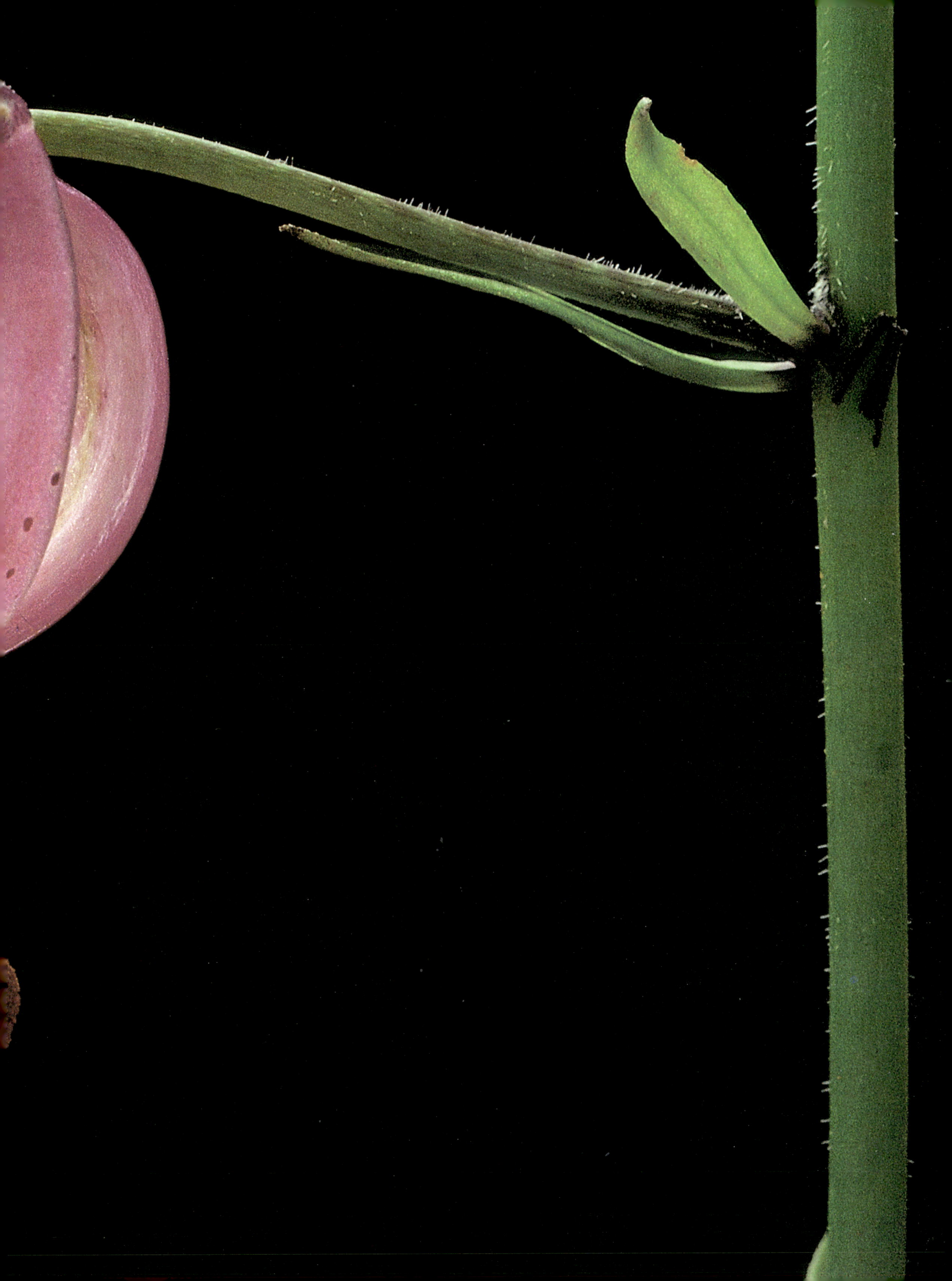

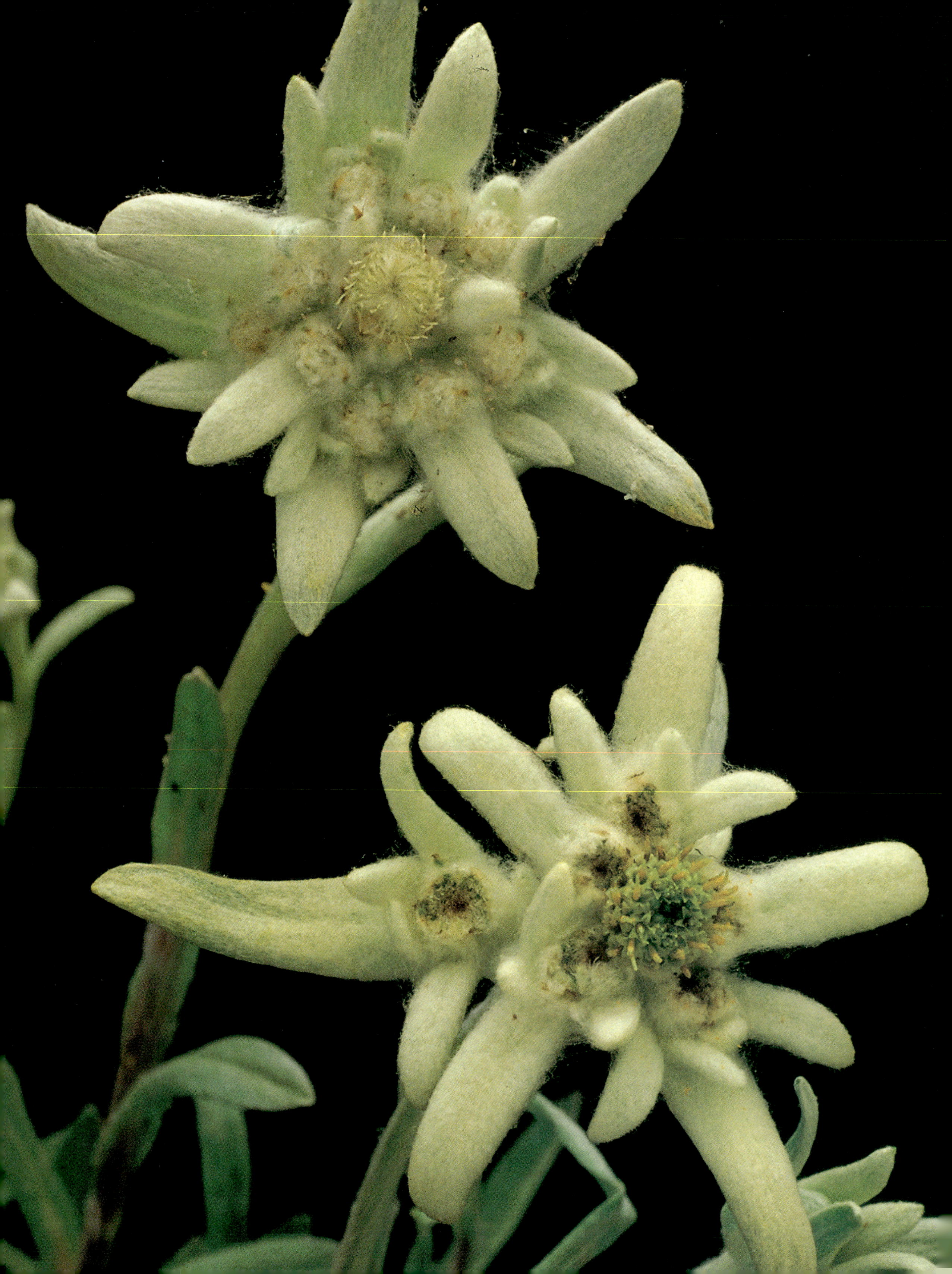

1 Brauner Storchschnabel *Geranium phaeum*. Familie: Storchschnabelgewächse (Europa). **2** Schnittlauch *Allium schoenoprasum*. Familie: Liliengewächse (Europa). **3** Alpenaster *Aster alpinus*. Familie: Korbblütler (Europa). **4** Hügelklee *Trifolium alpestre*. Familie: Schmetterlingsblütler (Europa). **5** *Scilla lilio-hyacinthus*. Familie: Liliengewächse (Europa). **6** Gesporntes Veilchen *Viola calcarata*. Familie: Veilchengewächse (Europa).

Linke Seite: Edelweiß *Leontopodium alpinum*. Familie: Korbblütler (Europa).

Da die winzigen Blüten in der Mitte des Edelweißes auf Insekten nicht allzu anziehend wirken, besitzt diese Pflanze weiße Hochblätter, die wie eine große und sternenförmige Blüte wirken. Das Edelweiß ist nicht nur wegen seiner Schönheit beliebt, sondern wird auch wegen seiner Heilkraft bei Unterleibsschmerzen und Erkrankungen der Atemwege geschätzt. Da die kleine Pflanze von den Bergtouristen als eine Art Trophäe gepflückt wurde und sich ihr Bestand dadurch drastisch reduziert hatte, gehört sie nun zu den streng geschützten Arten.

1 Trollblume *Trollius europaeus*. Familie: Hahnenfußgewächse (Europa). **2** Großblütiger Fingerhut *Digitalis grandiflora*. Familie: Rachenblütler (Europa). **3** Braunklee *Trifolium badium*. Familie: Schmetterlingsblütler (Europa). **4** Berg-Alant *Inula montana*. Familie: Korbblütler. **5** Rundblättriges Wintergrün *Pyrola rotundifolia*. Familie: Wintergrüngewächse (Europa). **6** Paradieslilie *Paradisia liliastrum*. Familie: Liliengewächse (Europa).

Rechte Seite: Frauenschuh *Cypripedium calceolus*. Familie: Knabenkrautgewächse (Europa).

Anfang Juni bringt der Frauenschuh eine herrliche Blüte hervor, deren aufgeblähte Lippe wie ein kleiner Schuh geformt ist. Kleine braune Flecken am Grund des „Schuhs" locken Hummeln an, die hineinfallen. Entkommen können sie nur durch eine Öffnung an der Oberseite, an der sich auch die Fortpflanzungsorgane der Orchidee befinden. Dadurch wird die Bestäubung der Blüte gewährleistet. Den Frauenschuh findet man nur noch an wenigen Stellen in den Alpen, im Jura und in den Vogesen, er ist streng geschützt. In der Schweiz ist man an einigen Orten sogar dazu übergegangen, die Blüten des Frauenschuhs abzuschneiden, damit die Pflanze unerkannt weiterleben kann. Ihre Vermehrung wird dadurch nicht gefährdet, da sie dank ihrer Rhizome auch in der Lage ist, sich auf vegetative Art fortzupflanzen.

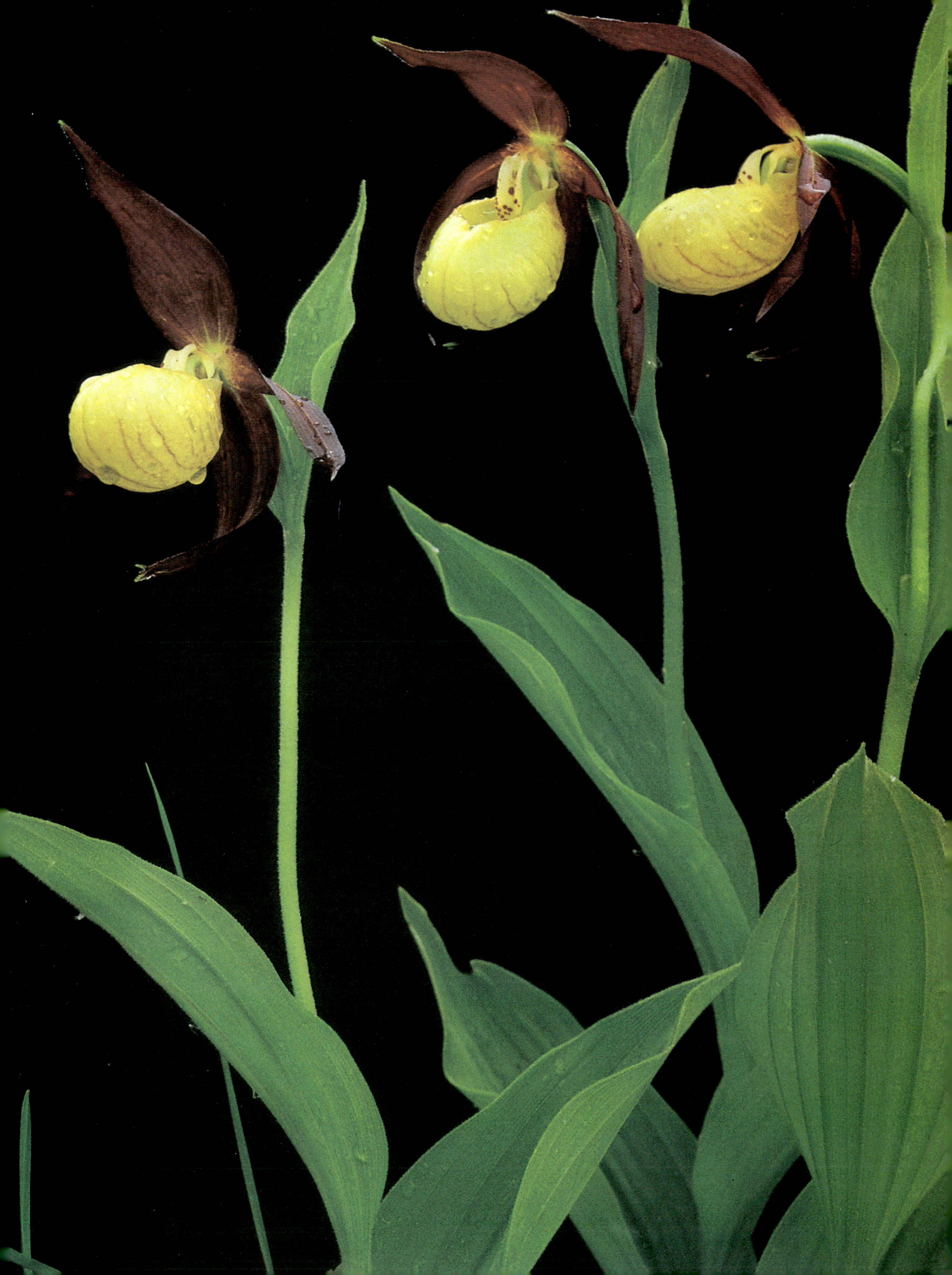

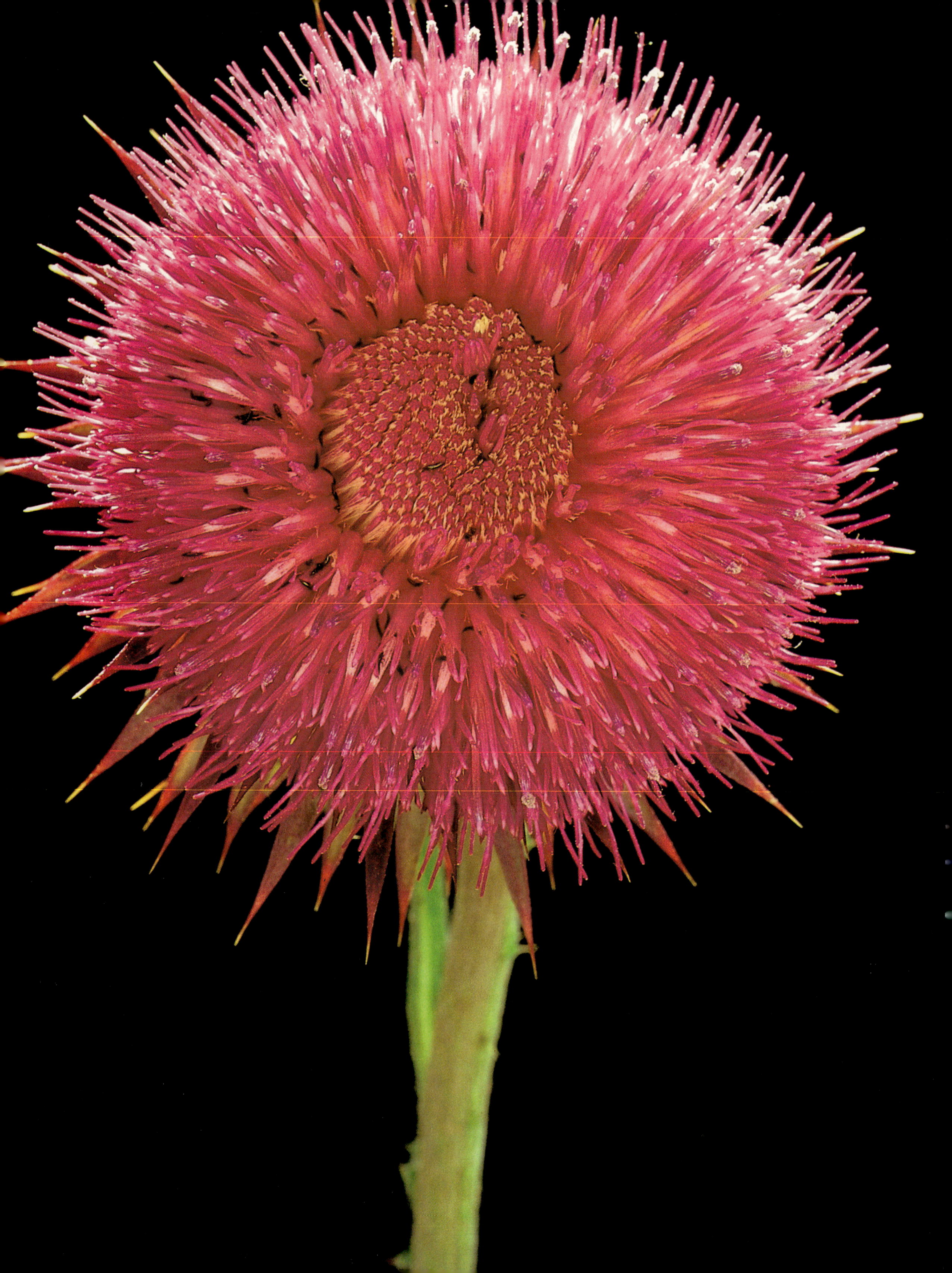

1 Flockenblume *Centaurea uniflora*. Familie: Korbblütler (Europa). **2** Silberdistel *Carlina acaulis*. Familie: Korbblütler (Europa). Die Silberdistel ist eine Art natürliches Hygrometer, denn sie rollt bei herannahendem schlechten Wetter ihre Blätter ein, um ihre empfindliche Blüte zu schützen. **3** *Allium ostrovskianum*. Familie: Liliengewächse (Asien). **4** Gemeiner Alpendost *Adenostyles alpina*. Familie: Korbblütler (Europa). **5** Fleischfarbenes Knabenkraut *Dactylorhiza incarnata*. Familie: Knabenkrautgewächse (Europa). Diese Orchidee zählt zur Gattung der *Dactylorhiza*, die etwa 20 verschiedene Arten umfaßt. Die *Dactylorhiza incarnata* wächst in den feuchten, ja sogar sumpfigen Zonen der Bergwiesen. **6** Heidelbeere *Vaccinium myrtillus*. Familie: Heidekrautgewächse (Europa).

Linke Seite: Nickende Distel *Carduus nutans*. Familie: Korbblütler (Europa).

1 Alpen-Kuhschelle *Pulsatilla alpina*. Familie: Hahnenfußgewächse (Europa). **2** Strauß-Glockenblume *Campanula thyrsoidea*. Familie: Glockenblumengewächse (Europa). **3** *Allium karataviense*. Familie: Liliengewächse (Asien). **4** Arnika *Arnica montana*. Familie: Korbblütler (Europa). **5** Gelbe Kuhschelle *Anemone sulphurea*. Familie: Hahnenfußgewächse (Europa). **6** Wolfs-Eisenhut *Aconitum vulparia*. Familie: Hahnenfußgewächse (Europa).

Die Blätter, Stengel, Blüten und besonders die Wurzeln des Eisenhutes enthalten Alkaloide, darunter auch Aconitin, das stärkste pflanzliche Narkotikum der Welt. Als Faustregel gilt: Je höher die Pflanzen wachsen, desto gefährlicher sind sie. Im Mittelalter köderte man Füchse und Wölfe mit Fleischstücken, die vorher mit Aconitin getränkt wurden.

Rechte Seite: Bärtige Glockenblume *Campanula barbata*. Familie: Glockenblumengewächse (Europa).

Die Bärtige Glockenblume liebt die Insekten. Ihre Blüten sondern einen Nektar ab, der die kleinen Bienen anlockt. Am Abend oder an Regentagen schließen sich ihre Blütenkronen und bieten so den Insekten einen sicheren Unterschlupf. Im Gebirge schließen viele Glockenblumenarten auf diese Weise ihre Blüten und schützen so ihren Pollen gegen Tau und Frost.

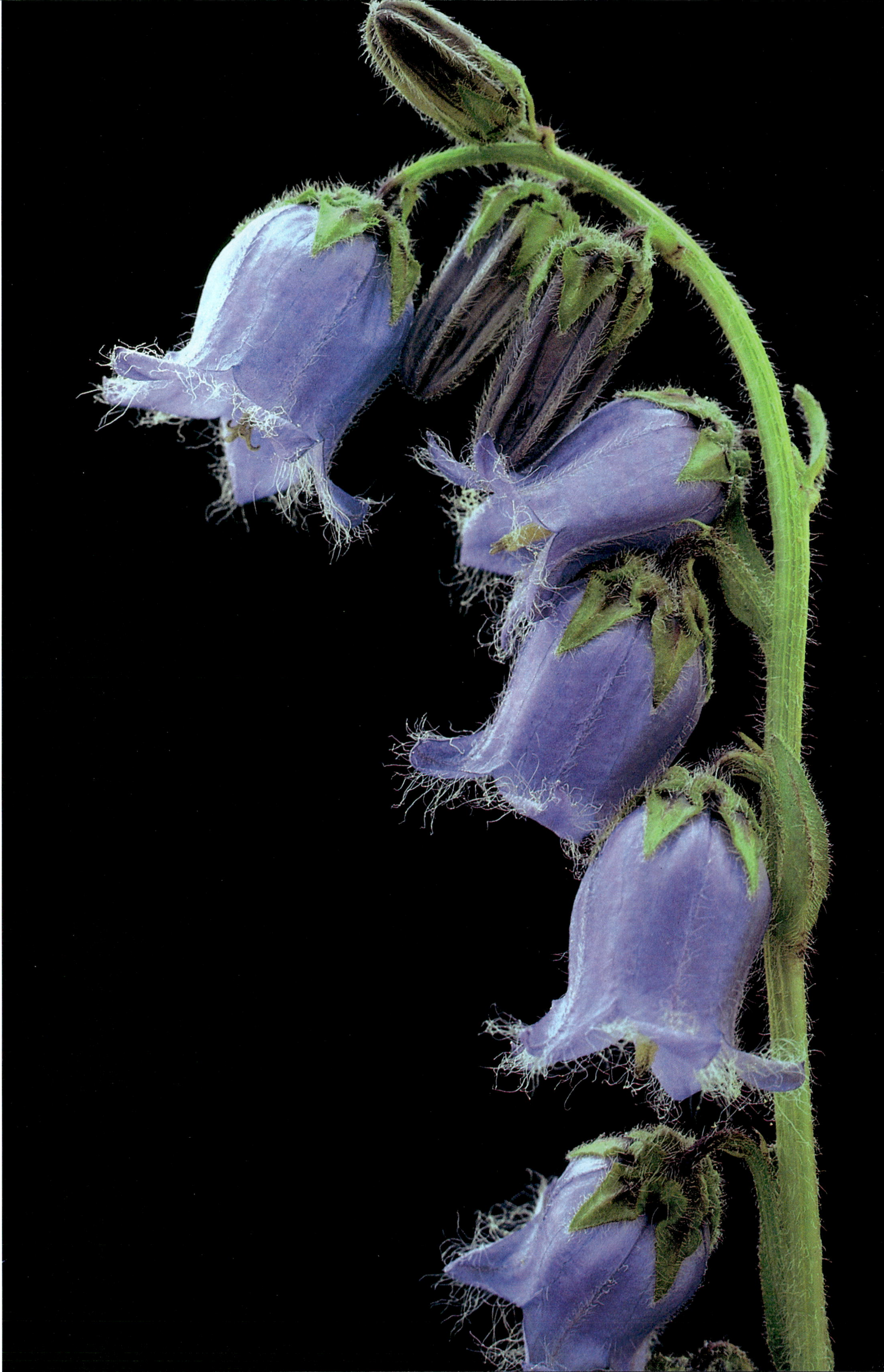

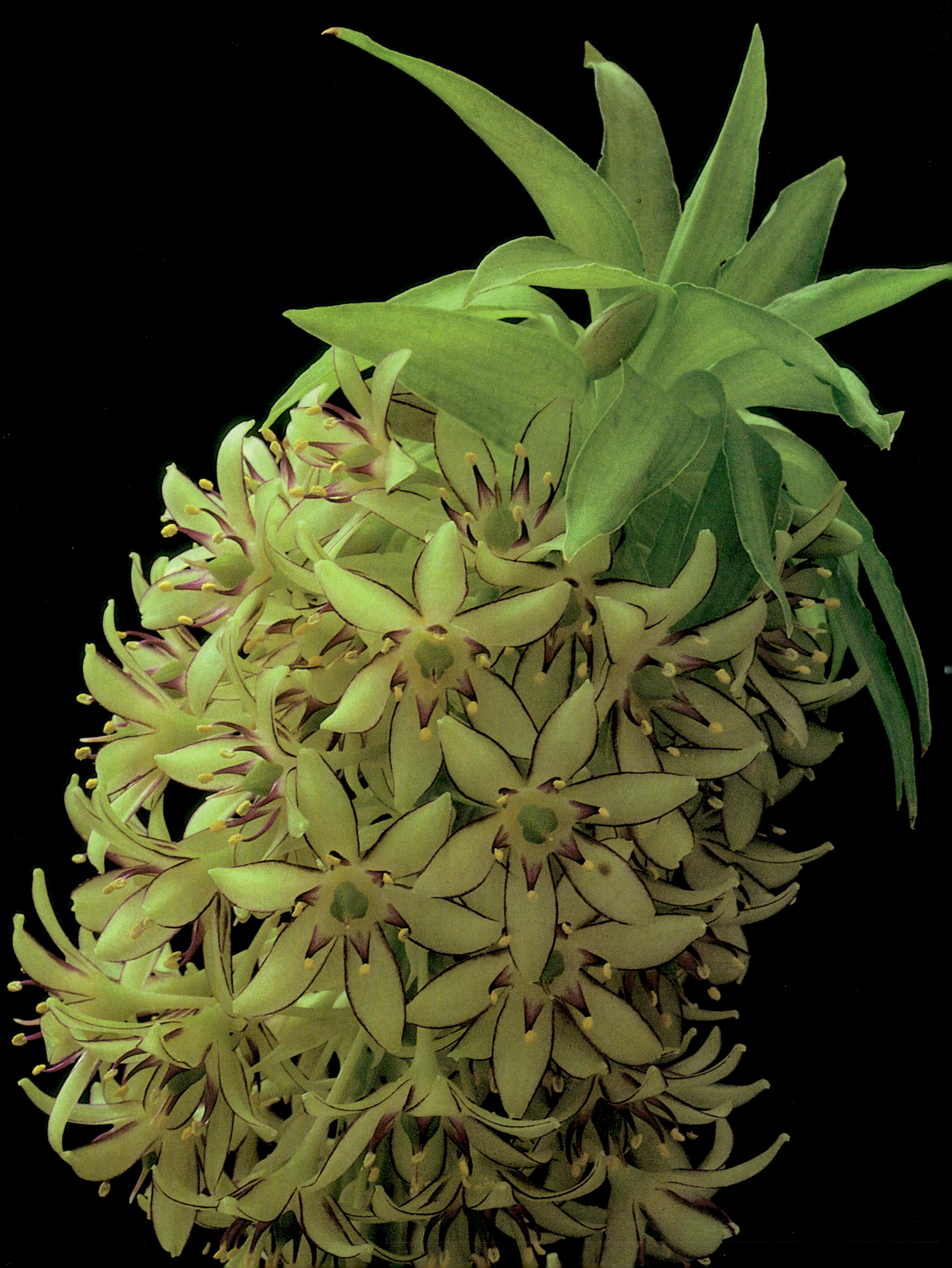

1 Klebrige Kratzdistel *Cirsium erisithales*. Familie: Korbblütler. **2** Pyrenäen-Milchstern *Ornithogalum pyrenaicum*. Familie: Liliengewächse. **3** Alpen-Wachsblume *Cerinthe glabra*. Familie: Rauhblattgewächse. **4** Liebstöckel *Levisticum officinale*. Familie: Doldenblütler. **5** Buschwindröschen *Anemone nemorosa*. Familie: Hahnenfußgewächse. **6** Echte Bärwurz *Meum athamanticum*. Familie: Doldenblütler.

Die Berghirten haben schon vor langer Zeit festgestellt, daß die frischen Blätter der Echten Bärwurz vom Vieh verschmäht werden. Jedoch im getrockneten Zustand dem Heu beigemischt, verleihen sie ihm einen delikaten Geschmack und regen die Milchproduktion stark an. Die büschelartige Wurzel der Pflanze erinnert an Bärenfell, daher der volkstümliche Name.

Linke Seite: *Eucomis bicolor*. Familie: Liliengewächse (Drakensberge, Südafrika).

1 Große Sterndolde *Astrantia major*. Familie: Doldenblütler. **2** Einbeere *Paris quadrifolia*. Familie: Liliengewächse. **3** Eberesche *Sorbus aucuparia*. Familie: Rosengewächse. **4** Duftende Süßdolde *Myrrhis odorata*. Familie: Doldenblütler. **5** Sumpf-Schafgarbe *Achillea ptarmica*. Familie: Korbblütler. **6** Gemeine Küchenschelle *Pulsatilla vulgaris*. Familie: Hahnenfußgewächse.

Die Küchenschelle wiegt ihre Blüte auf dem kurzen Stengel wie ein kleines Glöckchen im Wind. Wie alle Anemonen ist auch die Küchenschelle eine Giftpflanze. Die Einnahme der frischen Blätter verursacht ein starkes Brennen im Mund, Schwindelanfälle, Krämpfe und Atemprobleme. Aber bei richtiger Dosierung gewinnt man aus der Küchenschelle ein wirksames Heilmittel gegen Blutarmut, Bronchitis, Ohrenentzündungen und andere Leiden. Weil ihre Wurzel einem gespaltenen Huf ähnelt, braute man mit ihrer Hilfe im 16. Jahrhundert allerlei Tränke gegen „Leiden satanischen Ursprungs".

Rechte Seite: Mannstreu *Eryngium bourgatii*. Familie: Doldenblütler.

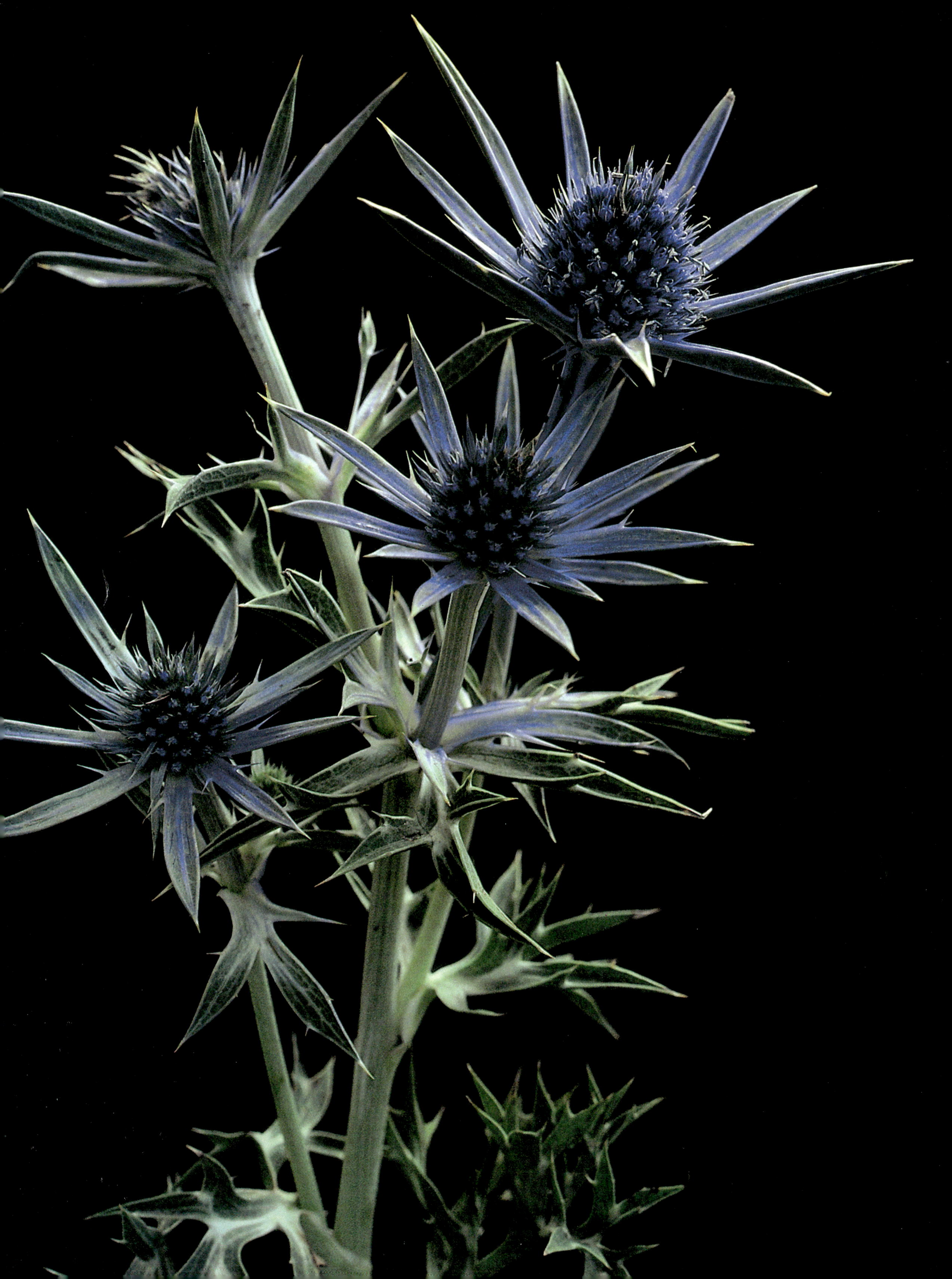

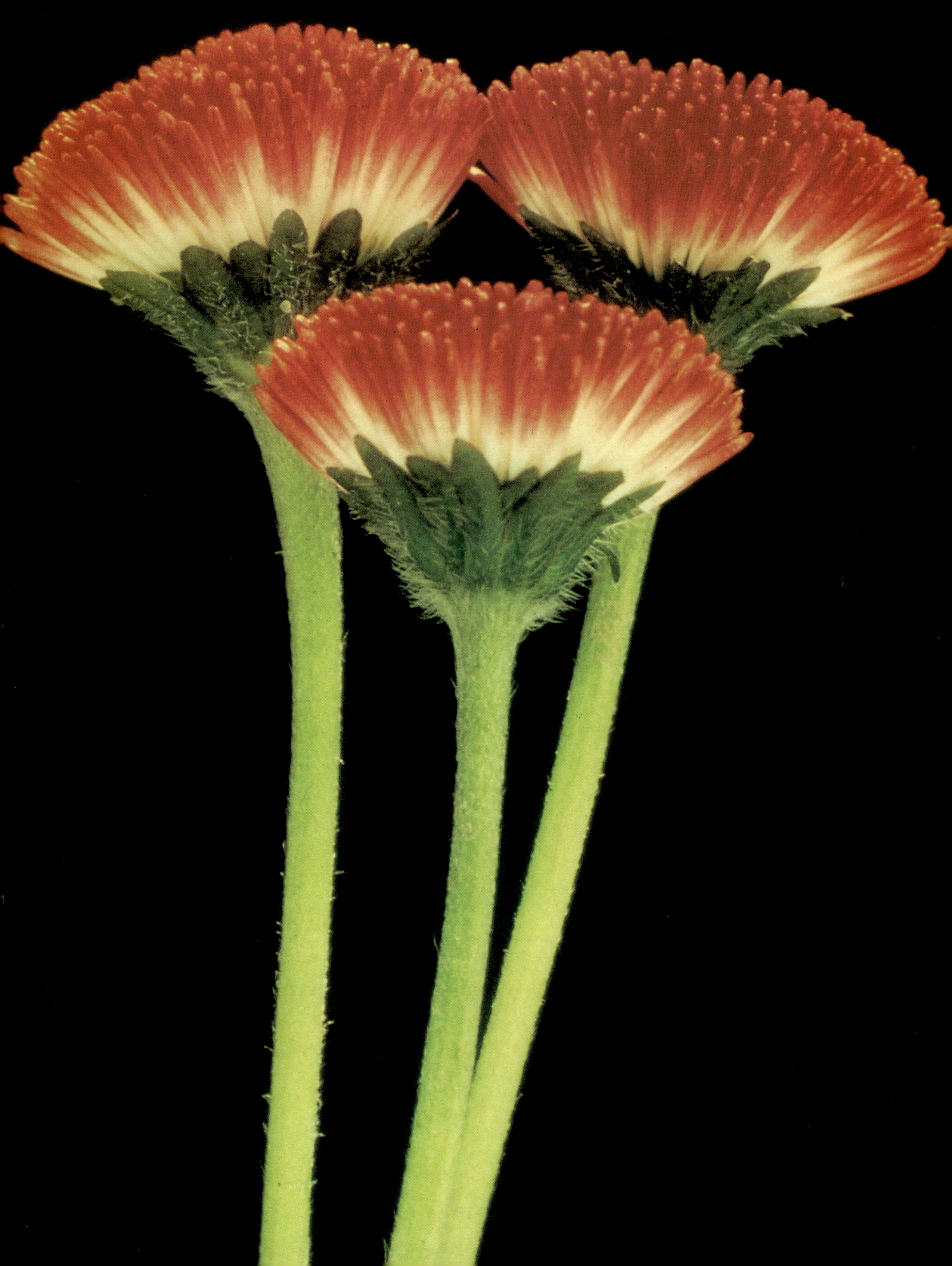

WIESENBLUMEN

✻

Auf natürliche Weise entstandene Wiesen und Grasländer sind leider selten geworden, denn der Mensch hat den fruchtbaren Boden der großen unbewohnten Ebenen größtenteils in Ackerland umgewandelt. Indem er Pflanzenarten wie zum Beispiel Weizen, Gerste, Mais und die Kartoffel aus den verschiedensten Regionen der Welt kultivierte, führte er eine neue Ordnung unter den Pflanzen ein. Neben den heimischen Pflanzen entstand eine ganz neue Flora. Sie profitierte von dem fruchtbaren Boden und den idealen Lichtbedingungen, die daraus resultierten, daß kein Baum das Sonnenlicht verwehrte.

In den Ebenen sind die Kräuter die wahren Herrinnen. Die meisten haben es geschafft, sich als „Unkraut" an regelmäßiges Schneiden, Pflügen und Düngen zu gewöhnen. Im ständigen Kampf mit den kultivierten Pflanzen wenden fast alle die „Taktik der Masseninvasion" an: Auf einer Fläche von 100 Quadratmetern wurden in einer Studie beispielsweise 500 000 Samenkörner des Ackergauchheils (siehe Seite 80) gezählt, von denen jedes einzelne die Fähigkeit besaß, innerhalb der folgenden Jahre zu keimen!

Die Wiesen und Grasländer sind meist von Vertretern der Familie der Korbblütler übersät. Zur Verbreitung ihrer Samen haben diese den „Fallschirm" gewählt, d.h. jedes Samenkorn ist von einem kleinen haarigen Büschel umgeben, mit dessen Hilfe es vom Wind kilometerweit davongetragen werden kann. Dieses System muß sich besonders bewährt haben, da mehr als zehn Prozent aller blühenden Pflanzen zu den Korbblütlern gehören.

Trotzdem zählen die meisten Wiesenblumen heute zu den vom Aussterben bedrohten Arten. Kornblumen und Klatschmohn haben Unkrautvernichter aus den Weizenfeldern vertrieben, Knabenkraut und Ragwurz sind durch die Überdüngung des Erdbodens verbrannt und die Kornrade ist schon fast gänzlich aus den Feldern verschwunden.

Linke Seite: Gänseblümchen *Bellis perennis*. Familie: Korbblütler.

Rechts: *Serapias lingua*. Familie: Knabenkrautgewächse.

1 Klatschmohn *Papaver rhoeas*. Familie: Mohngewächse. **2** Gemeine Nachtkerze *Oenothera biennis*. Familie: Nachtkerzengewächse. **3** Schopfige Träubelhyazinthe *Muscari comosum*. Familie: Liliengewächse. **4** Kornrade *Agrostemma githago*. Familie: Nelkengewächse. **5** Kriechender Hauhechel *Ononis repens*. Familie: Schmetterlingsblütler **6** Ackergauchheil *Anagallis arvensis*. Familie: Primelgewächse.

Der Ackergauchheil liefert eine zuverlässige Wettervorhersage: Bei zu erwartendem Sonnenschein öffnet er seine Blüten, bei bedecktem Himmel bleiben sie halb geschlossen, und bei herannahendem schlechten Wetter öffnet er sie überhaupt nicht.

Rechte Seite: Gemeiner Augentrost *Euphrasia officinalis*. Familie: Rachenblütler.

Obwohl der Augentrost grüne Blätter trägt und aufgrund seines Chlorophyllgehaltes zur Photosynthese fähig wäre, bevorzugt er ein Dasein als Schmarotzerpflanze. Manchmal befällt er sogar seine eigene Art. Sein lateinischer Name *Euphrasia* bedeutet soviel wie „gute Laune". Wahrscheinlich wegen der Hochstimmung, die einer französischen Sage nach Blinde befiel, wenn sie nach Genuß dieser Pflanze ihr Augenlicht wiedererlangten.

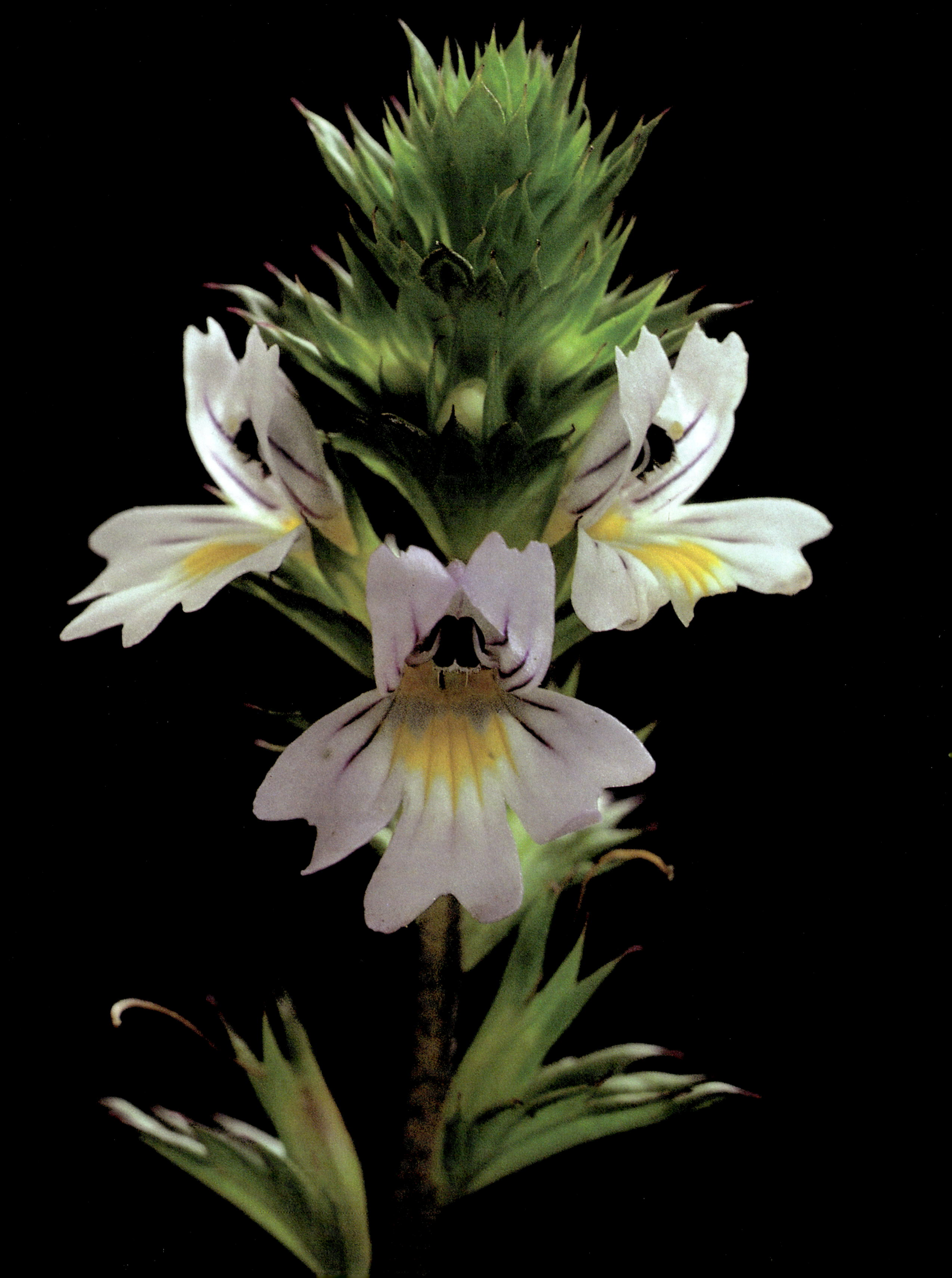

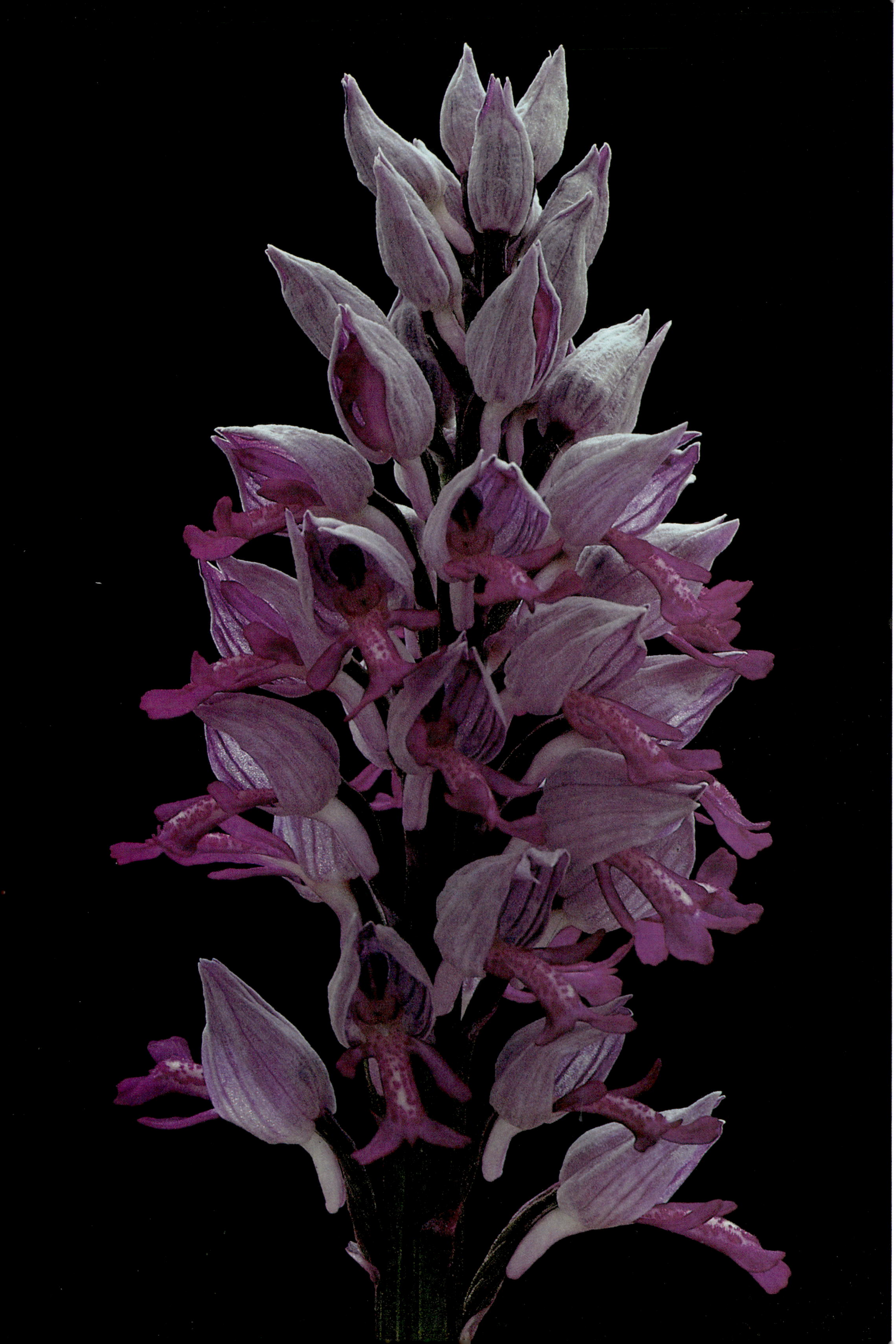

1 Hundswurz *Anacamptis pyramidalis*. Familie: Knabenkrautgewächse. **2** Bienen-Ragwurz *Ophrys apifera*. Familie: Knabenkrautgewächse. **3** Spinnen-Ragwurz *Ophrys sphegodes*. Familie: Knabenkrautgewächse. **4** Fliegen-Ragwurz *Ophrys insectifera*. Familie: Knabenkrautgewächse. **5** Affen-Knabenkraut *Orchis simia*. Familie: Knabenkrautgewächse. **6** *Ophrys scolopax*. Familie: Knabenkrautgewächse.

Linke Seite: Helm-Knabenkraut *Orchis militaris*. Familie: Knabenkrautgewächse.

Das Knabenkraut (*Orchis*) besitzt zwei Zwiebeln. Jedes Jahr wächst eine neue Knolle, die sich von der ältesten ernährt. Das erlaubt dem Knabenkraut im Frühjahr einige Zentimeter entfernt von der Stelle zu keimen, an der die Pflanze des Vorjahres stand und somit langsam den Standort zu ändern.

Nächste Doppelseite: Immergrün. *Vinca minor*. Familie: Hundsgiftgewächse.

Im Mittelalter überreichten die Vasallen ihrem Herrn bei verschiedenen Anlässen eine Girlande aus Immergrün als Symbol der Unterwürfigkeit.

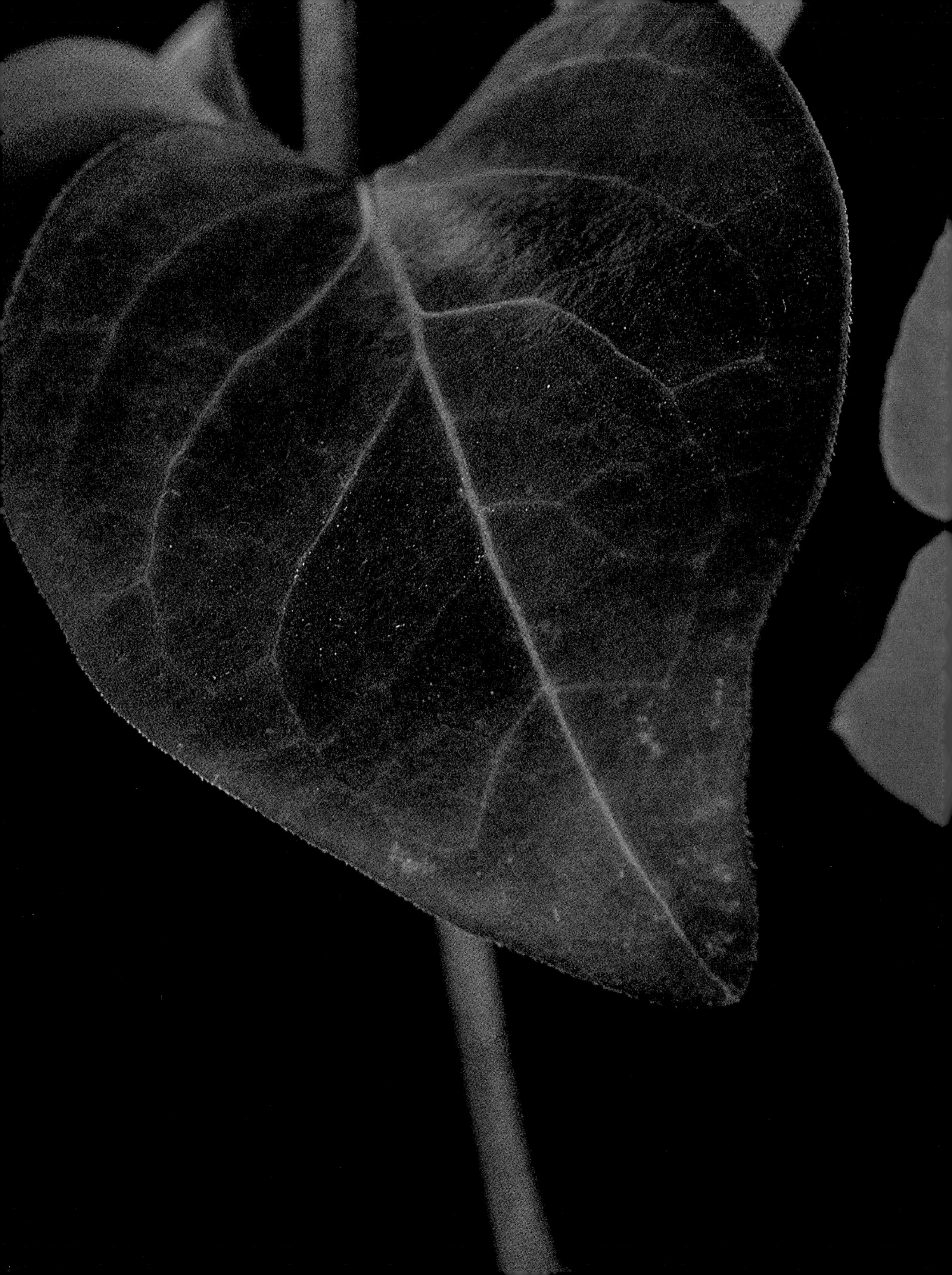

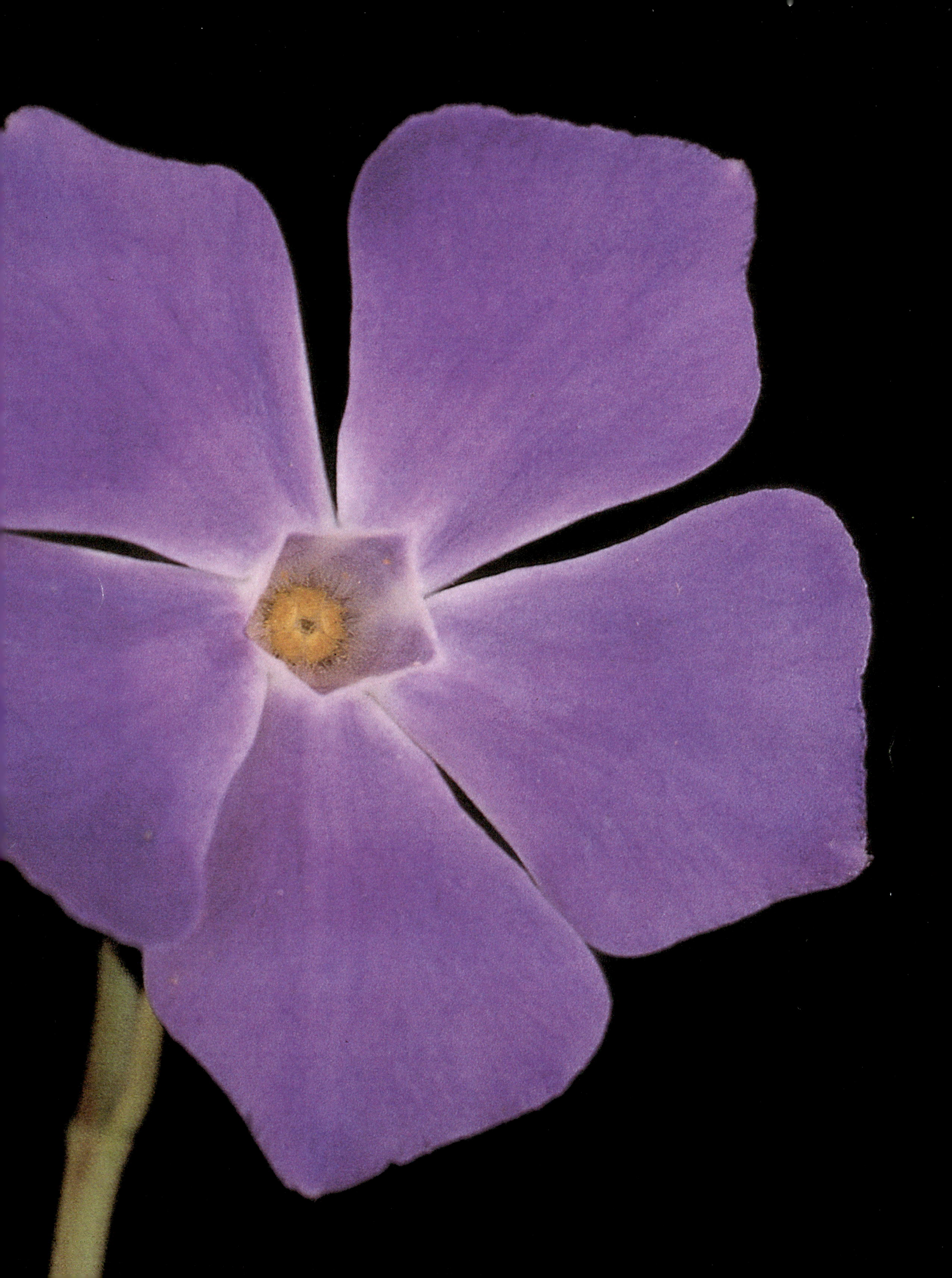

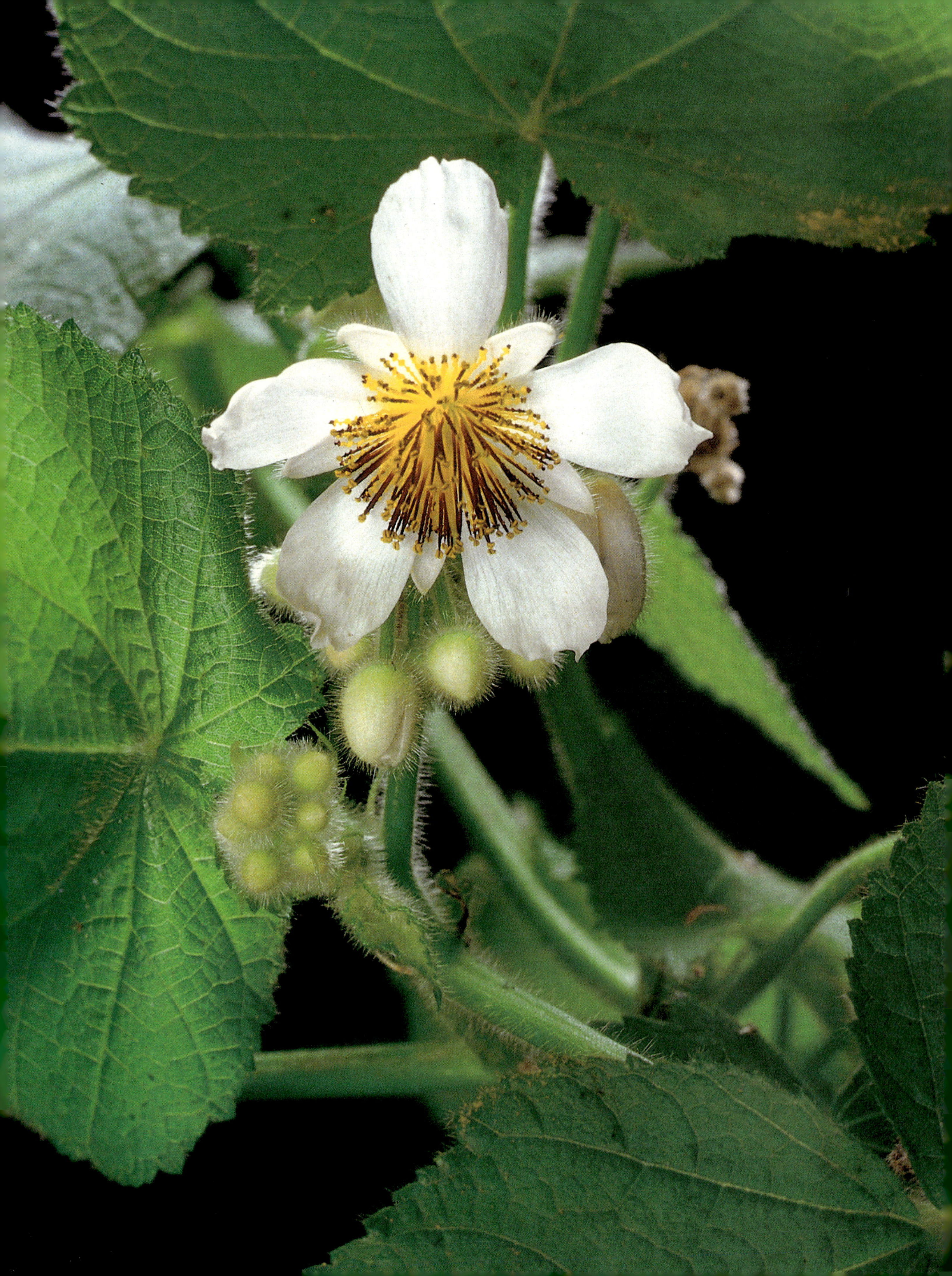

1 Südafrikanische Bleiwurz *Plumbago capensis*. Familie: Grasnelkengewächse (Südafrika). **2** *Combretum farinosum*. Familie: Langfadengewächse (Simbabwe). **3** *Clivia miniata*. Familie: Narzissengewächse (Südafrika). **4** Paradiesvogelblume *Strelitzia reginae*. Familie: Bananengewächse (Südafrika). **5** *Chasmanthe floribunda*. Familie: Schwertliliengewächse (Südafrika). **6** Orientalische Schmucklilie *Agapanthus umbellatus*. Familie: Liliengewächse (Südafrika).

Die außergewöhnliche Paradiesvogelblume eifert mit dem Charme des Kolibris um die Wette. Mit ihrem stark süßlichen Duft lockt sie den Vogel auf ihre Blütenblätter, die sich – sobald der Kolibri gelandet ist – öffnen. Dort befinden sich der Nektar und die Staubgefäße, so daß die Federn des Vogels mit Pollen bestäubt werden, während er sich am Nektar labt.

Linke Seite: Zimmerlinde *Sparmannia africana*. Familie: Lindengewächse (Südafrika).

Die zahlreichen Staubgefäße dieses Strauches befinden sich im Inneren der Blüte und bilden eine rote kugelförmige Anordnung. Schon bei der leichtesten Berührung durch ein Insekt öffnen sich die Staubgefäße und bieten ihre Pollen dem „Besucher" an.

1 Gemeines Seifenkraut *Saponaria officinalis*. Familie: Nelkengewächse. **2** Inkalilie *Alstroemeria ligtu*. Familie: Narzissengewächse (Peru/Chile). **3** Kleinblütige Königskerze *Verbascum thapsus*. Familie: Rachenblütler. **4** *Tigridia pavonia*. Familie: Schwertliliengewächse (Mexiko). **5** Gemeiner Wundklee *Anthyllis vulneraria*. Familie: Schmetterlingsblütler. **6** *Aphyllanthes monspeliensis*. Familie: Liliengewächse.

Die Inkalilie war früher nicht nur wegen ihrer Schönheit begehrt, sondern auch wegen ihrer Knollen, die von den Peruanern wie Kartoffeln zubereitet wurden.

Rechte Seite: Gemeine Ringelblume *Calendula officinalis*. Familie: Korbblütler.

Früher wurde gelben Blumen eine heilende Wirkung bei Gelbsucht nachgesagt. Tatsächlich konnte die moderne Wissenschaft diese Theorie zumindest in bezug auf die Ringelblume bestätigen. Seit langer Zeit schon genießt sie den Ruf eine besonders wundersame und heilkräftige Blume zu sein. Es heißt sogar, daß man eine Ringelblume bei sich tragen soll, wenn man vor Gericht muß, weil dies die Richter angeblich milde stimmt!

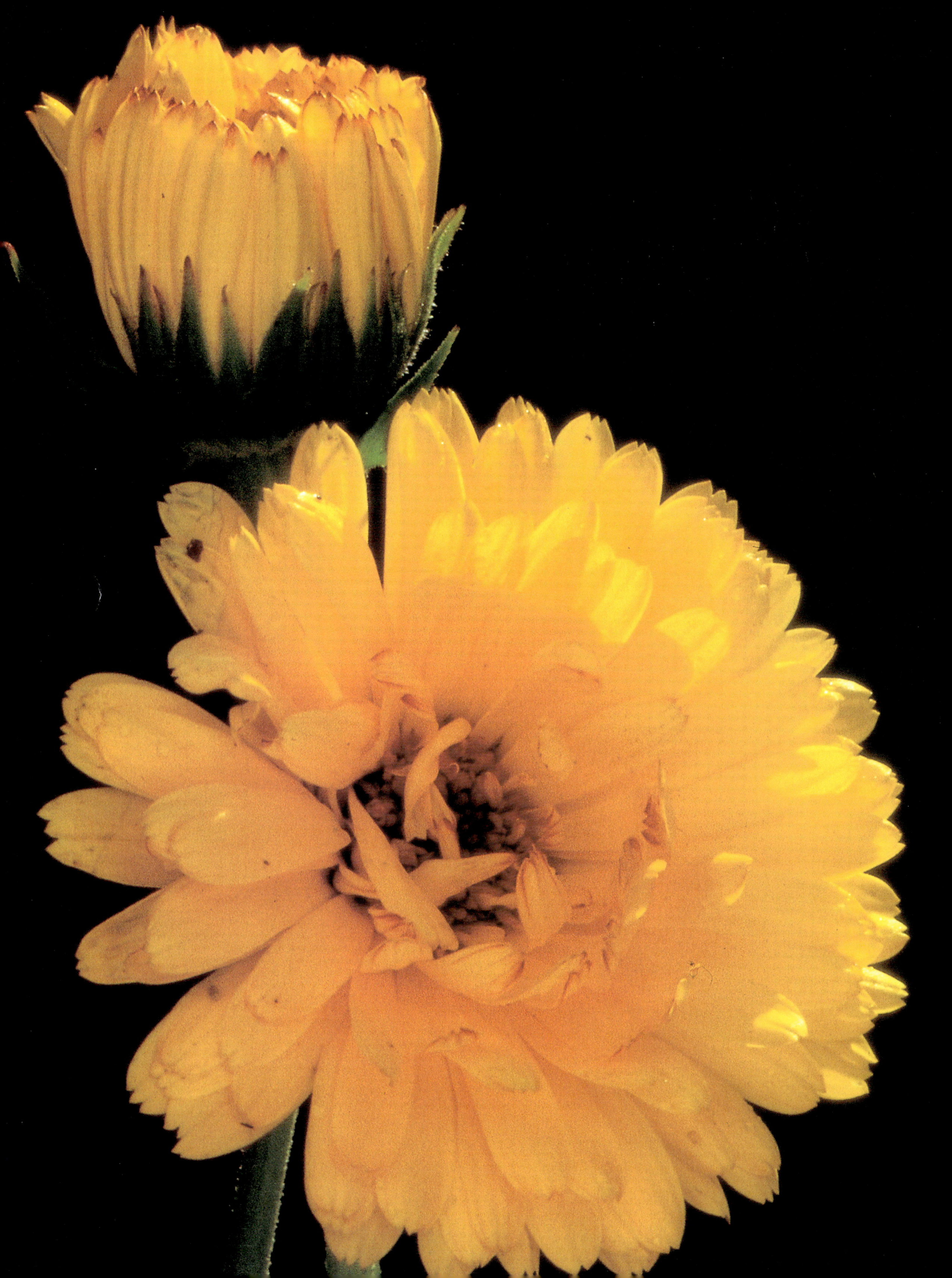

1 Zypressen-Wolfsmilch *Euphorbia cyparissias.* Familie: Wolfsmilchgewächse. **2** Spierstrauch *Spiraea hypericifolia.* Familie: Rosengewächse. **3** Echter Wermut *Artemisia absinthium.* Familie: Korbblütler. **4** Wohlriechender Wau *Reseda odorata.* Familie: Resedagewächse. **5** Kümmel *Carum carvi.* Familie: Doldenblütler. **6** Echtes Labkraut *Galium verum.* Familie: Rötegewächse.

Rechte Seite: Buchweizen *Fagopyrum esculentum.* Familie: Knöterichgewächse.

Kühe, die den Buchweizen frisch oder im Viehfutter fressen, werden manchmal von Hautrötungen und juckenden Geschwulsten heimgesucht. Diese Krankheit, Fagopyrismus genannt, befällt jedoch nur weiße oder gescheckte Tiere. Der Buchweizen enthält nämlich eine Substanz, die unter Sonnenbestrahlung giftig wird und zu leuchten beginnt, so daß auch von den kranken Kühen ein seltsames Leuchten ausgeht.

Nächste Doppelseite: Margerite *Chrysanthemum leucanthemum.* Familie: Korbblütler.

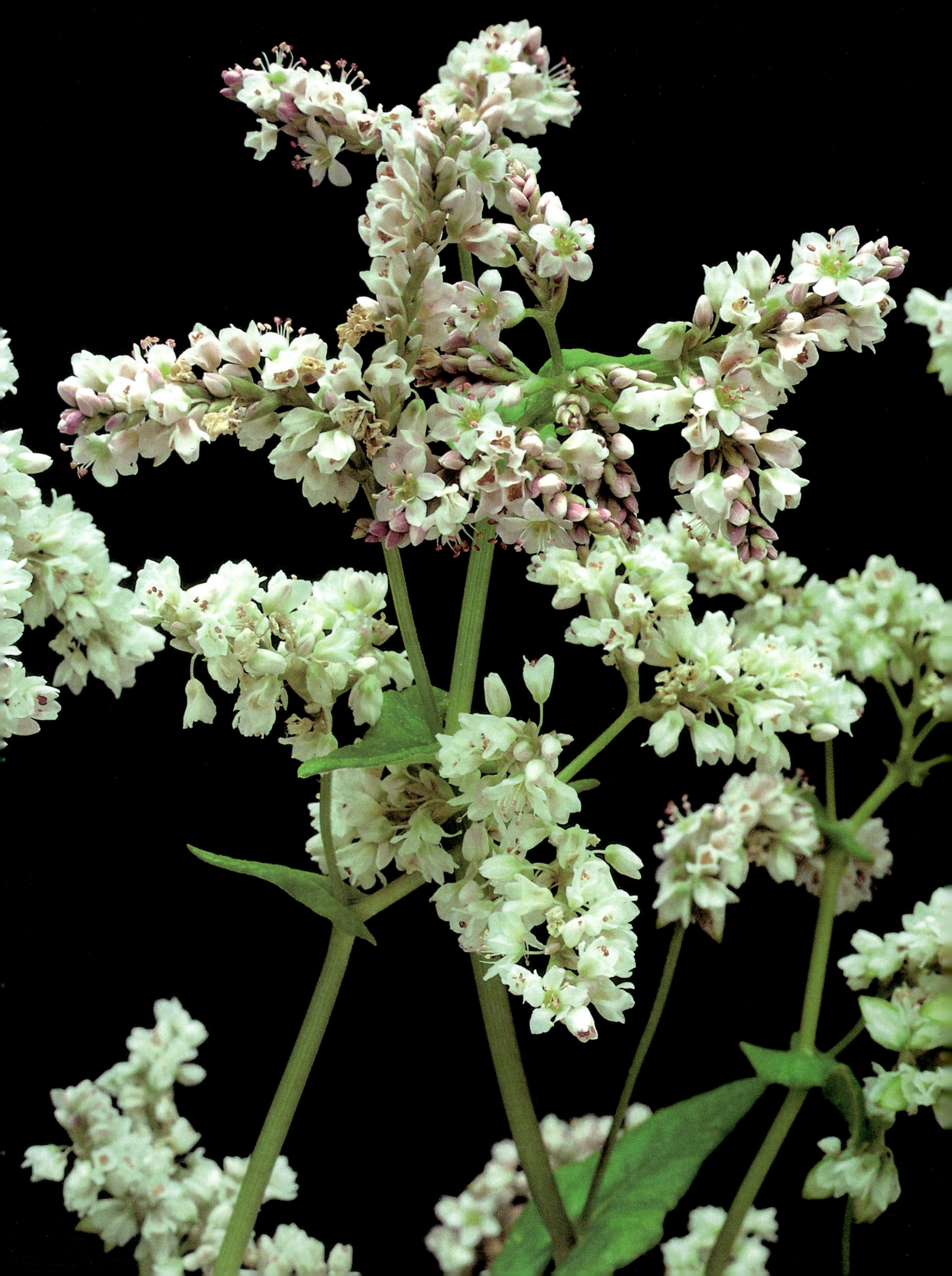

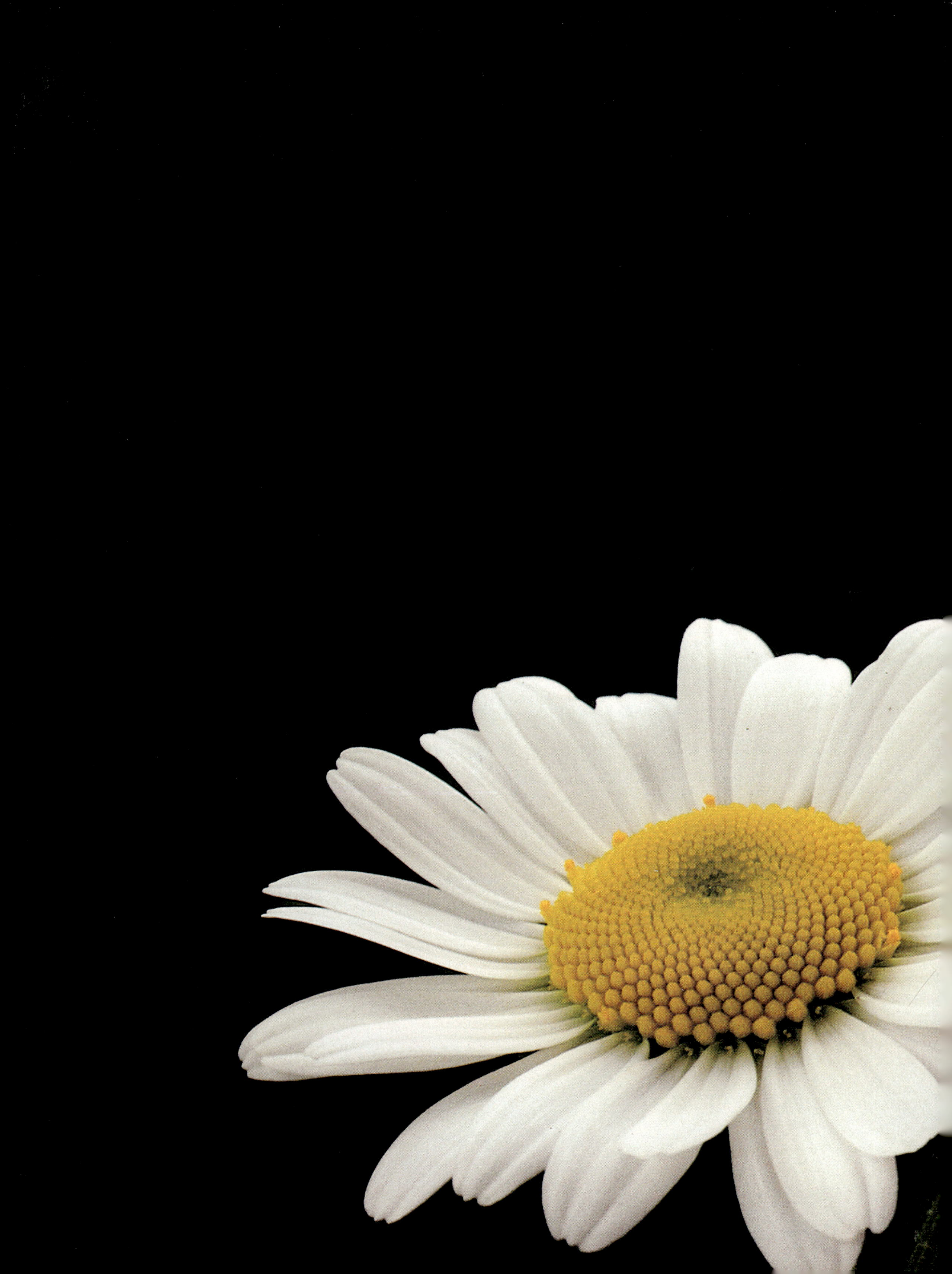

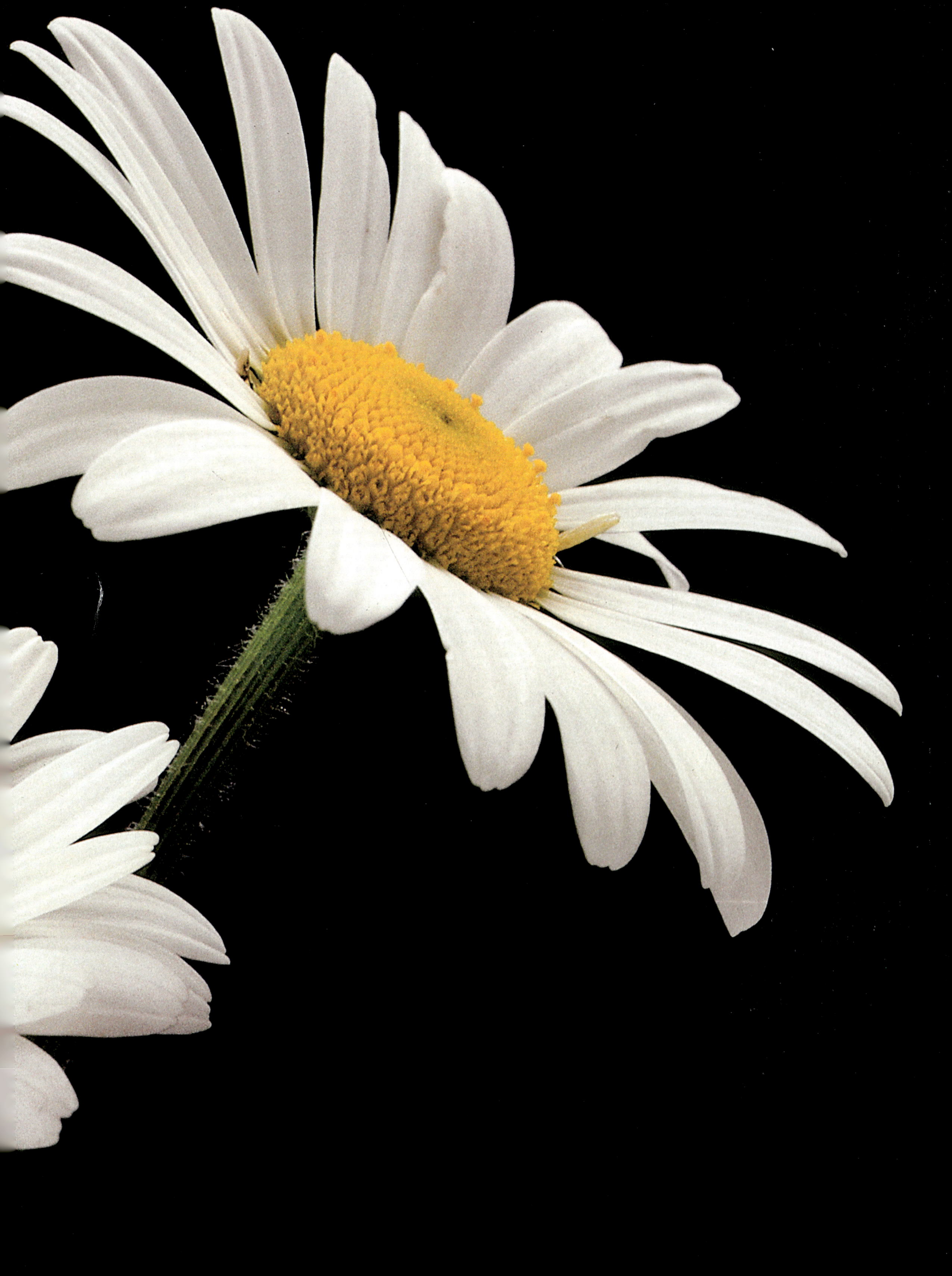

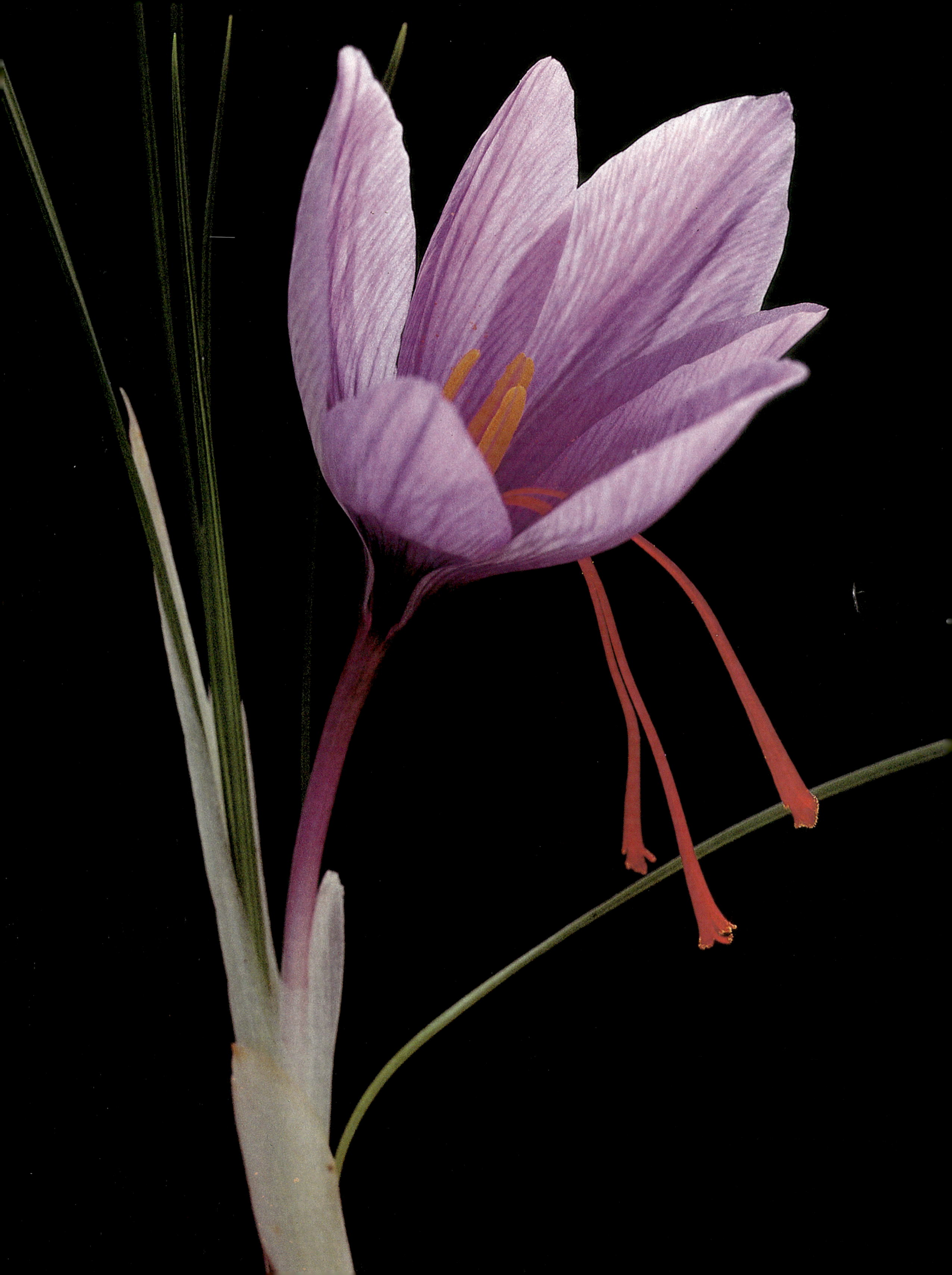

1 Haferwurz *Tragopogon porrifolius*. Familie: Korbblütler. **2** Sonnenröschen *Helianthemum vulgare*. Familie: Zistrosengewächse. **3** *Catananche caerulea*. Familie: Korbblütler. **4** Rotes Waldvögelein *Cephalanthera rubra*. Familie: Knabenkrautgewächse. **5** Wilde Malve *Malva sylvestris*. Familie: Malvengewächse. **6** *Acroclinum roseum*. Familie: Korbblütler (Australien).

Linke Seite: Echter Safran *Crocus sativus*. Familie: Schwertliliengewächse.

Der gelborange Puder, der unter dem Namen Safran bekannt ist, stammt weder vom Blütenstaub noch aus der Wurzel einer exotischen Pflanze, sondern von der Narbe eines Krokus. Der Safran zählt nach wie vor zu den teuersten und seltensten Gewürzen der Welt. 100 000 Blüten liefern fünf Kilogramm Blütennarben, aus denen schließlich ein Kilogramm Safran gewonnen wird. Safran wird hauptsächlich in Italien, Griechenland, der Türkei und in Kaschmir kultiviert.

1 Borretsch *Borago officinalis*. Familie: Borretschgewächse. **2** Wiesen-Salbei *Salvia pratensis*. Familie: Lippenblütler. **3** Wilde Möhre *Daucus carota*. Familie: Doldenblütler. **4** Echte Geißraute *Galega officinalis*. Familie: Schmetterlingsblütler. **5** Hohler Lerchensporn *Corydalis cava*. Familie: Erdrauchgewächse. **6** Gemeine Nelkenwurz *Geum urbanum*. Familie: Rosengewächse.

Wenn die Exorzisten in Großbritannien einen von Dämonen heimgesuchten Ort befreiten, warfen sie anschließend zur Kontrolle eine Wurzel der Nelkenwurz in ein Holzkohlenfeuer. Wenn die Wurzel still verbrannte, war der Ort frei von Dämonen. Krümmte sie sich jedoch in wilden Zuckungen und gab dabei Geräusche von sich, die wie Schreie klangen, war das Böse immer noch gegenwärtig.

Rechte Seite: Weiße Taubnessel *Lamium album*. Familie: Lippenblütler.

Nächste Doppelseite: Tränendes Herz *Dicentra spectabilis*. Familie: Erdrauchgewächse (Japan/China).

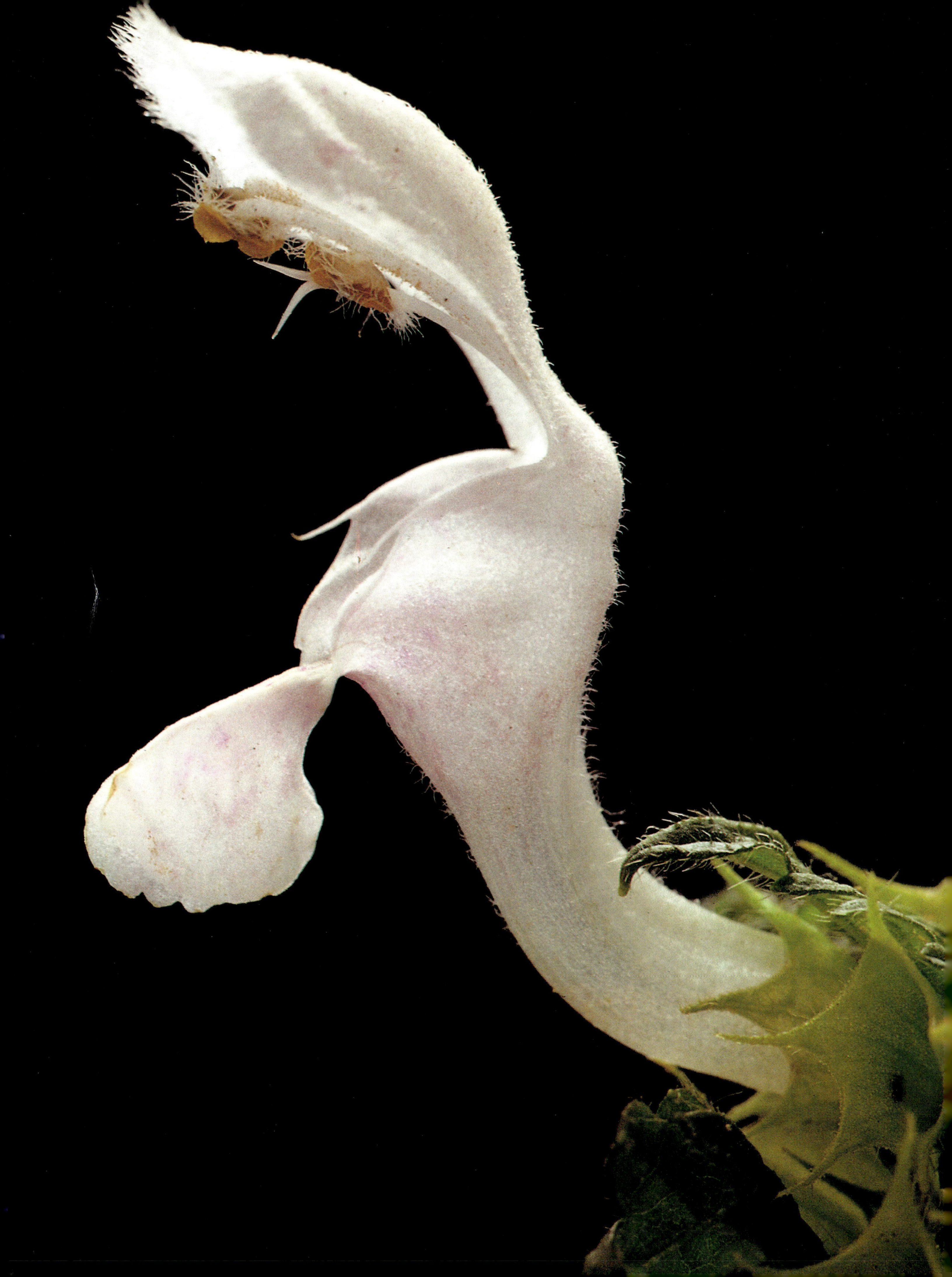

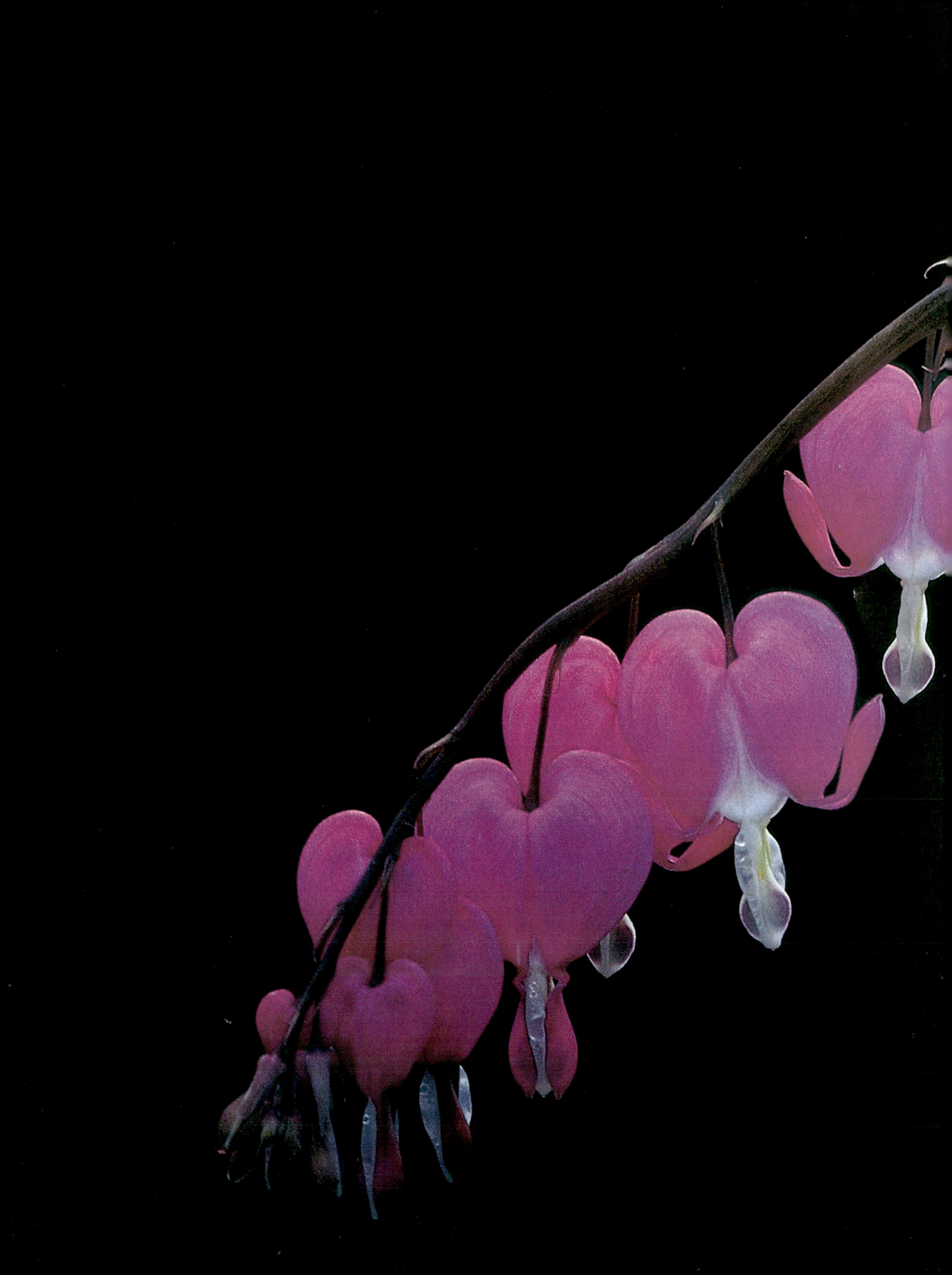

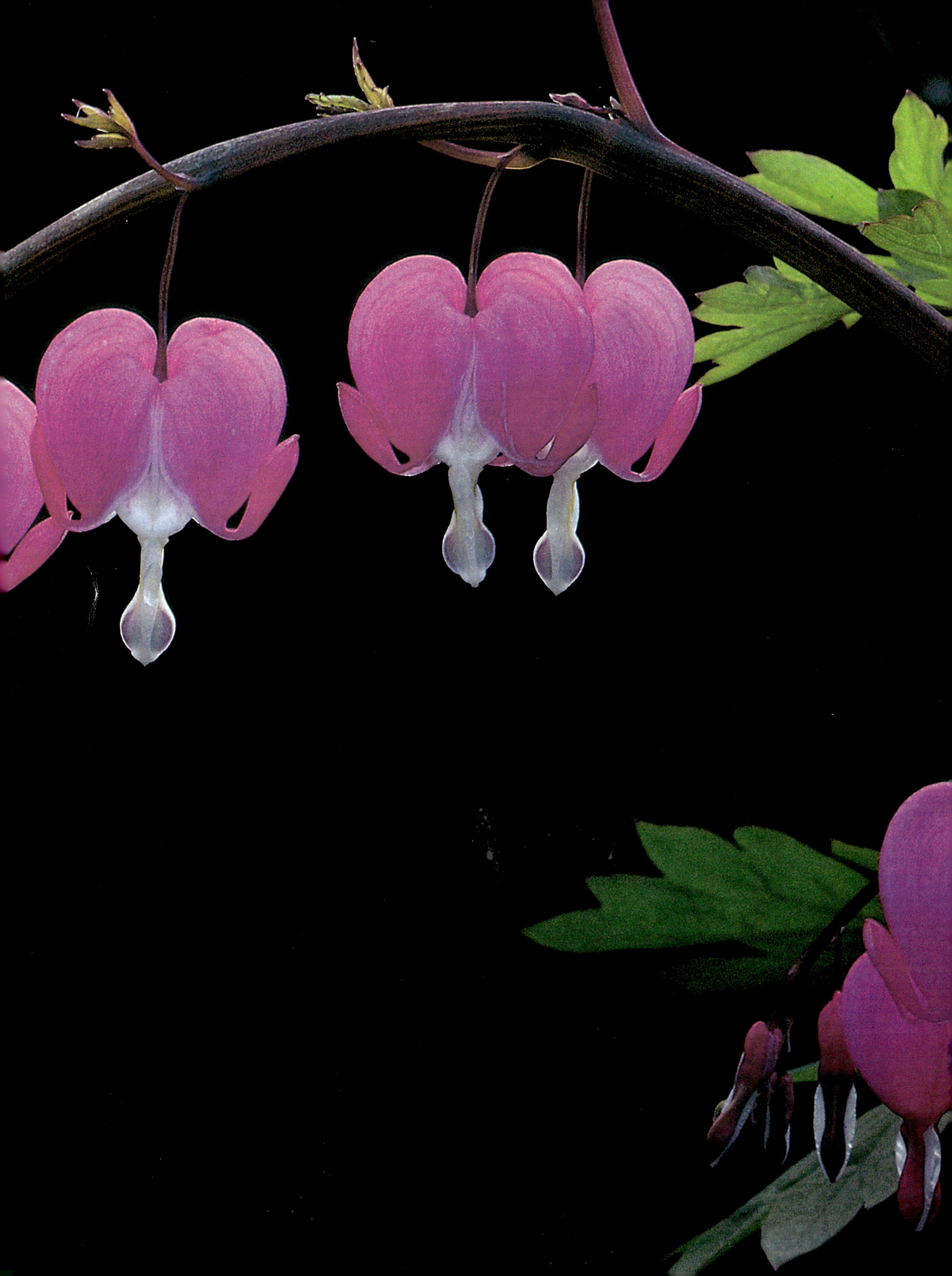

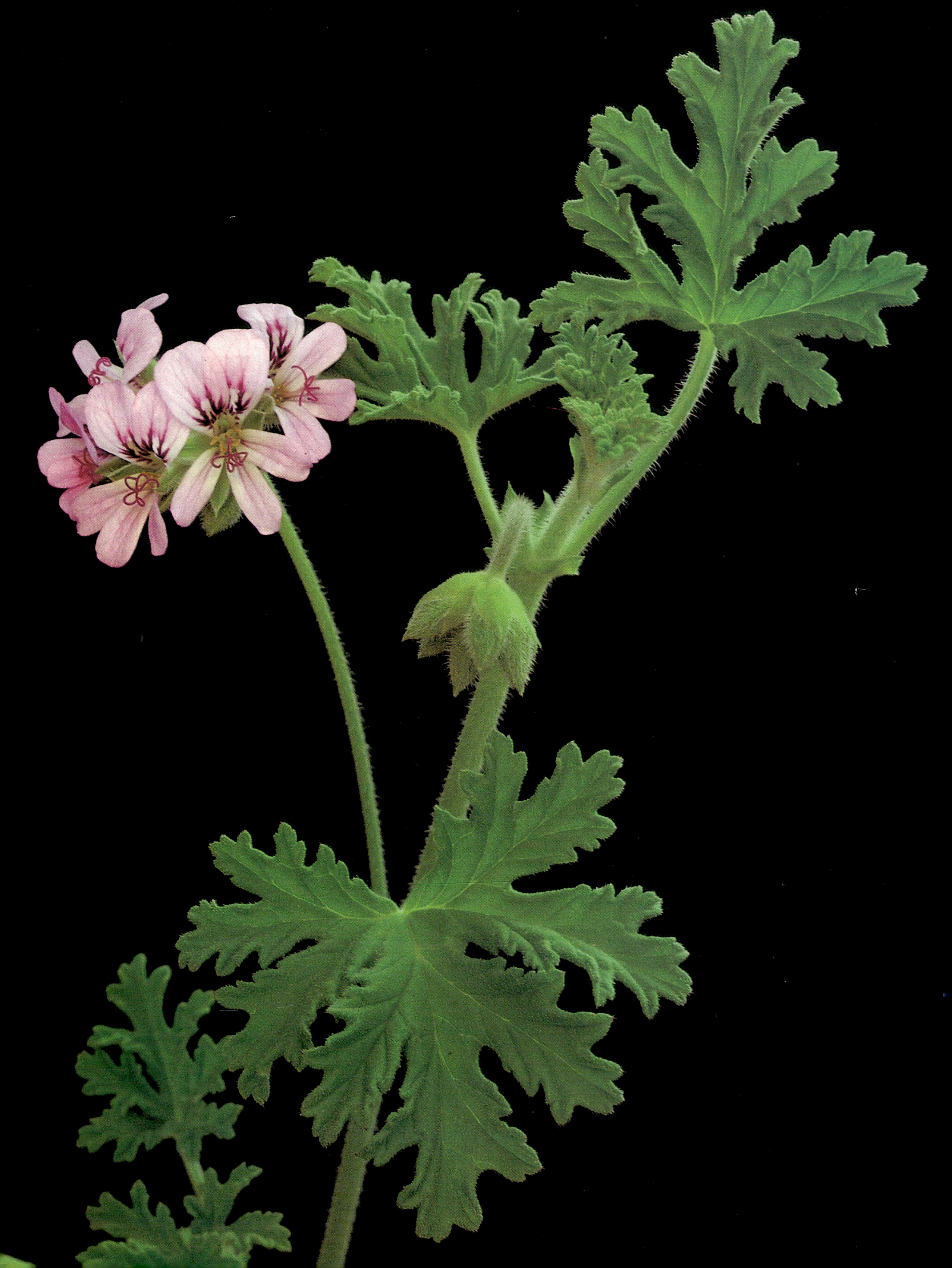

Geranie *Pelargonium clorinda*. Familie: Storchschnabelgewächse (Südafrika).

Linke Seite: Geranie *Pelargonium rosea*. Familie: Storchschnabelgewächse (Südafrika).

Auf der Insel Réunion werden jährlich 100 Tonnen Rosenöl produziert. Diese Essenz wird nicht etwa aus den Blütenblättern von Rosen gewonnen, sondern aus den Blättern einer Geranienart, der *Pelargonium rosea*. Sie ist eng verwandt mit den Geranien, die im Sommer auf unseren Balkonen wachsen. Im 17. Jahrhundert brachten die Engländer diese Geranien aus Südafrika zu uns, die bei Berührung und bei großer Hitze einen durchdringenden Geruch ausströmen. 100 Jahre später destillierte man die Geranienblätter in Frankreich und gewann die ersten Duftextrakte. Heute ist Frankreich der weltgrößte Produzent von Geranienessenz. Auf 3000 Hektar Geranienfeldern werden jährlich 120 000 Tonnen frische Blätter geerntet, die nach der Destillation 100 bis 150 Tonnen Rosenessenz liefern. Die Familie der Geranien ist bekannt dafür, daß ihre Vertreter gern den Duft anderer Pflanzen imitieren. So gibt es Geranien, die nach Eukalyptus duften, andere riechen nach Zitrone, Minze, Muskat, Orangen oder sogar nach Erdbeeren!

1 Süßkirsche *Prunus avium*. Familie: Rosengewächse. **2** Quitte *Cydonia vulgaris*. Familie: Rosengewächse. **3** Aprikose *Prunus armeniaca*. Familie: Rosengewächse. **4** Pfirsich *Prunus persica*. Familie: Rosengewächse. **5** Birne *Pyrus communis*. Familie: Rosengewächse. **6** Apfel *Malus sylvestris*. Familie: Rosengewächse.

Obstbäume gehören zum Bild einer kultivierten Landschaft. Ihre Blüten und Früchte waren von jeher Gegenstand verschiedener Bräuche, Sprichwörter und Legenden. Die Pfirsichblüte zum Beispiel gilt als Symbol der Unbeständigkeit, denn sie fällt beim ersten Windhauch ab. In einigen Gegenden Frankreichs dient das Schälen eines Apfels (so, daß die Schale möglichst an einem Stück bleibt) zur Vorhersage des Schicksals: Gelingt es einem Mädchen, einen Apfel zu schälen, ohne daß die Schale dabei abreißt, wird sie innerhalb eines Jahres verheiratet sein.

Rechte Seite: Echte Mispel *Mespilus germanica*. Familie: Rosengewächse.

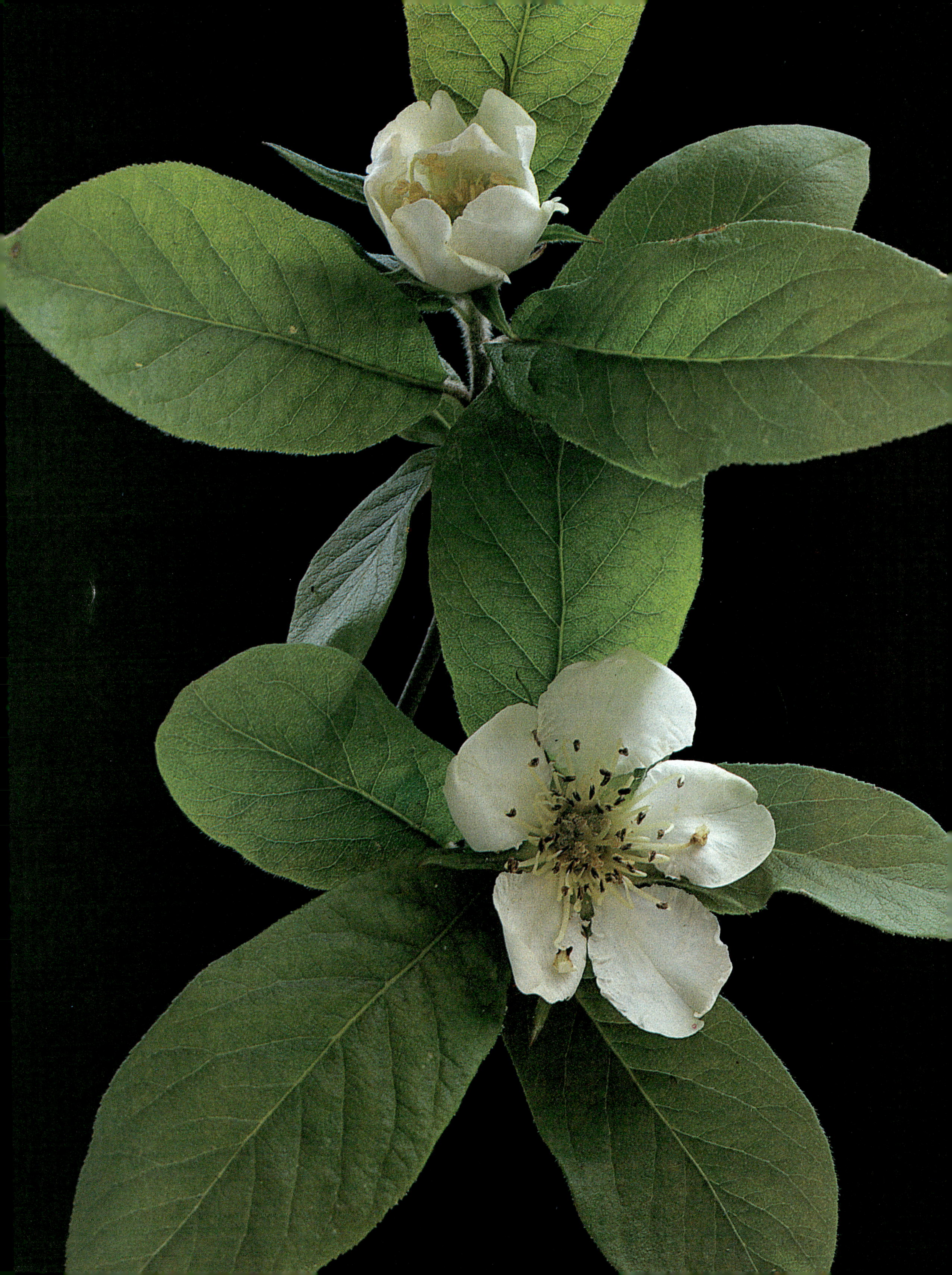

1 *Ornithogalum thyrsoides*. Familie: Liliengewächse. **2** Jungfer im Grünen *Nigella damascena*. Familie: Hahnenfußgewächse. **3** Echter Eibisch *Althaea officinalis*. Familie: Malvengewächse. **4** Schneeglöckchen *Galanthus nivalis*. Familie: Narzissengewächse. **5** Narzisse *Narcissus tazetta*. Familie: Narzissengewächse. **6** Affodill *Asphodelus albus*. Familie: Liliengewächse.

Rechte Seite: Dolden-Milchstern *Ornithogalum umbellatum*. Familie: Liliengewächse.

Als Naturforscher sammelte Carl von Linné viele Pflanzen. Vor dem Studium bewahrte er sie in Vasen auf und bemerkte bald, daß sich manche von ihnen jeden Tag zur selben Stunde öffneten wie ihre Artgenossen in freier Natur. Sie schienen eine Art „innere Uhr" zu besitzen, die unabhängig von Licht- und Klimabedingungen funktionierte. So schuf Linné seine „Blumenuhr", bei der jede Stunde vom Öffnen oder Schließen einer bestimmten Blume gekennzeichnet war. Die Winde beispielsweise öffnet sich als erste um 3 Uhr morgens, gefolgt vom Wilden Chicoree und der Seerose. Um 8 Uhr öffnen sich Ackergauchheil und Ringelblume. Um 11 Uhr ist die Zeit des Milchsterns gekommen. Der Nachmittag beginnt mit dem Schließen der Mittagsblumen. Dann, gegen 17 Uhr, öffnet sich die Wunderblume, um 20 Uhr das Nächtliche Leinkraut und um Mitternacht die „Königin der Nacht", um ihren betörend süßen Duft zu verströmen.

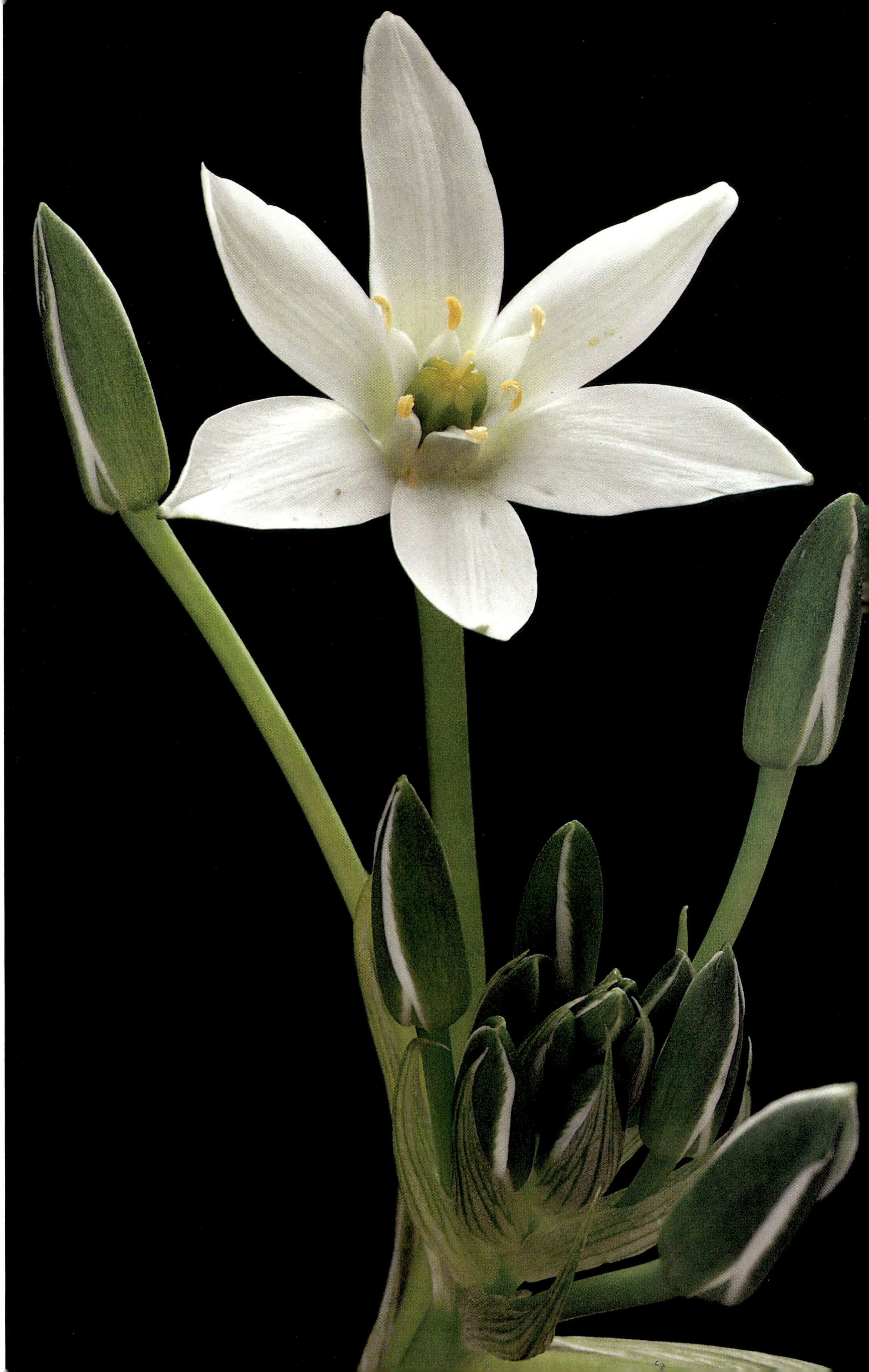

1 Kriechendes Fingerkraut *Potentilla reptans.* Familie: Rosengewächse. **2** Zaubernuß *Hamamelis virginiana.* Familie: Hamamelisgewächse (USA/Kanada). **3** Wiesen-Bocksbart *Tragopogon pratensis.* Familie: Korbblütler. **4** Kamm-Wachtelweizen *Melampyrum cristatum.* Familie: Rachenblütler. **5** Löwenzahn *Taraxacum officinale.* Familie: Korbblütler. **6** Stinkende Nieswurz *Helleborus foetidus.* Familie: Hahnfußgewächse.

Rechte Seite: Gefleckter Schierling *Conium maculatum.* Familie: Doldenblütler.

Die toxische Wirkung des Schierlings ist schon seit der Antike bekannt. Bei den Griechen war der Schierlingsbecher eine beliebte Methode zum Tode verurteilte Personen zu exekutieren. Man denke nur an Sokrates, der 399 v. Chr. dieses Schicksal erlitt. Alle Teile der Pflanze enthalten hochgiftige Alkaloide, am gefährlichsten sind jedoch die unreifen Früchte. Beim Menschen können bereits sechs Gramm Blätter innerhalb von drei Stunden nach Einnahme zum Tode führen. Das Gift des Schierlings wirkt wie Curare: Es lähmt Muskeln, Zwerchfell und zerstört die Blutkörperchen, wobei jedoch die geistigen Fähigkeiten bis zuletzt völlig intakt bleiben. Merkwürdigerweise scheinen einige Tiere gegen das Gift dieser Pflanze immun zu sein: die Stare fressen Samenkörner, Ziegen und Schafe die Blätter des Schierlings.

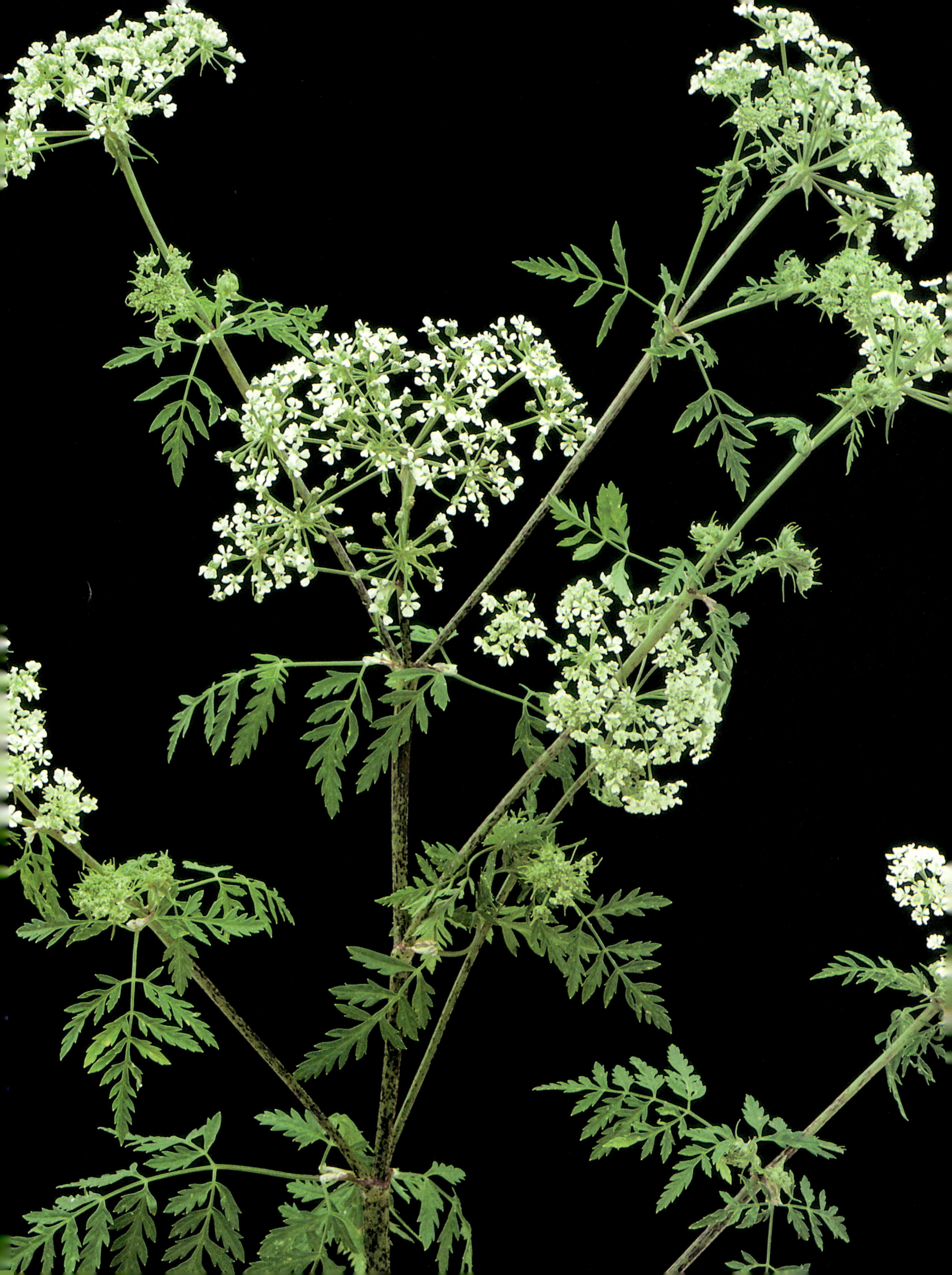

1 Rauher Eibisch *Althaea hirsuta*. Familie: Malvengewächse. **2** Mondviole (Silberblatt) *Lunaria annua*. Familie: Kreuzblütler. **3** Purpur-Klee *Trifolium rubens*. Familie: Schmetterlingsblütler. **4** Wald-Ehrenpreis *Veronica officinalis*. Familie: Rachenblütler. **5** Ruprechtskraut *Geranium robertianum*. Familie: Storchschnabelgewächse. **6** Wolfsauge *Lycopsis arvensis*. Familie: Borretschgewächse.

Rechte Seite: Gladiole (Siegwurz) *Gladiolus segetum*. Familie: Schwertliliengewächse.

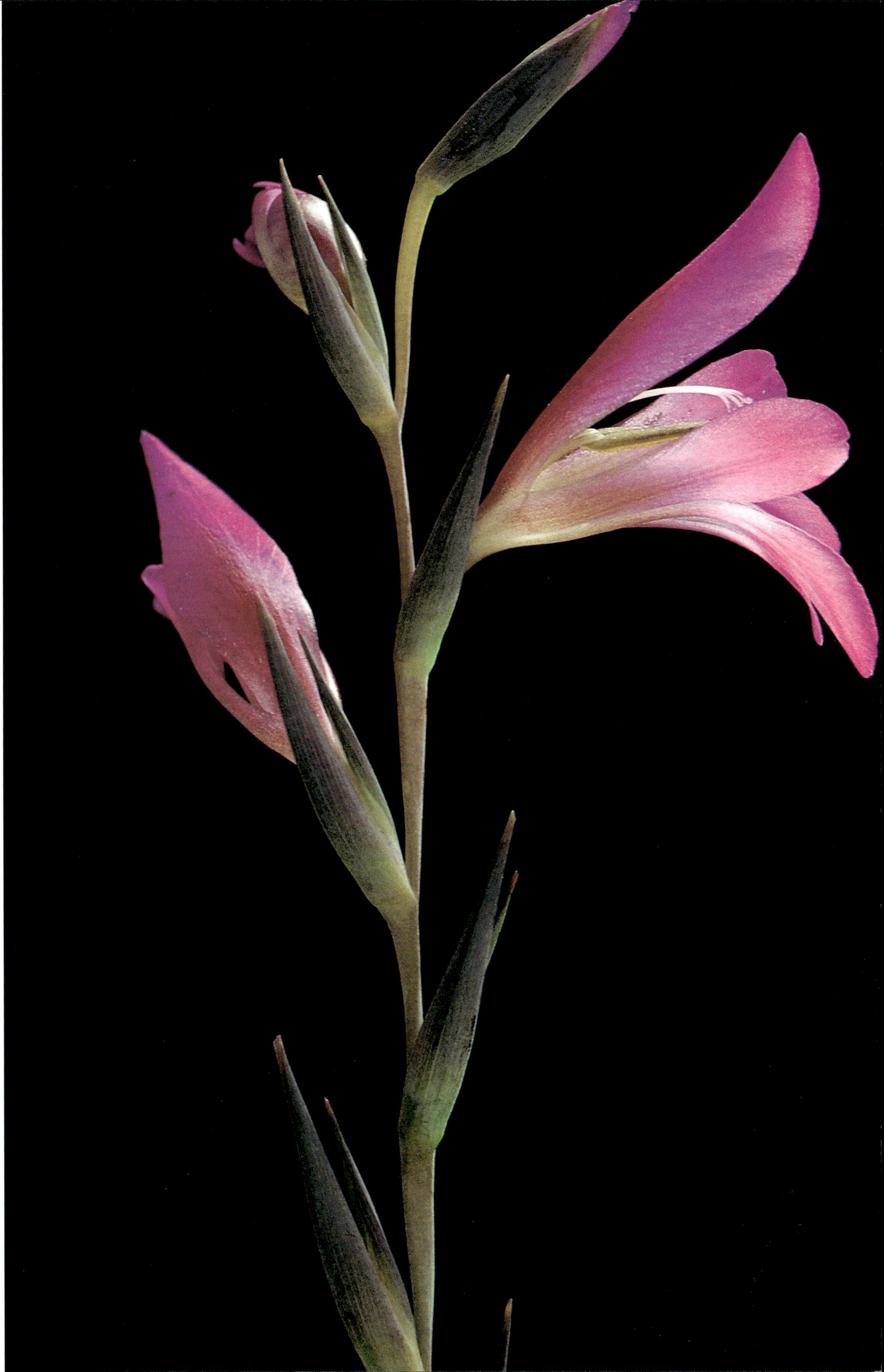

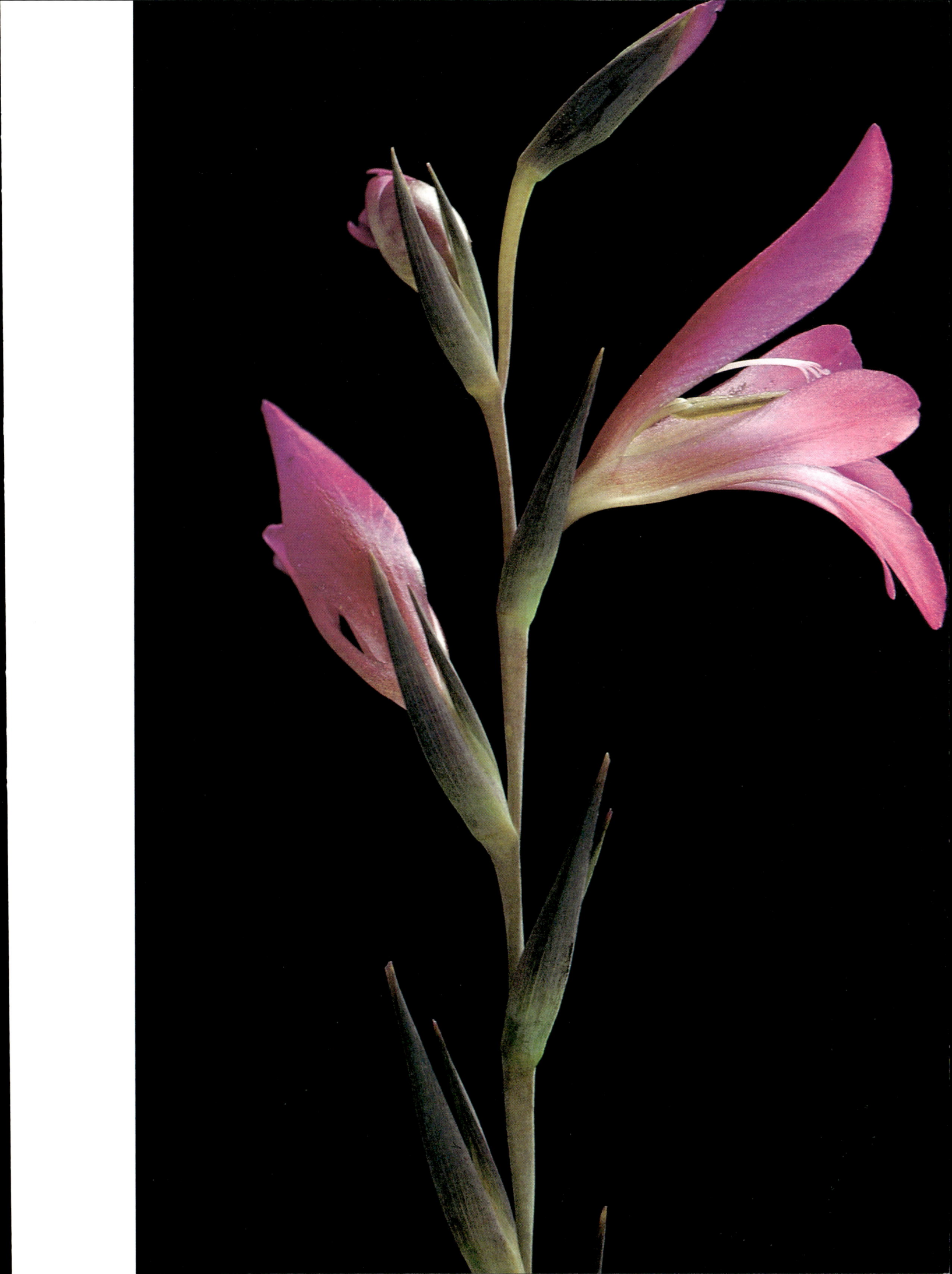

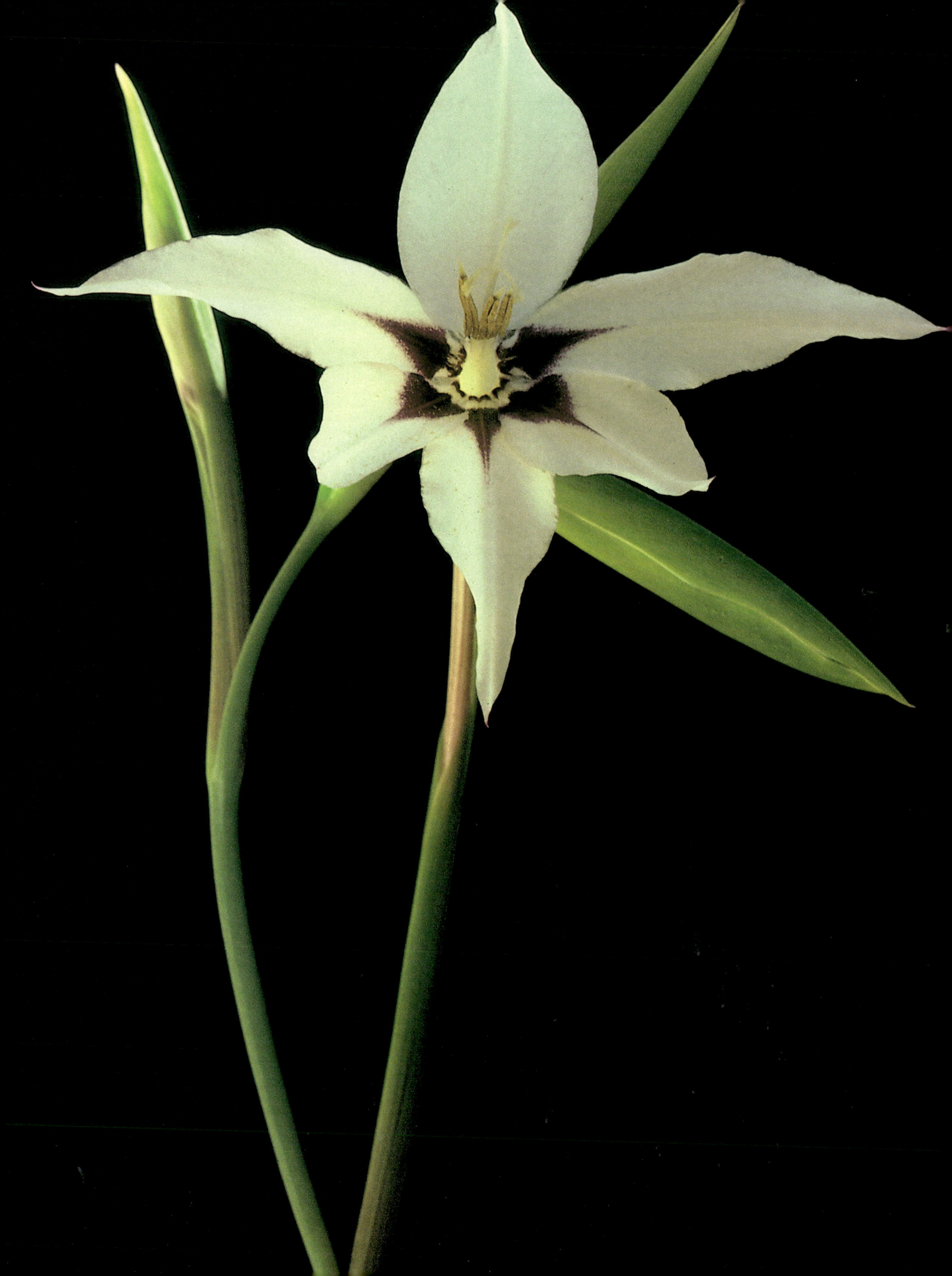

1 *Collinsia heterophylla*. Familie: Rachenblütler (Kalifornien). **2** Lobelie *Lobelia syphilitica*. Familie: Glockenblumengewächse (USA). Die nordamerikanischen Indianer bereiteten aus den Wurzeln der Lobelie einen Sud gegen Syphilis zu und rauchten ihre Blätter bei Asthmaanfällen. Die verschiedenen Lobelienarten enthalten Alkaloide wie Lobelin, das eine ähnliche Wirkung wie Nikotin besitzt. **3** *Tricyrtis hirta*. Familie: Liliengewächse (China/Japan). **4** Kugelblume *Globularia vulgaris*. Familie: Kugelblumengewächse. **5** Büschelschön *Phacelia tanacetifolia*. Familie: Wasserblattgewächse (Kalifornien). **6** Vanillestrauch *Heliotropum peruvianum*. Familie: Rauhblattgewächse.

Linke Seite: *Acidanthera bicolor*. Familie: Schwertliliengewächse (Äthiopien).

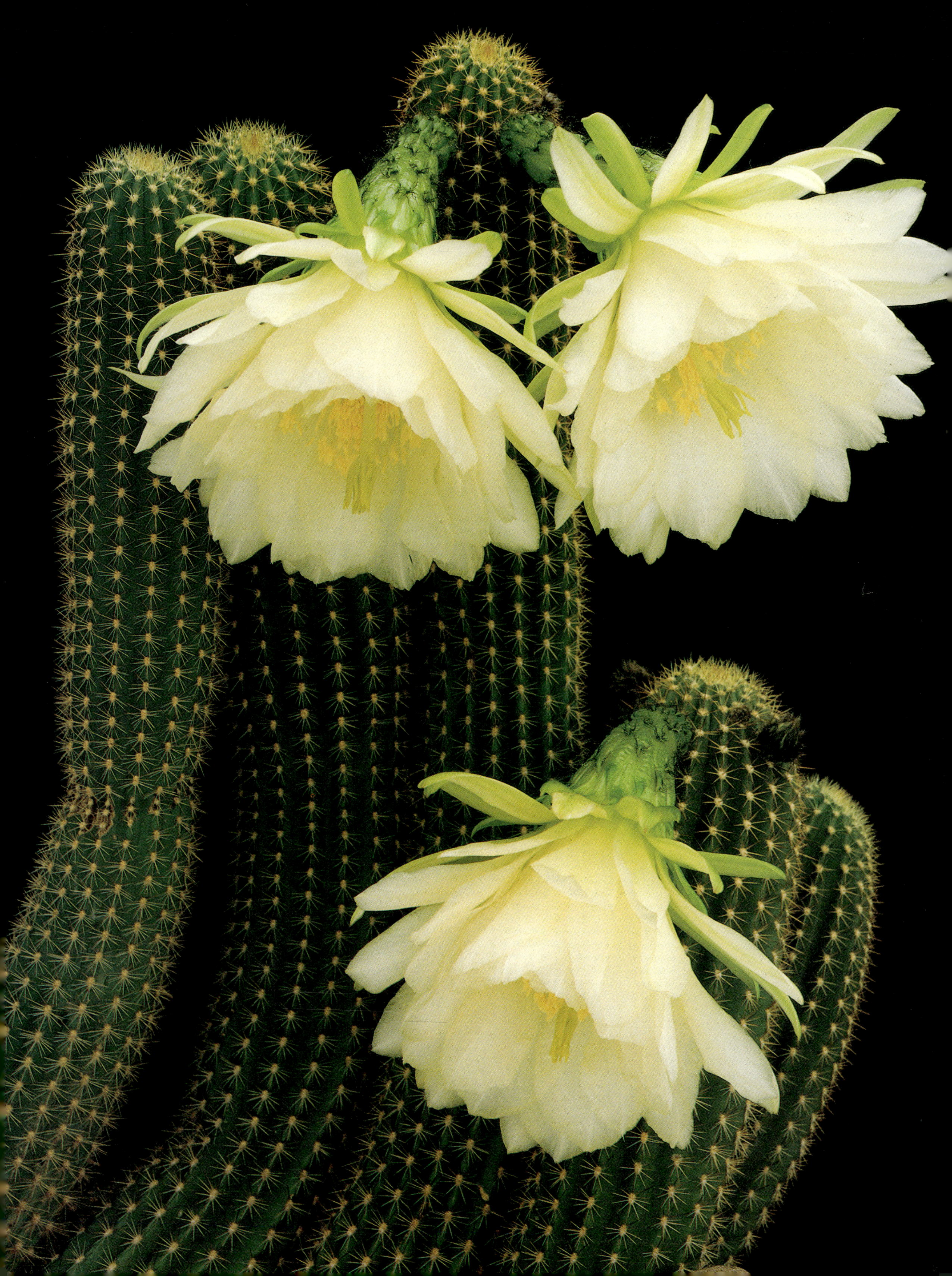

BLUMEN IN WÜSTE UND MACCHIE

Wüsten sind hauptsächlich durch das Fehlen von Wasser, fruchtbarem Boden und Vegetation gekennzeichnet. Die Trockengebiete machen etwa ein Drittel der Erdoberfläche aus, wobei sie sich jeden Tag um 10 000 Hektar vergrößern. Wenn auf ein Gebiet jährlich weniger als 25 cm/m^2 Wasser niedergehen, gilt es als Wüste. Dazu zählt die Sahara, in der manche Gegenden seit 30 Jahren keinen Tropfen Wasser mehr gesehen haben, aber auch die eisigen antarktischen Zonen oder die chilenischen Gebirge, die permanent in Nebel gehüllt sind.
Diese Regionen sind jedoch keineswegs ohne Leben. Einige Pflanzen haben es geschafft, sich so anzupassen, daß ihr Fortbestand gewährleistet ist. Die verbreitetste Mutation war die Umwandlung von Gewebe zu Wasserspeichern: Die Pflanzen wurden zu Sukkulenten. Um die Wasserverdunstung möglichst gering zu halten, haben einige Arten ihre Blätter in Stacheln umgewandelt, andere dagegen wachsen mehr oder weniger unter der Erde. In Australien gibt es z. B. eine Orchidee, die ganz und gar unterirdisch wächst und sogar blüht! Wie im Gebirge sind die Blüten der Wüsten-Pflanzen meist sehr prachtvoll, dafür aber nur kurzlebig. Sämtliche Aktivitäten müssen bei Tag auf ein Minimum reduziert werden, die Insekten schwärmen erst bei Einbruch der Dämmerung aus. Deshalb ist ein leuchtendes Weiß die bevorzugte Farbe der Wüstenblumen.
Die Pflanzen in der Macchie müssen hingegen dem Wind, Tieren und dem Menschen trotzen. Die Arten, die sich dort durchgesetzt haben, sind meist sklerophyll, das heißt sie besitzen harte, häufig dornige Blätter. Die Macchie ist nicht nur die Heimat von Büschen und Sträuchern, sondern auch von äußerst wohlriechenden Blumen.

Linke Seite: Trichocereus spachianus. Familie: Kaktusgewächse (Argentinien).

Rechts: Lebender Stein *Lithops sp.* Familie: Eiskrautgewächse (Südafrika).

Nächste Doppelseite: Dickblatt *Crassula sp.* Familie: Dickblattgewächse.

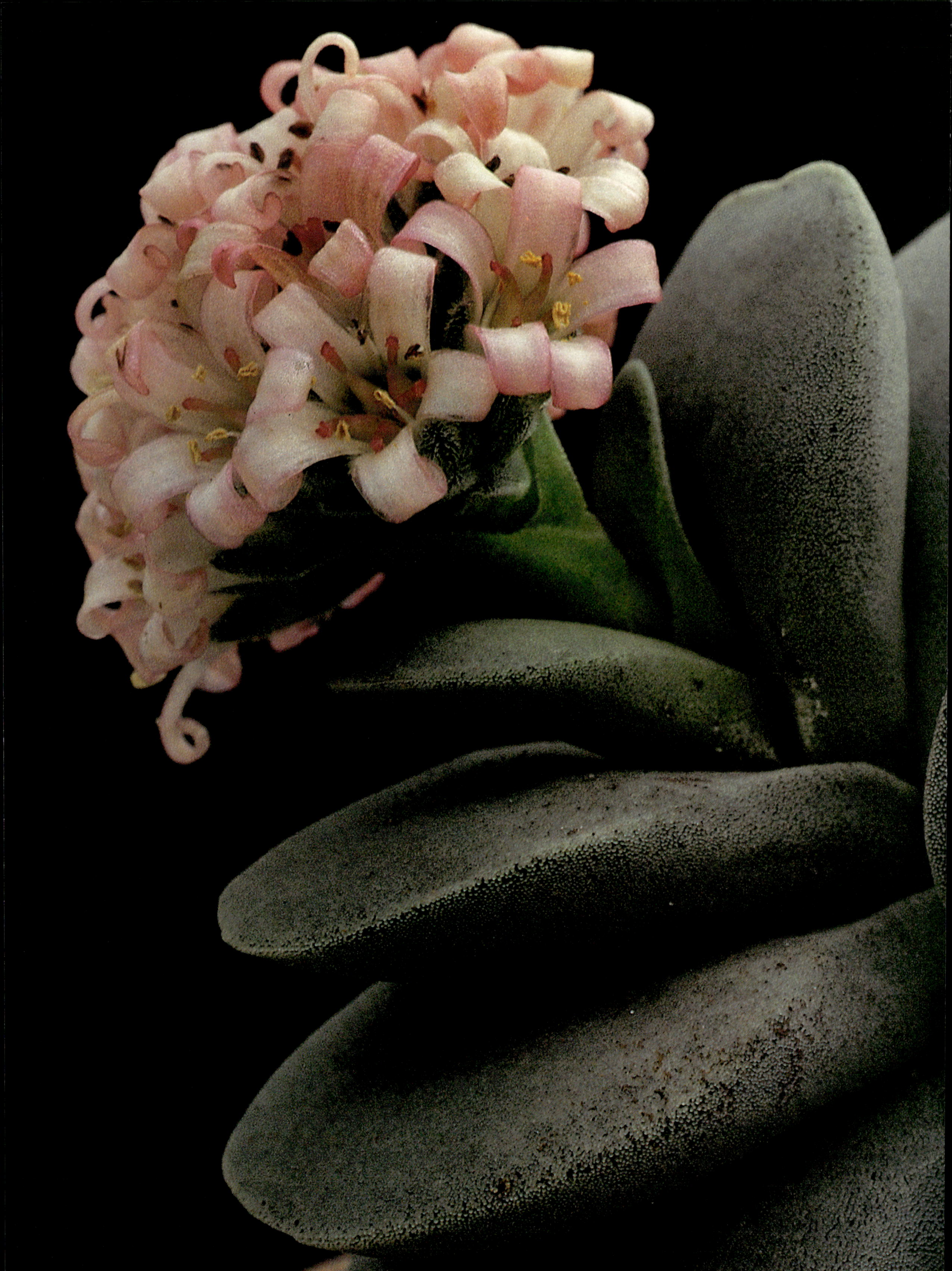

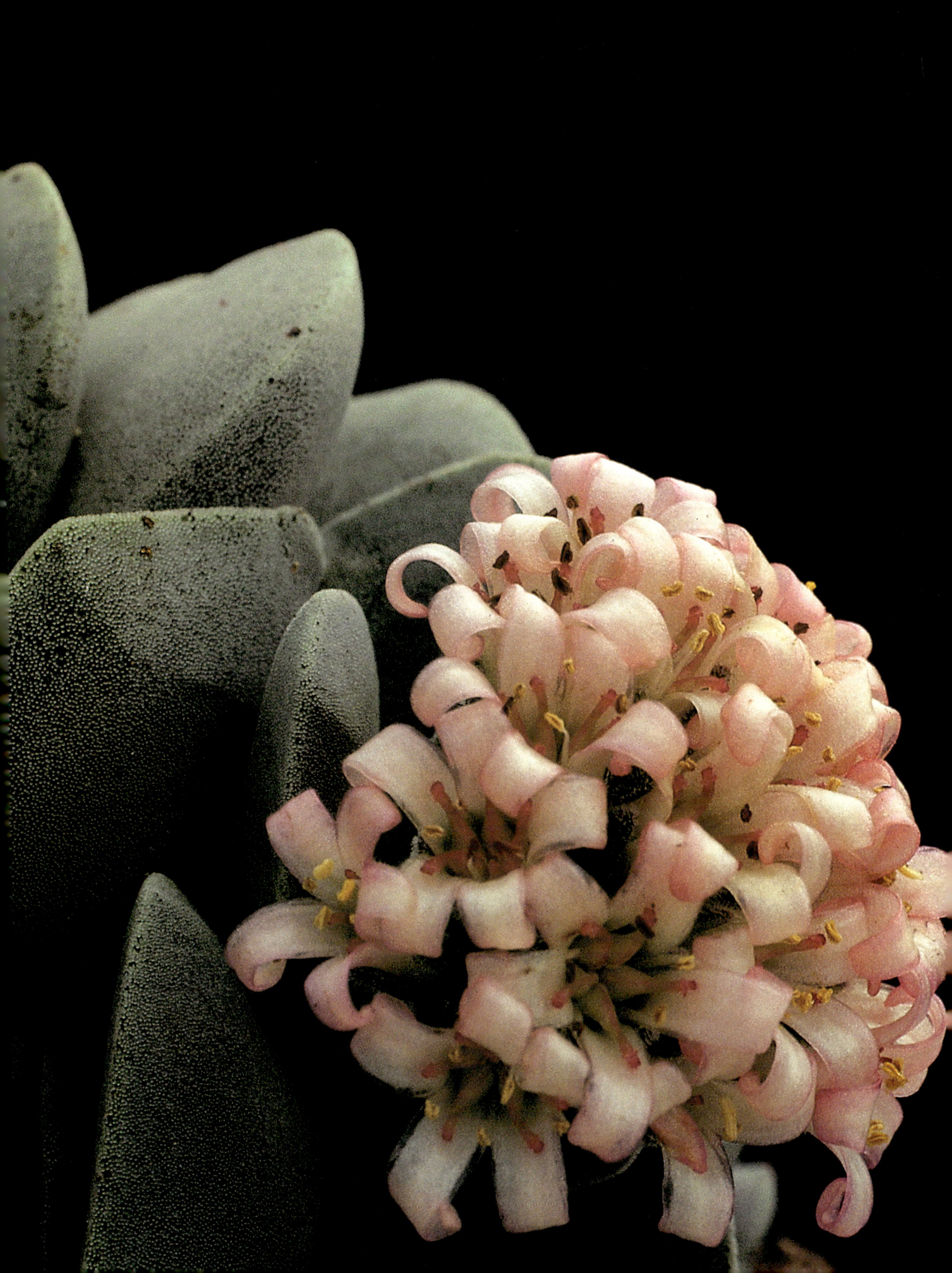

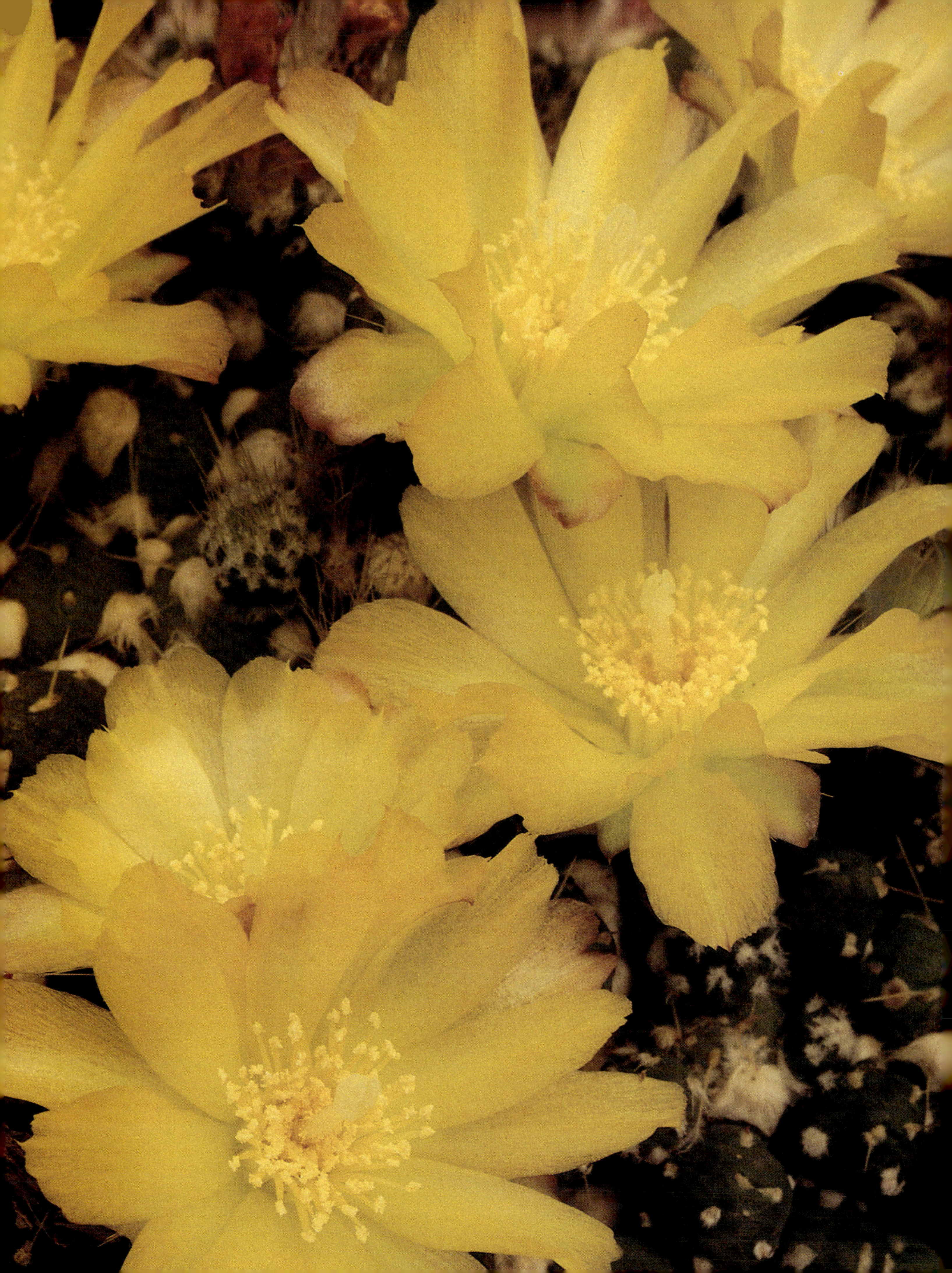

1 *Mammillaria fraileana.* Familie: Kaktusgewächse (Mexiko/Kalifornien). **2** *Gymnocalycium horstii.* Familie: Kaktusgewächse (Brasilien). **3** *Mila caespitosa.* Familie: Kaktusgewächse (Peru). Der Name dieser Art ist das Anagramm von Lima, der peruanischen Hauptstadt. **4** *Copiapoa longispina.* Familie: Kaktusgewächse (Chile). **5** *Matucana intertexta.* Familie: Kaktusgewächse (Peru). **6** *Ferocactus sinuatus.* Familie: Kaktusgewächse (Mexiko).

Linke Seite: *Tephrocactus pentlandii.* Familie: Kaktusgewächse (Mexiko).

1 *Lobivia pentlandii cristata.* Familie: Kaktusgewächse (Peru/Bolivien). **2** *Parodia tarabucensis.* Familie: Kaktusgewächse (Bolivien). **3** *Mammillaria occidentalis.* Familie: Kaktusgewächse (Mexiko). **4** *Echinocereus reichenbachii.* Familie: Kaktusgewächse (USA/Mexiko). **5** *Lobivia arachnacantha.* Familie: Kaktusgewächse (Bolivien). **6** *Lobivia emmae.* Familie: Kaktusgewächse (Bolivien).

Rechte Seite: *Rebutia cintiensis.* Familie: Kaktusgewächse (Argentinien).

Nächste Doppelseite: *Notocactus scopa.* Familie: Kaktusgewächse (Uruguay).

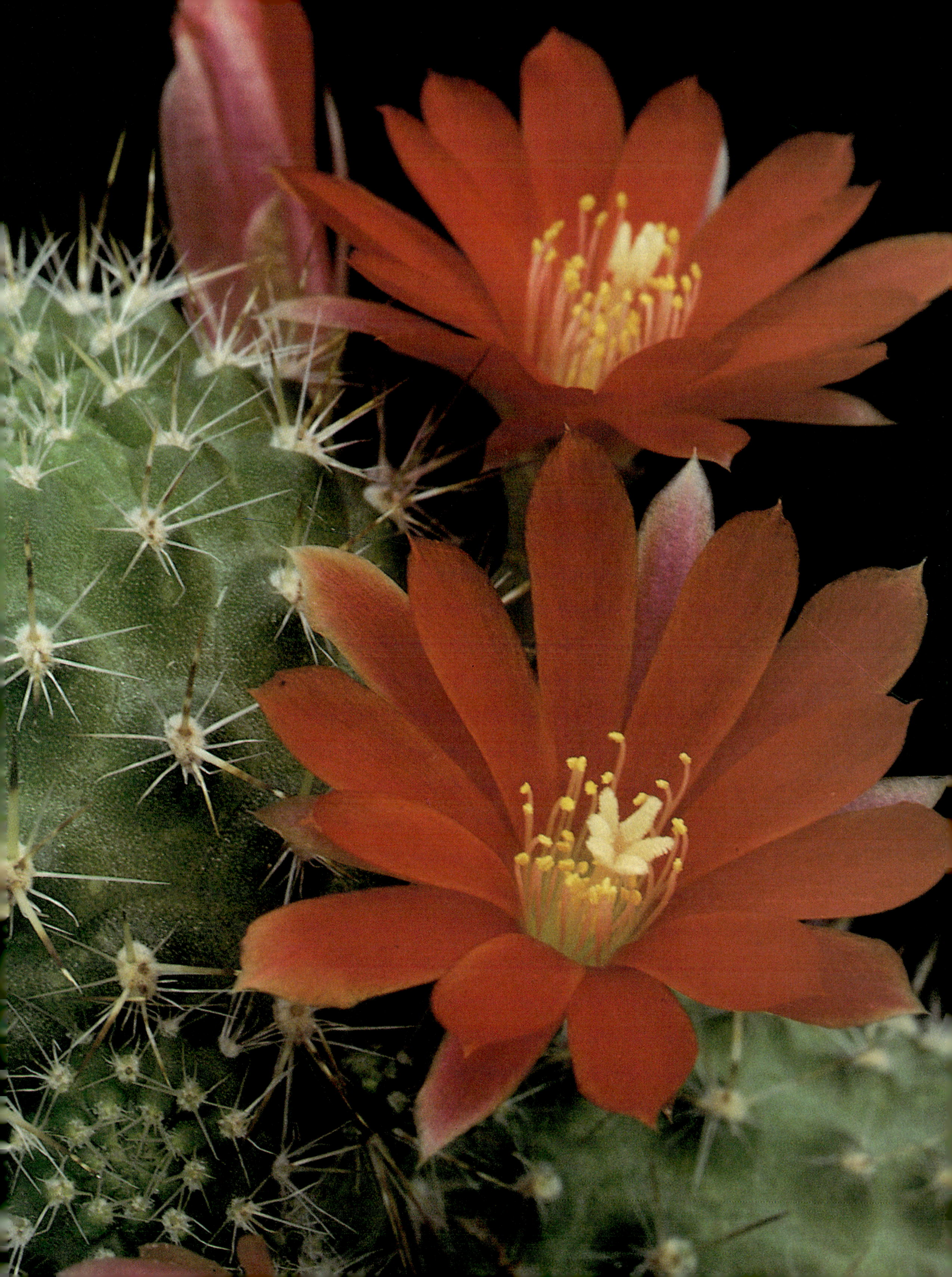

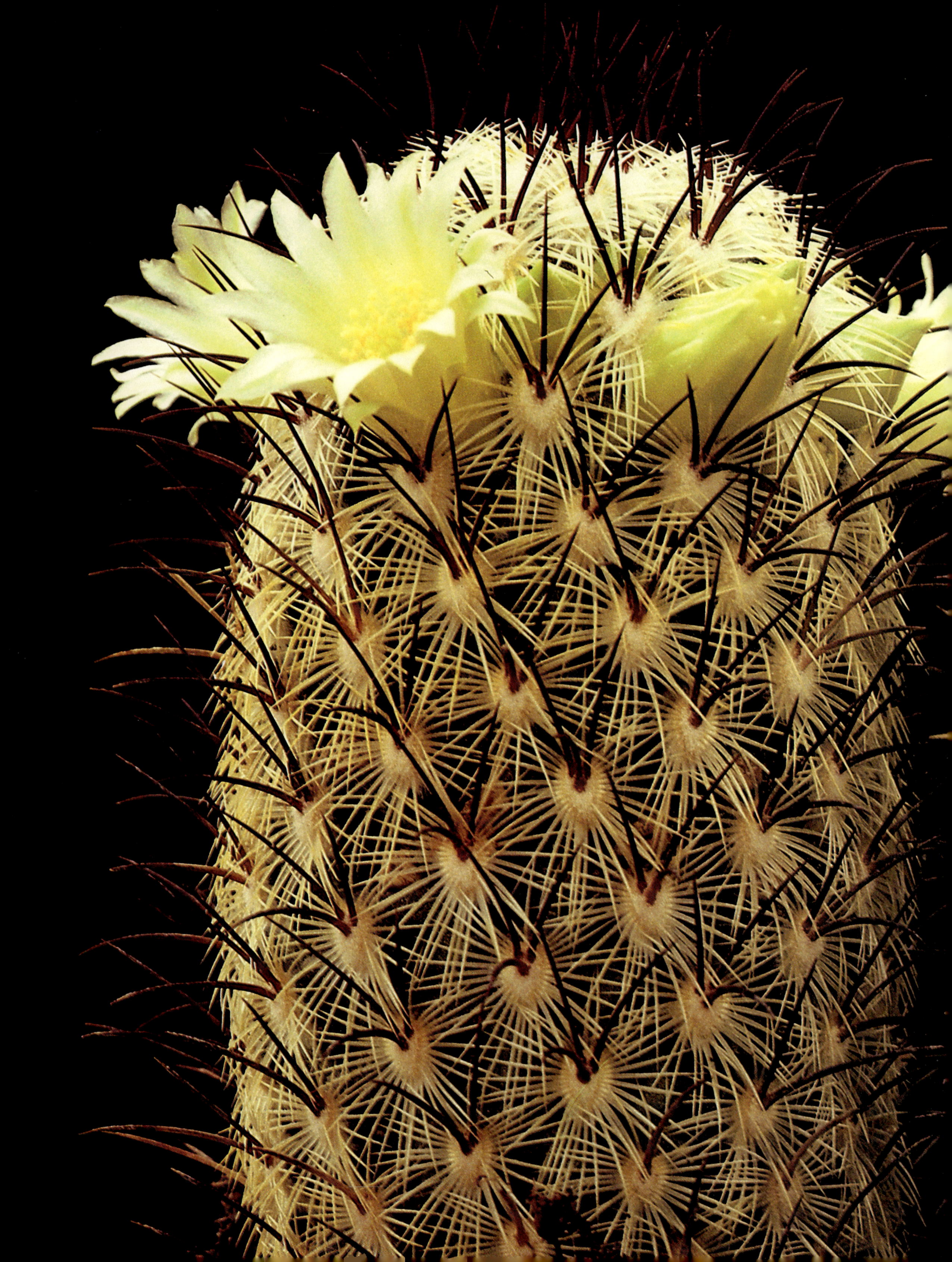

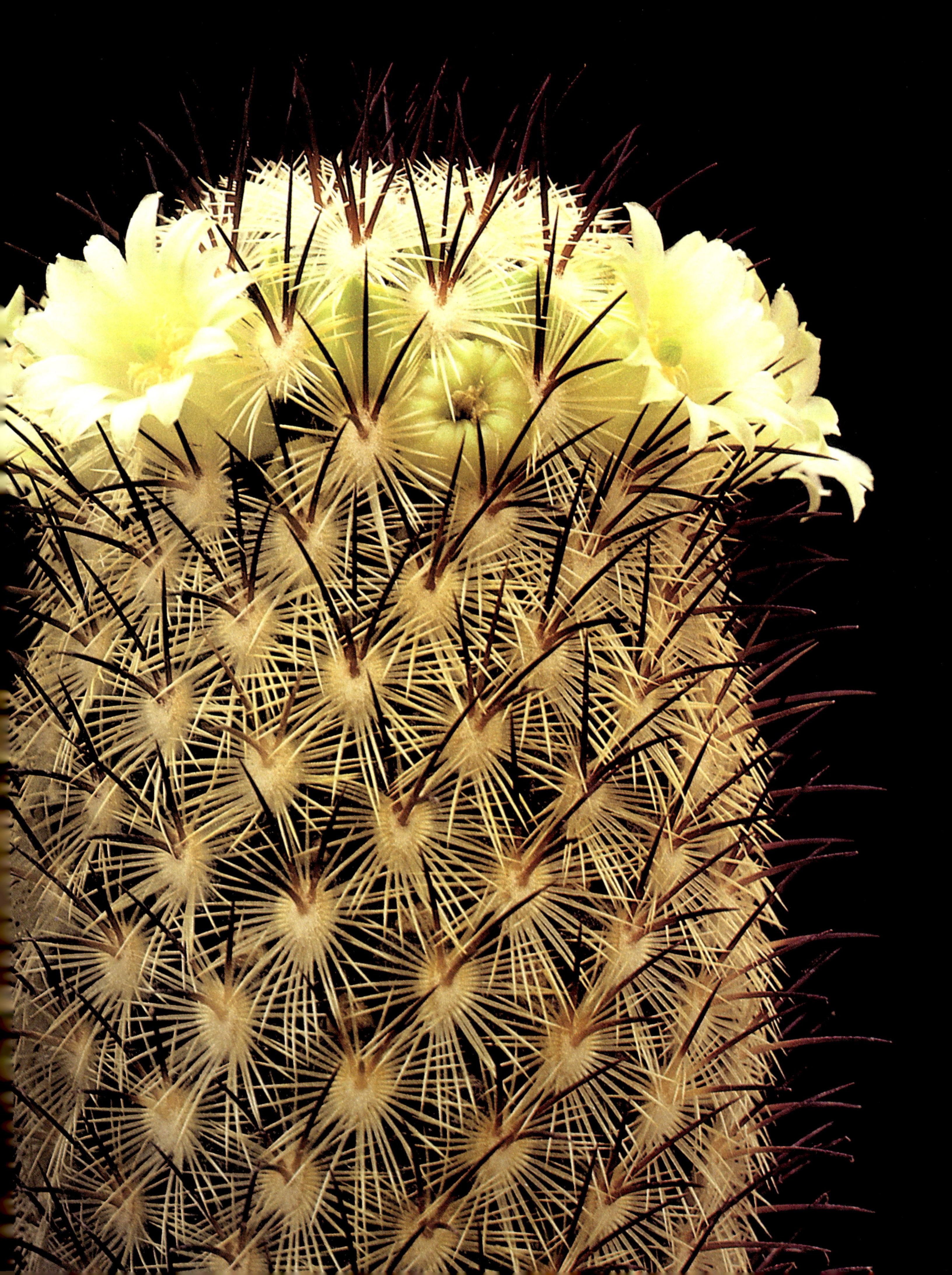

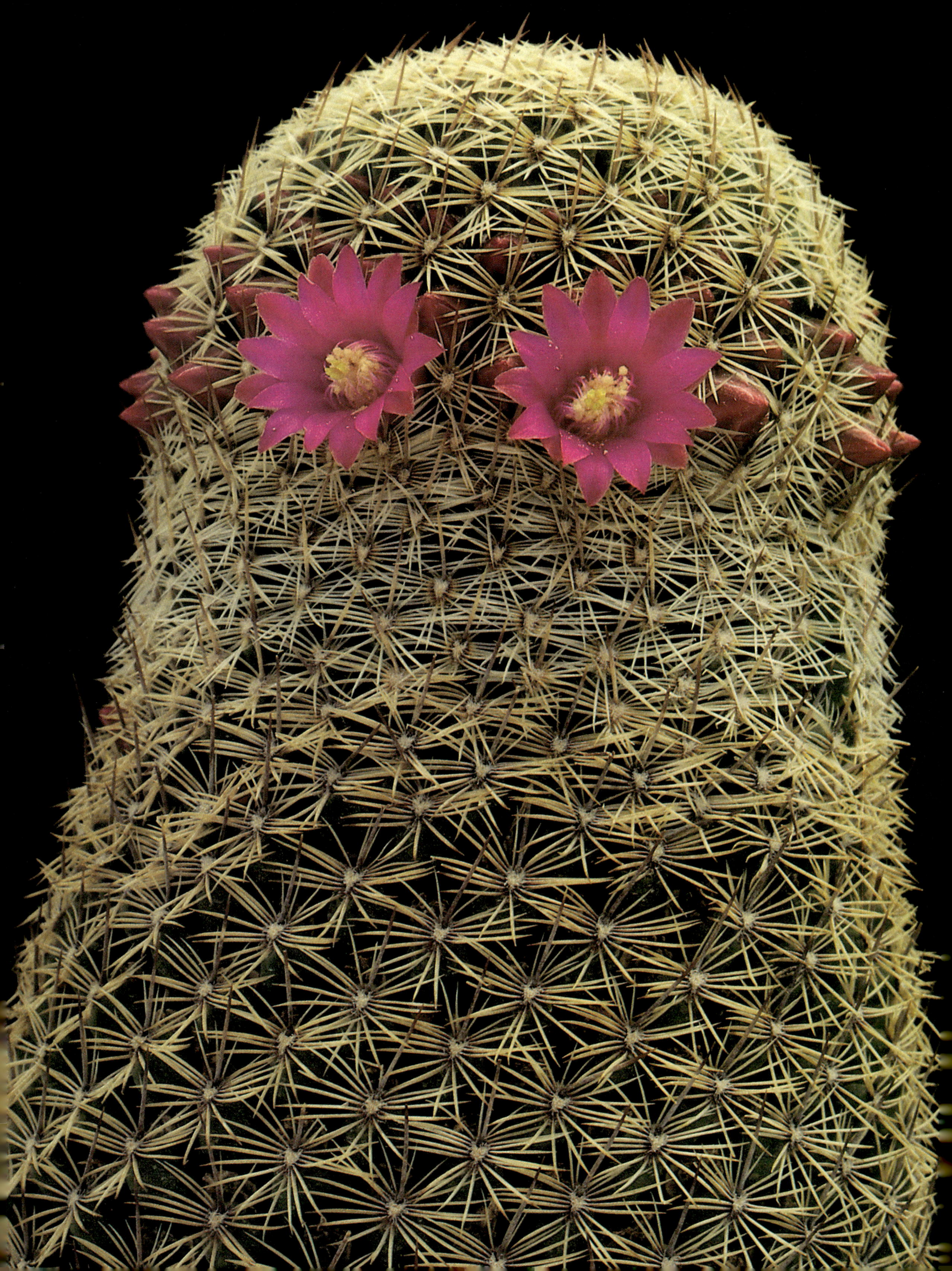

1 *Opuntia vestita.* Familie: Kaktusgewächse (Bolivien). **2** *Echinocereus pectinatus.* Familie: Kaktusgewächse (Arizona/Mexiko). **3** *Chamaecereus silvestrii.* Familie: Kaktusgewächse (Argentinien). **4** *Stenocactus multicostatus.* Familie: Kaktusgewächse (Mexiko). **5** *Echinocereus roetteri.* Familie: Kaktusgewächse (Mexiko). **6** *Mammillaria bombycina.* Familie: Kaktusgewächse (Mexiko).

Linke Seite: *Mammillaria matudae.* Familie: Kaktusgewächse (Mexiko).

1 *Kalanchoe pumila*. Familie: Dickblattgewächse (Madagaskar). **2** *Kalanchoe pinnata*. Familie: Dickblattgewächse (Madagaskar). **3** *Echeveria derembergii*. Familie: Dickblattgewächse (Mexiko). **4** *Kalanchoe fedtschenkoi*. Familie: Dickblattgewächse (Madagaskar). **5** *Kalanchoe sokotra*. Familie: Dickblattgewächse (Madagaskar). **6** Echte Hauswurz *Sempervivum tectorum*. Familie: Dickblattgewächse (Europa).

Die Echte Hauswurz wächst verwildert auf Dächern und Mauern, wird aber auch als Gartenpflanze gehalten, wo man sie zwischen Steine pflanzt. Früher legte man sie auf die Dächer, weil man glaubte, sie bewahre das Haus vor Blitzschlag. Deshalb befahl Karl der Große im Jahre 812 alle wichtigen Gebäude mit der Hauswurz zu bepflanzen. Diese Tradition setzte sich bis heute fort.

Rechte Seite: *Echeveria marinieri*. Familie: Dickblattgewächse (Mexiko).

Nächste Doppelseite: Weißliche Zistrose *Cistus albidus*. Familie: Zistrosengewächse.

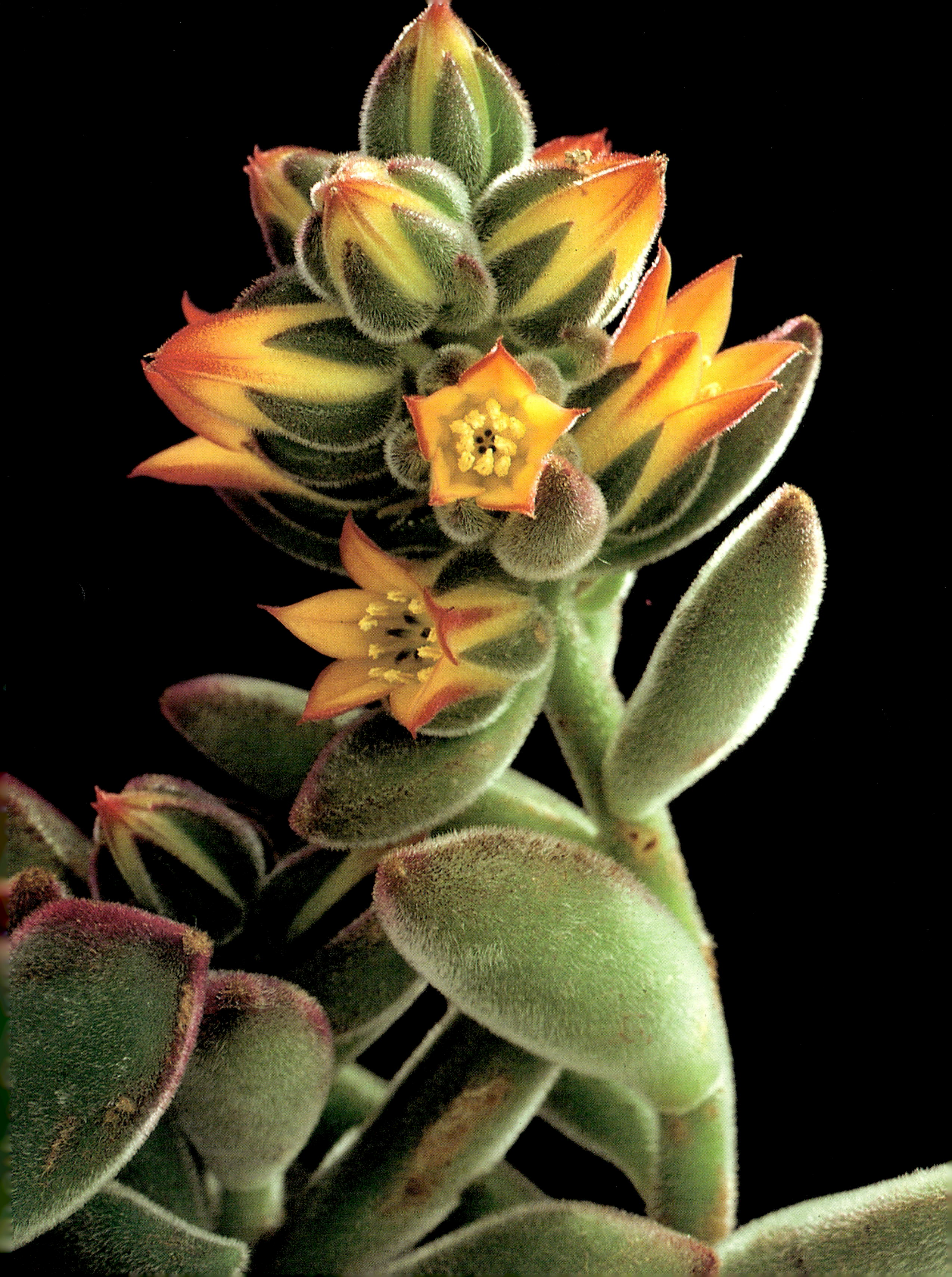

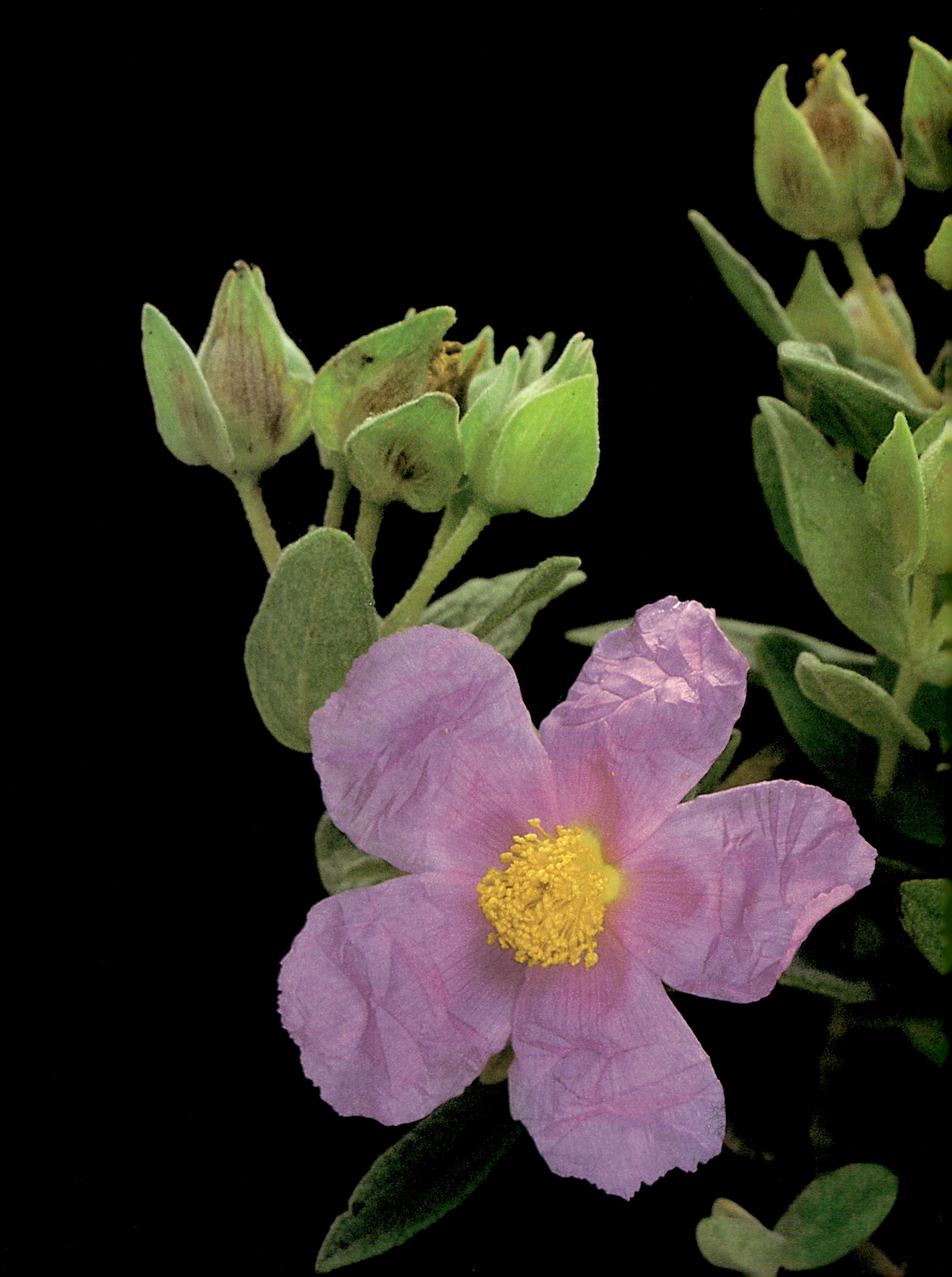

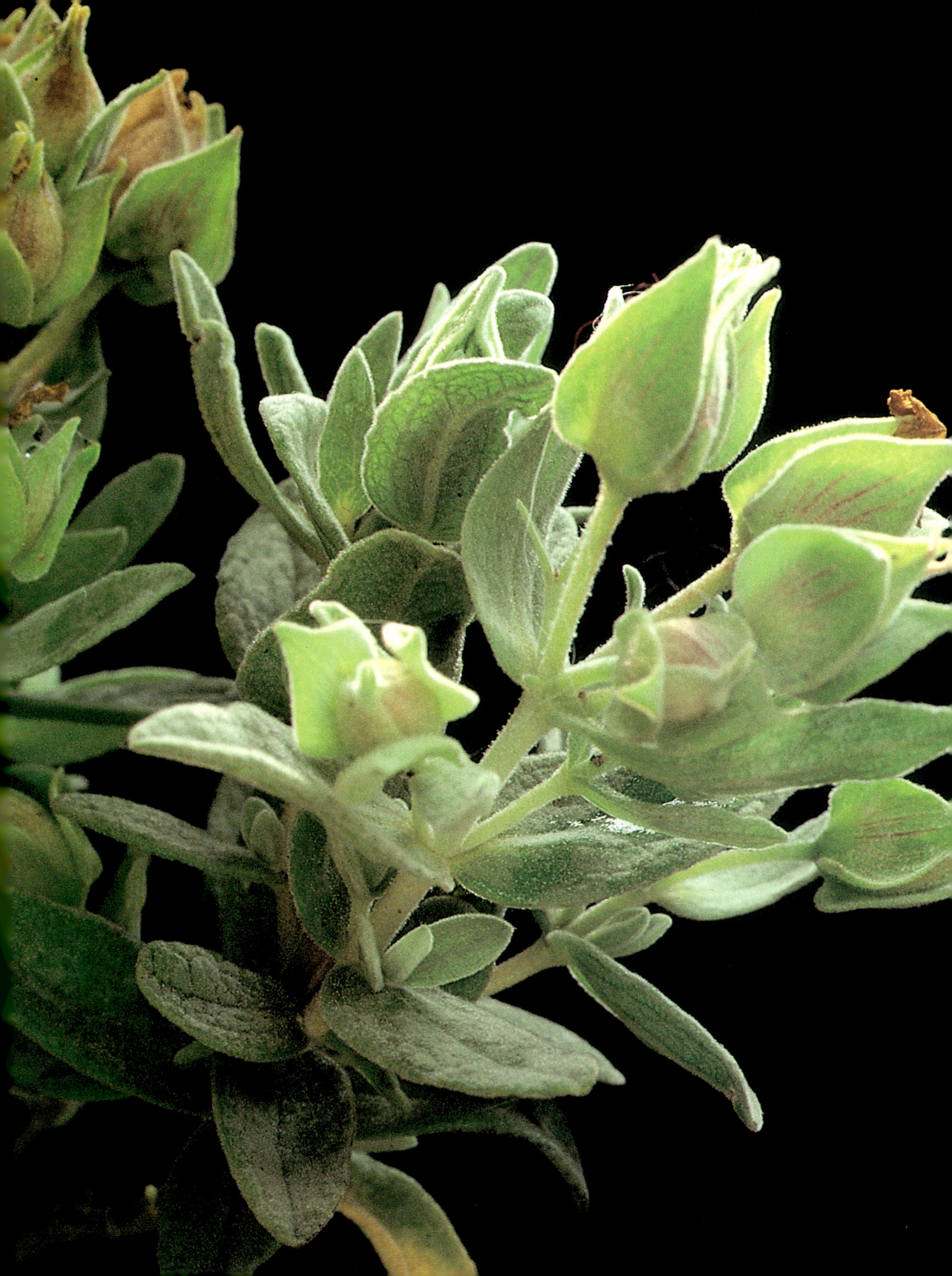

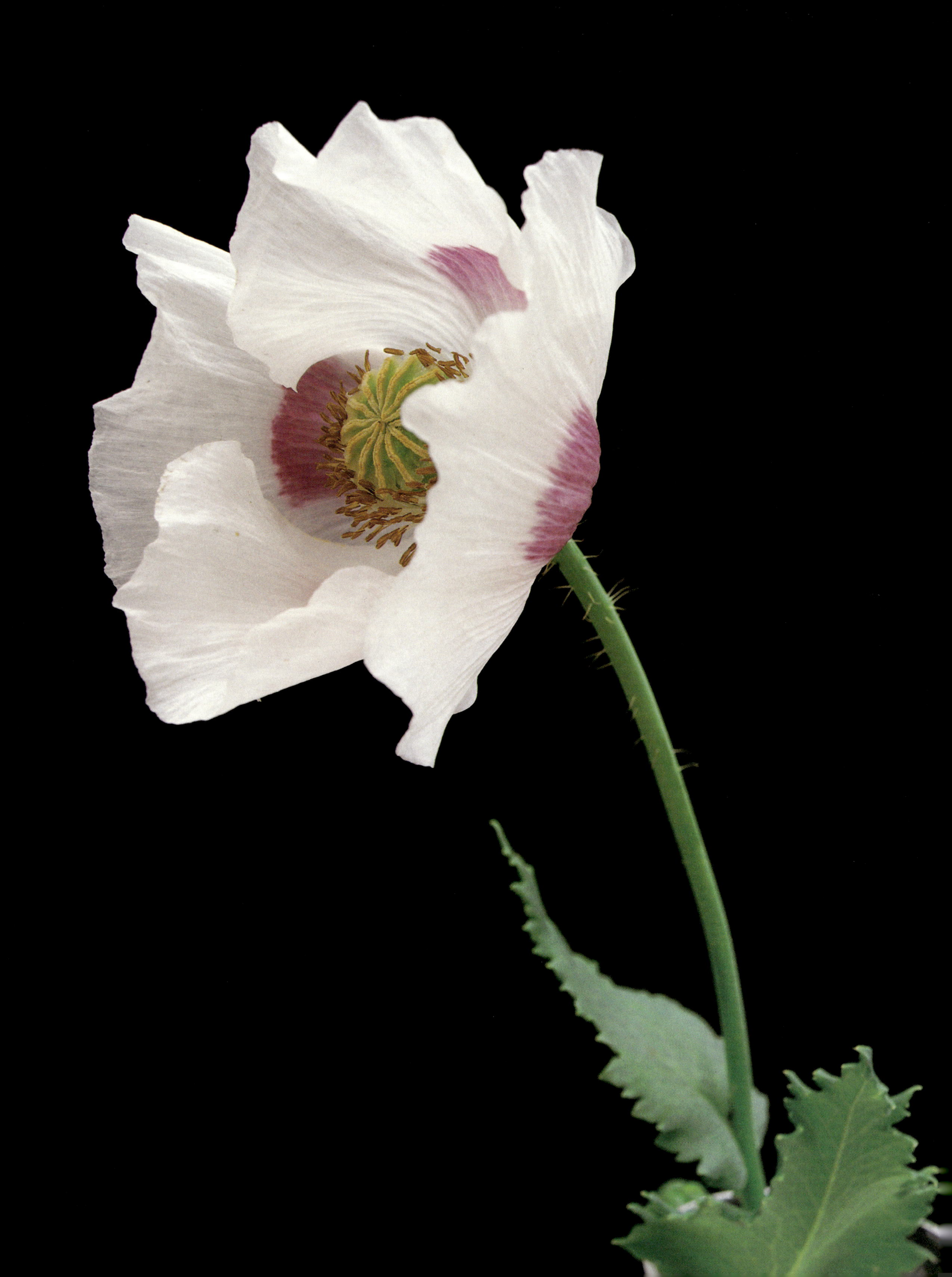

1 Indischer Hanf *Cannabis indica*. Familie: Hanfgewächse (Indien/Afghanistan). Aus dieser Pflanze wird Haschisch gewonnen. **2** Arabischer Stechapfel *Datura metel*. Familie: Nachtschattengewächse (Mexiko). **3** Schwarzes Bilsenkraut *Hyoscyamus niger*. Familie: Nachtschattengewächse (Europa). **4** Arabischer Stechapfel *Datura metel*. Familie: Nachtschattengewächse (Mexiko). **5** Peyotl *Lophophora williamsii*. Familie: Kaktusgewächse (Mexiko). Aus ihm gewinnt man Meskalin, eine LSD-ähnliche Substanz. **6** Gemeiner Stechapfel *Datura stramonium*. Familie: Nachtschattengewächse (Europa).

Linke Seite: Schlafmohn *Papaver somniferum*. Familie: Mohngewächse (Europa/Orient).

Mit seinen zarten, fast bläulich schimmernden Blütenblättern wirkt der Schlafmohn recht harmlos. Dennoch gewinnt man aus dem milchigen Saft seiner Frucht das Opium. Zu den vielen Wirkstoffen, die es liefert, zählt auch das Morphium. Einst wurde es als schmerzstillendes Wundermittel in der Chirurgie eingesetzt, bis man herausfand, daß es die Patienten zu Drogenabhängigen machte. Im 19. Jahrhundert entwickelte der Chemiker Dreser ein Morphium-Derivat, mit dessen Hilfe die armen Opfer von ihrer Opium-Sucht befreit werden sollten, und nannte es Heroin. Der Nutzen war nur von kurzer Dauer.

Nächste Doppelseite: Echter Jasmin *Jasminum officinale*. Familie: Ölbaumgewächse.

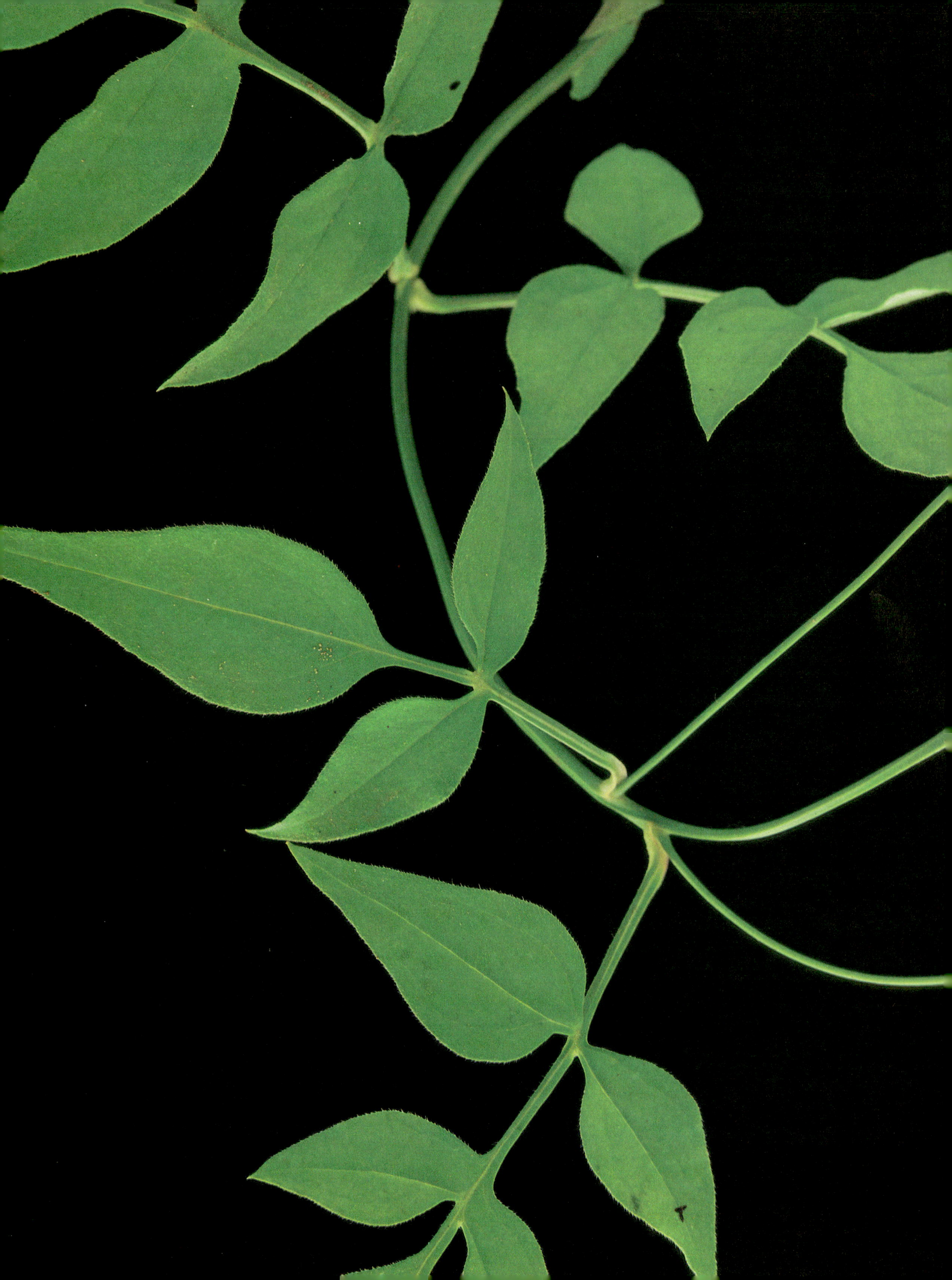

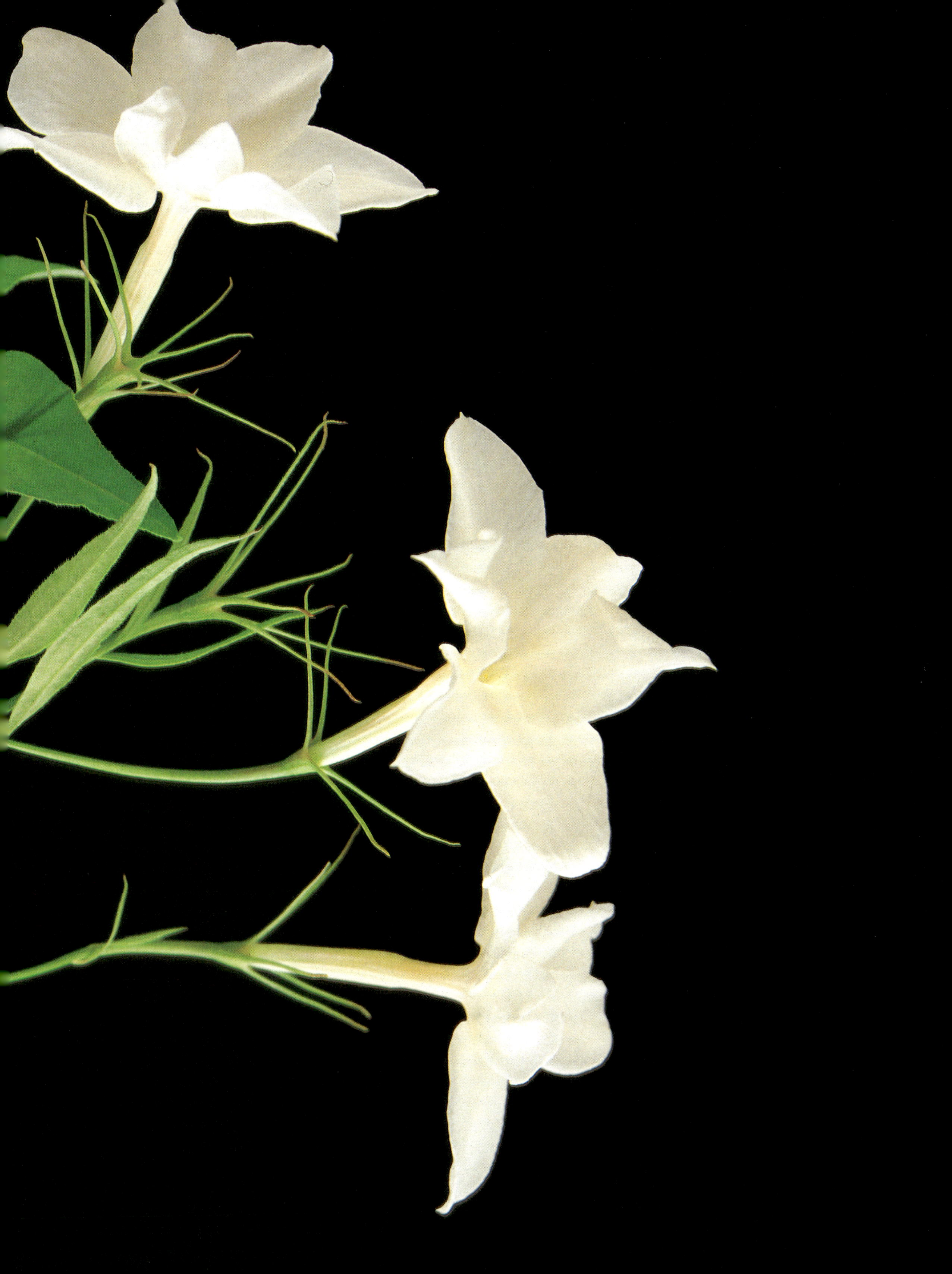

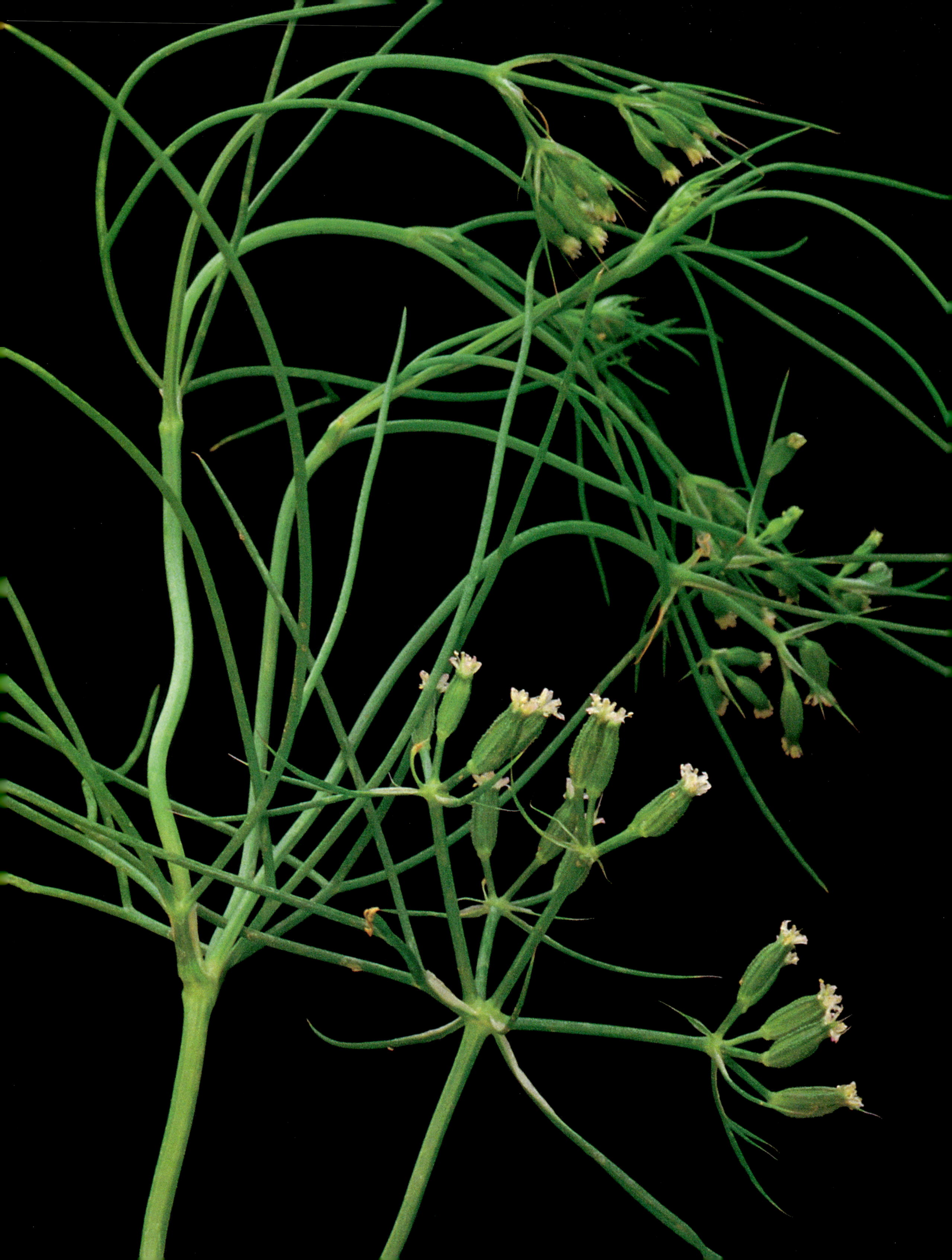

1 Koriander *Coriandrum sativum.* Familie: Doldenblütler (Mittelmeerraum). **2** Thymian *Thymus vulgaris.* Familie: Lippenblütler (Mittelmeerraum). **3** Sesam *Sesamum indicum.* Familie: Pedaliengewächse (Afrika). **4** Rosmarin *Rosmarinus officinalis.* Familie: Lippenblütler (Mittelmeerraum). **5** Basilikum *Ocinum basilicum.* Familie: Lippenblütler (Südasien). **6** Dill *Anethum graveolens.* Familie: Doldenblütler (Rußland/Türkei).

Linke Seite: Kreuzkümmel *Cuminum cyminum.* Familie: Doldenblütler (Niltal).

1 Schmalblättrige Ölweide *Elaeagnus angustifolia*. Familie: Ölweidengewächse (Südeuropa). **2** Kakipflaume *Diospyros kaki*. Familie: Ebenholzgewächse (China). Die Kakipflaume wurde 1796 von W. Roxburgh, einem englischen Botaniker, nach Europa gebracht und hat sich in Südfrankreich gut akklimatisiert. **3** Granatapfelbaum *Punica granatum*. Familie: Granatapfelbaumgewächse (Iran/Afghanistan). **4** Olivenbaum *Olea europaea*. Familie: Ölbaumgewächse (Palästina/Syrien/Griechenland). Der Olivenbaum stirbt nur, wenn er von Menschenhand gefällt wird, sagt man. Das römische Symbol für Frieden und Weisheit kann bis zu 2000 Jahre alt werden. Der Olivenbaum ist die einzige Pflanze, bei der man das Öl aus den Früchten gewinnt (bei anderen nimmt man die Samen). **5** Mandel *Prunus amygdalus*. Familie: Rosengewächse (Afghanistan/Turkestan). Der Mandelbaum ist die einzige Prunus-Art mit eßbarem Samen. Allerdings muß man zwischen Bittermandeln und Süßmandeln unterscheiden, da erstere das gefährliche Gift Blausäure enthalten. **6** Lorbeerbaum *Laurus nobilis*. Familie: Lorbeergewächse (Mittelmeerraum).

Rechte Seite: Erdbeerbaum *Arbutus unedo*. Familie: Erikagewächse (Mittelmeerraum).

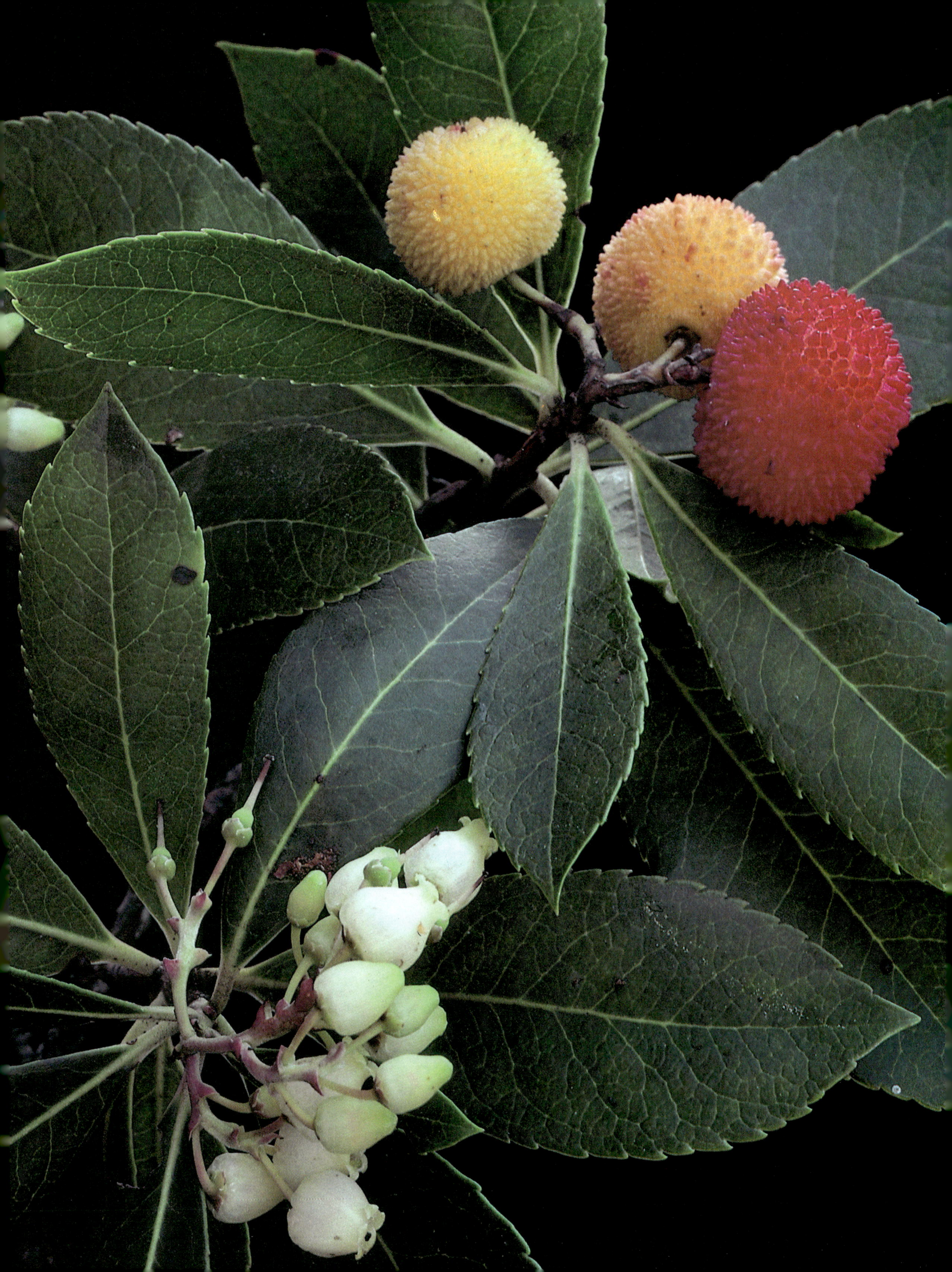

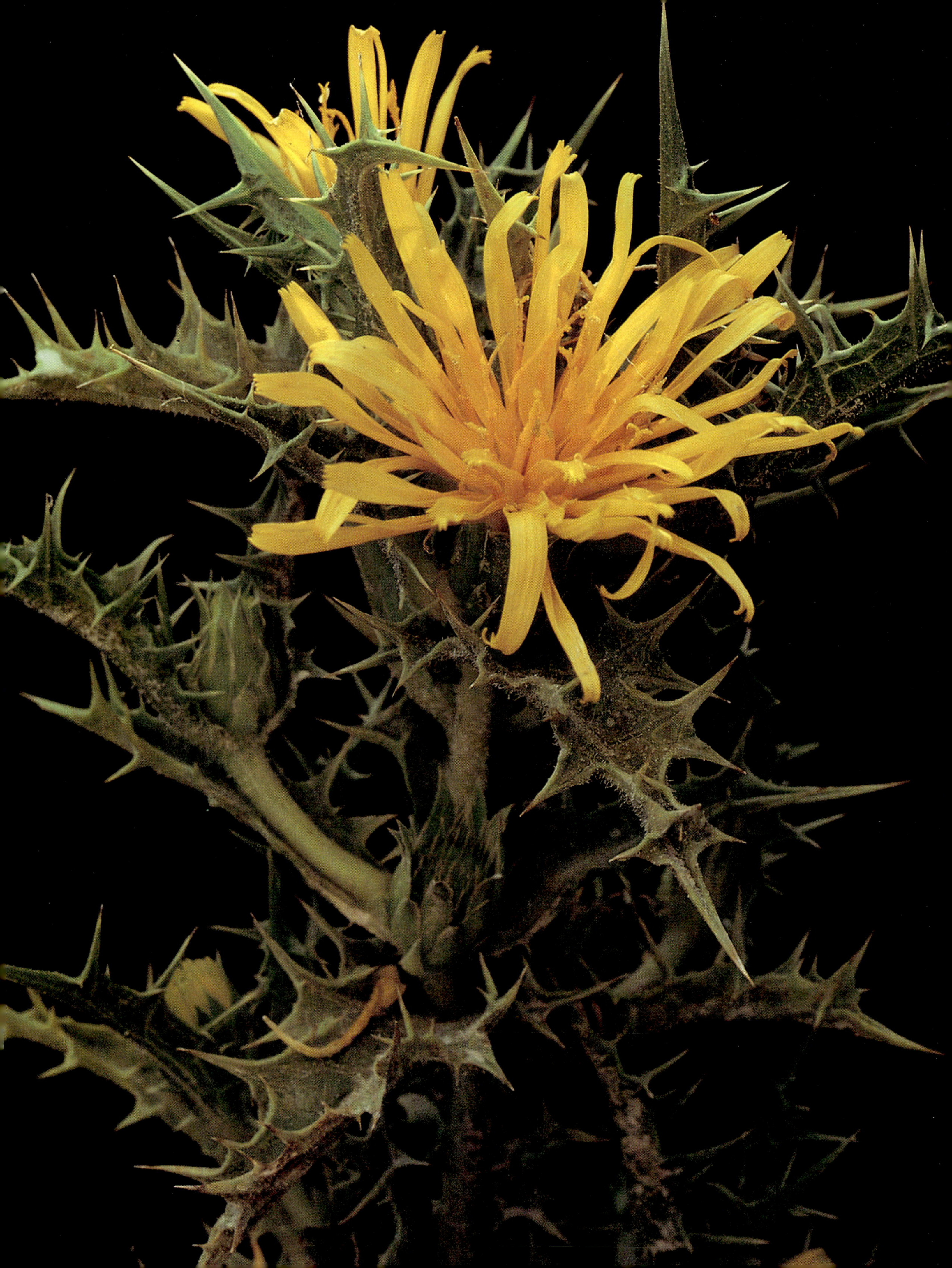

1 *Carduncellus monspeliensium.* Familie: Korbblütler (Frankreich/Spanien). **2** *Kentrophyllum lanatum.* Familie: Korbblütler (Mittelmeerraum). **3** *Galactites tomentosa.* Familie: Korbblütler (Mittelmeerraum). **4** Färber-Saflor *Carthamus tinctorius.* Familie: Korbblütler (Mittelmeerraum/Äthiopien). Früher gewann man aus diesen Pflanzen einen roten Farbstoff, der von den Malern sehr geschätzt wurde. Manchmal werden die Blüten auch unter den Safran gemischt. Aus ihren Samen wird ein Öl gewonnen, das hauptsächlich bei der Produktion von Lacken und Seifen Verwendung findet. **5** Benediktinerkraut *Cnicus benedictus.* Familie: Korbblütler (Mittelmeerraum). Im Mittelalter schrieb man dieser Distel so viele heilende Eigenschaften zu, daß sie den Beinamen *benedictus* erhielt. **6** *Asteriscus spinosus.* Familie: Korbblütler (Mittelmeerraum).

Linke Seite: *Scolymus hispanicus.* Familie: Korbblütler (Mittelmeerraum/Madeira/Kanarische Inseln).

1 Wunderblume *Mirabilis jalapa*. Familie: Wunderblumengewächse (Peru). **2** *Carpobotrus acinaciformis*. Familie: Eiskrautgewächse (Südafrika). **3** Muskat-Salbei *Salvia sclarea*. Familie: Lippenblütler (Mittelmeerraum). **4** Brandkraut *Phlomis herba-venti*. Familie: Lippenblütler (Mittelmeerraum). **5** Oleander *Nerium oleander*. Familie: Hundsgiftgewächse (Mittelmeerraum). **6** Weißer Diptam *Dictamnus albus*. Familie: Rautengewächse (Mittelmeerraum).

Die Blüten des Diptam verströmen an heißen Sommertagen einen betörenden Duft. Trotzdem zählt der Diptam zu den giftigen Pflanzen, denn seine Wurzel enthält ein Alkaloid, das Diktamin, das im Mittelalter als Tonikum und schweißtreibendes Mittel empfohlen wurde.

Rechte Seite: *Phoenocoma prolifera*. Familie: Korbblütler (Südafrika).

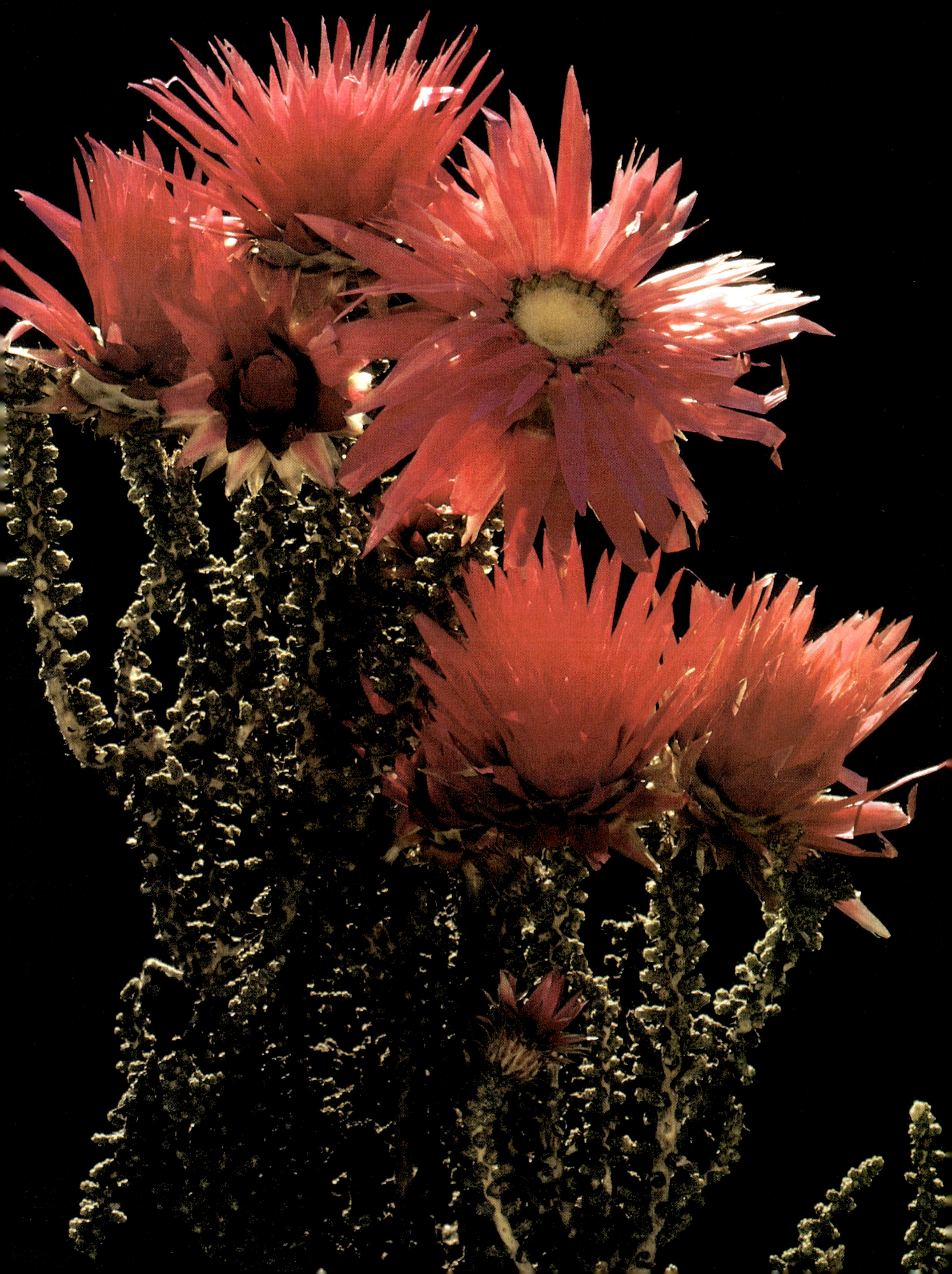

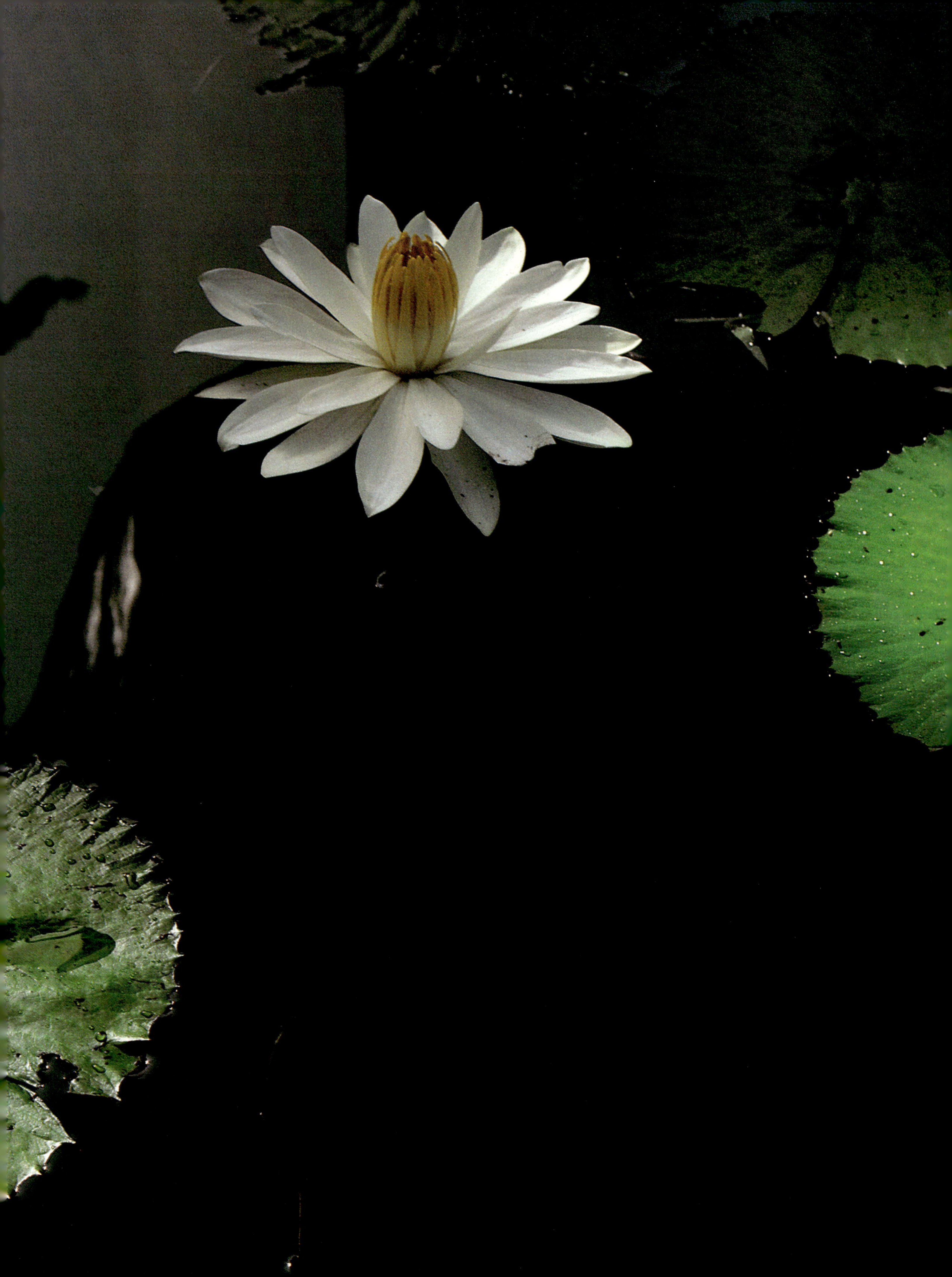

BLUMEN IN SÜMPFEN UND GEWÄSSERN

✳

In Bächen, Teichen und Weihern finden sich viele organische Substanzen, die sich durch Zerfall in reichhaltige Nährstoffe verwandeln. Davon profitieren die Pflanzen, die sich mit Hochwasser, Strömungen und einem Leben im Wandel zwischen Überschwemmung und Trockenheit arrangiert haben. Diese Pflanzen können in zwei große Kategorien eingeteilt werden: Die ersten sind die frei im Wasser schwimmenden Arten, die keinen Bodenkontakt haben und ihre Nahrung direkt aus dem Wasser beziehen. Diese Pflanzen sind sehr klein, ihre Blüten nicht sonderlich attraktiv – daher finden sie bei Insekten auch keinerlei Beachtung, sondern werden vom Wind bestäubt.

Die zweite Kategorie der Pflanzen ist im Schlamm verwurzelt und besitzt verzweigte Rhizome mit zahlreichen Wurzeln, durch welche die Pflanze im Untergrund Halt findet. Aus den Rhizomen einer solchen Pflanze wachsen verschiedenartige Blätter. Dieses Phänomen, das charakteristisch für Wasserpflanzen ist, nennt man Heterophyllie. Das Froschkraut zum Beispiel hat zwei Blattformen: die untergetauchten Blätter sind länglich, die Schwimmblätter dagegen eher rund.

Langsam aber stetig verändern die Wasserpflanzen jedoch das Milieu, das sie bewohnen: Wenn sie verwelken, sammelt sich Humus auf ihnen an, neues Land entsteht und ganz andere Pflanzenarten können sich dort niederlassen. Das Wasser versickert und die Wasserpflanzen verschwinden.

Linke Seite: Weiße Seerose *Nymphaea alba*. Familie: Seerosengewächse (Europa).

Links: Gauklerblume *Mimulus sp.* Familie: Rachenblütler.

1 Herzförmige Pontederie *Pontederia cordata*. Familie: Pontederiengewächse (Nordamerika). **2** Sumpfherzblatt *Parnassia palustris*. Familie: Steinbrechgewächse. **3** Schnee-Hainsimse *Luzula nivea*. Familie: Binsengewächse. **4** Breitblättriger Rohrkolben *Typha latifolia*. Familie: Rohrkolbengewächse. **5** Fieberklee *Menyanthes trifoliata*. Familie: Fieberkleegewächse. **6** Pfeilkraut *Sagittaria latifolia*. Familie: Froschlöffelgewächse.

Rechte Seite: Rote Schlauchpflanze *Sarracenia purpurea*. Familie: Schlauchgewächse (Kanada).

Der Boden ist mager in den kalten Sümpfen Kanadas. Um dort überleben zu können, mußten sich die Schlauchpflanzen in „Fleischfresser" verwandeln. Ihre Blätter wurden zu wohlriechenden Gefäßen, auf deren Grund eine verlockende Flüssigkeit schimmert. Sobald sich die Insekten auf dem Rand der Blätter niederlassen, rutschen sie ab und fallen hinein. Die Blattwände im Inneren sind schmierig und mit Härchen bewachsen, die nach unten gerichtet sind. Ein Entkommen ist daher unmöglich. Bei der Flüssigkeit, in der die gefangenen Insekten schnell ertrinken, handelt es sich um einen Verdauungssaft. Die Gefäße der Schlauchpflanze sind allerdings nicht für alle Kleinstlebewesen tödlich: Kleine Mücken dürfen sich dort gefahrlos niederlassen ebenso wie kleine Frösche. Sie setzen sich an die Innenwände der Blätter und stibitzen dort die herabrutschenden Insekten, ehe die Pflanze diese verdauen kann.

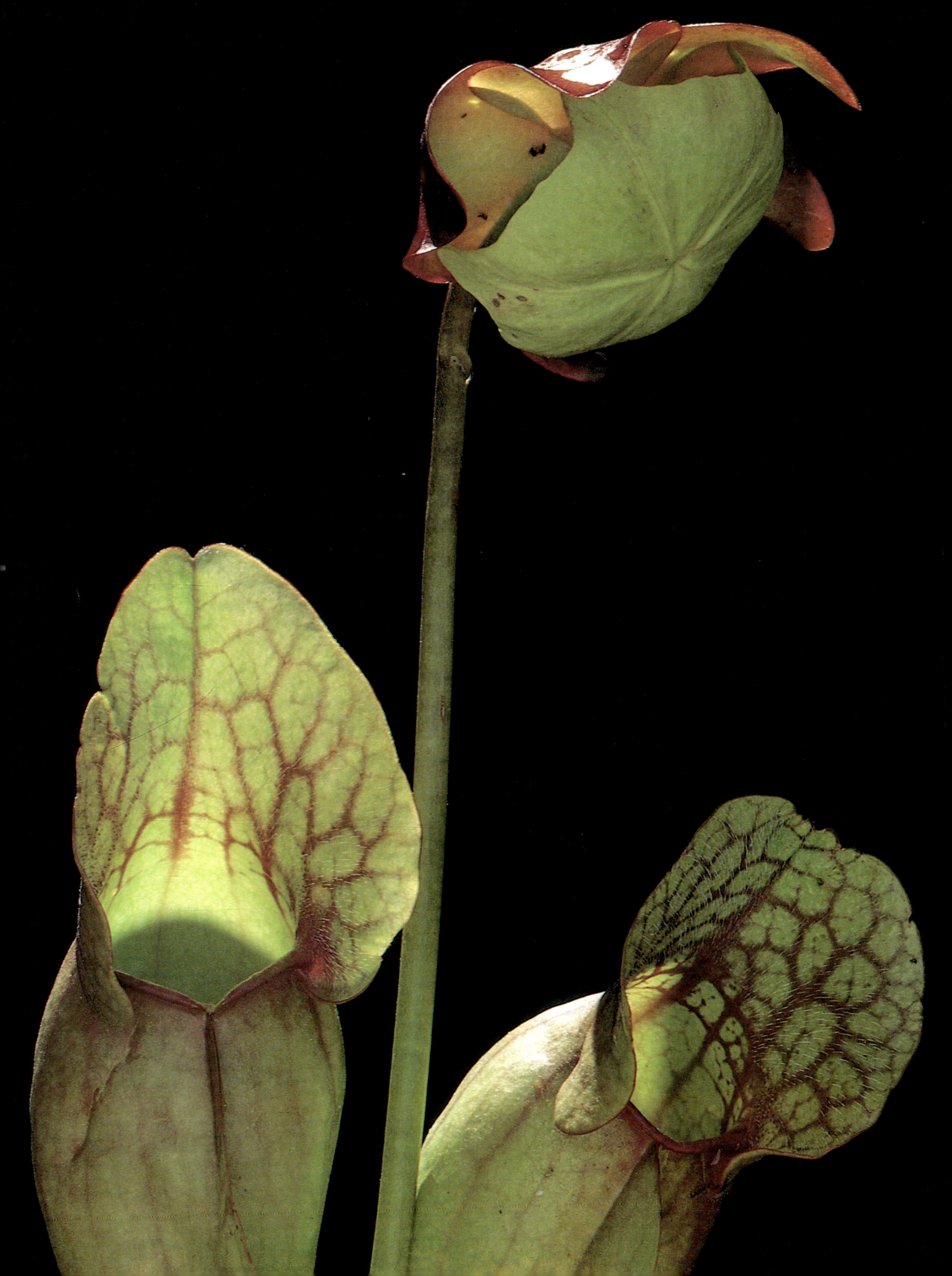

1 Echter Baldrian *Valeriana officinalis*. Familie: Baldriangewächse. **2** Wasser-Minze *Mentha aquatica*. Familie: Lippenblütler. **3** Zypergras *Cyperus alternifolius*. Familie: Riedgräser (Afrika). **4** Wald-Engelwurz *Angelica silvestris*. Familie: Doldenblütler. **5** Großes Springkraut (Rührmichnichtan) *Impatiens noli-tangere*. Familie: Balsaminengewächse. **6** Echtes Mädesüß *Filipendula ulmaria*. Familie: Rosengewächse.

Teiche, Sümpfe und alle stehenden Gewässer bargen im Mittelalter die Gefahr der Malariaübertragung. Als Heilmittel gegen diese Krankheit und die damit verbundenen Fieberanfälle galten das Mädesüß und die Weide. Zu Beginn des 19. Jahrhunderts isolierten der Franzose Leroux und der Schweizer Pagenstecher aus der Weidenrinde das Glykosid Salizin und aus den Blüten des Mädesüß Salizylsäure. Schnell fand man heraus, daß diese beiden Substanzen dieselbe Struktur besitzen. Im Jahr 1876 stellte der Chemiker Hofmann Acetylsalizylsäure synthetisch her und nannte sie Aspirin (*A* für Acetyl, *spir* für Spirea, ein anderer Name für Mädesüß).

Rechte Seite: Echte Engelwurz *Angelica archangelica*. Familie: Doldenblütler (Europa).

Nächste Doppelseite: Gemeines Fettkraut *Pinguicula vulgaris*. Familie: Wasserschlauchgewächse.

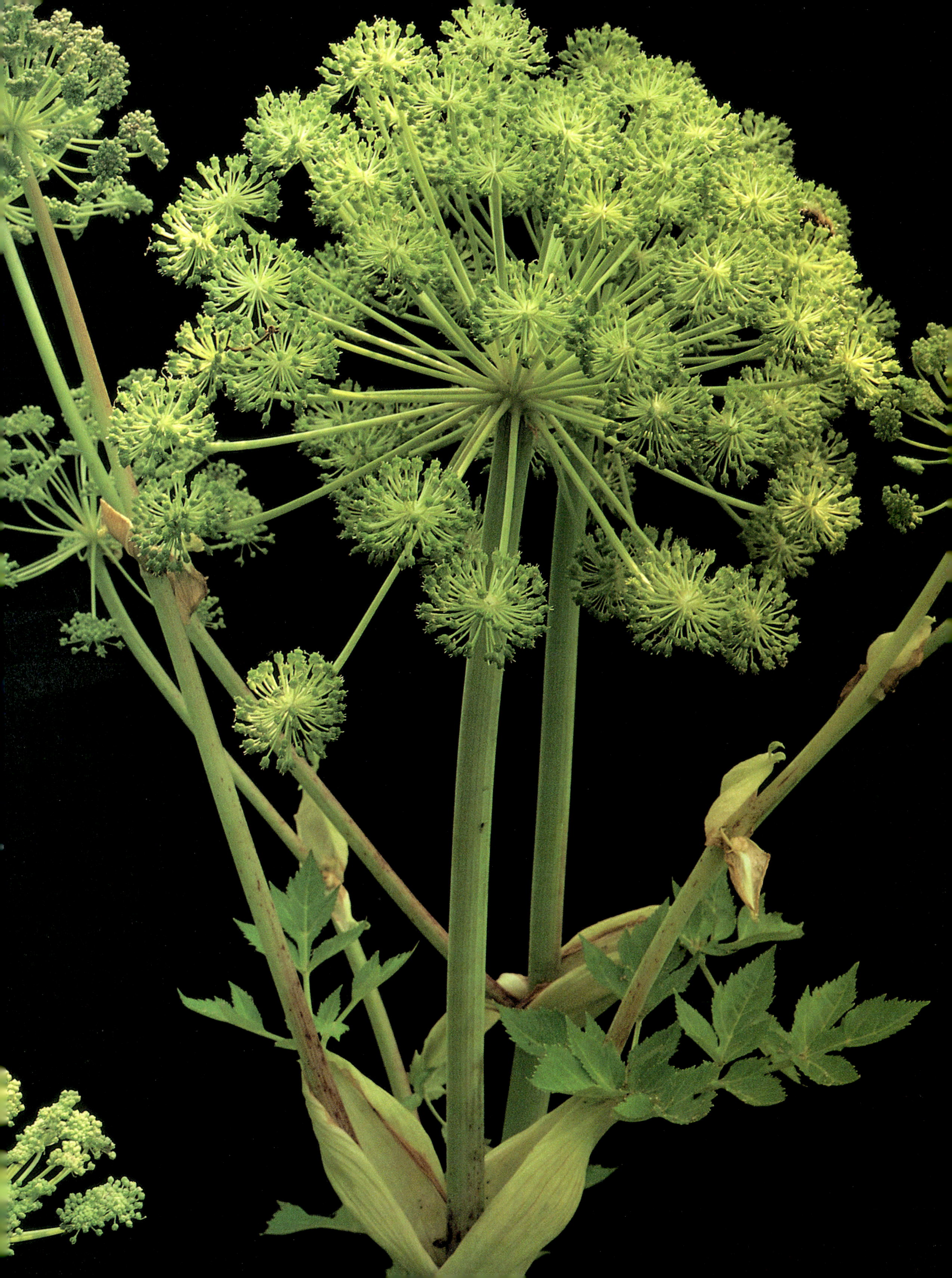

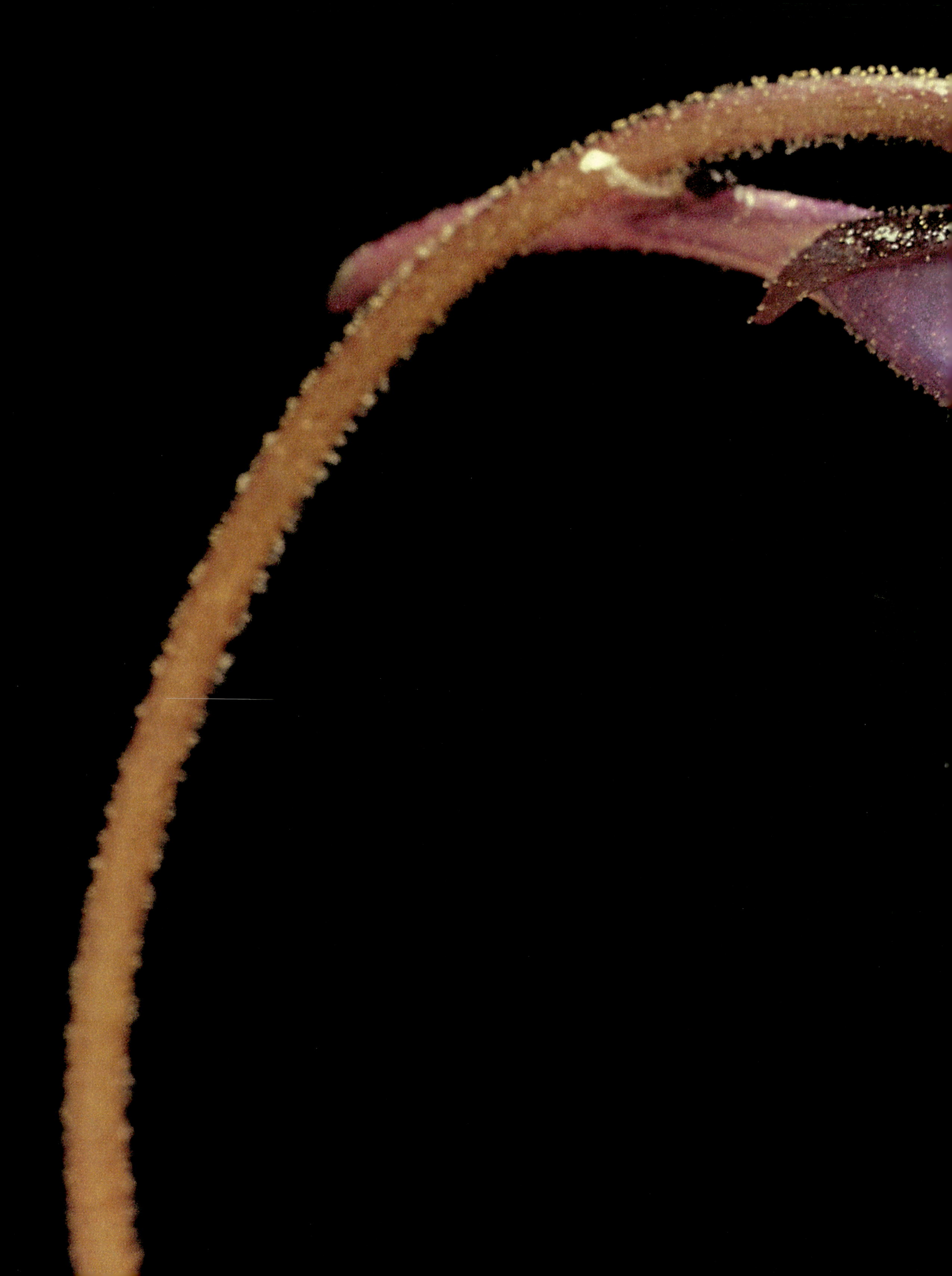

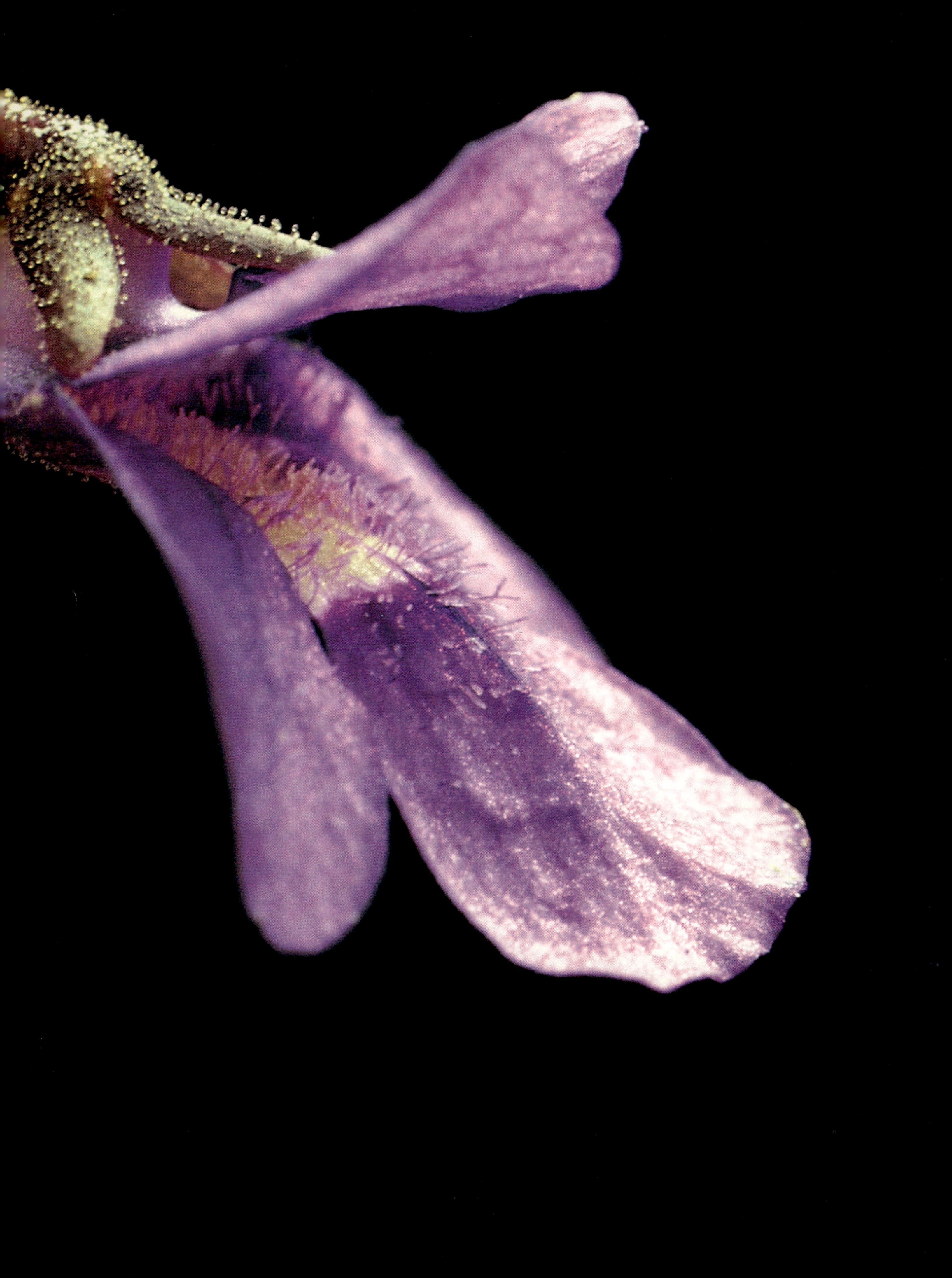

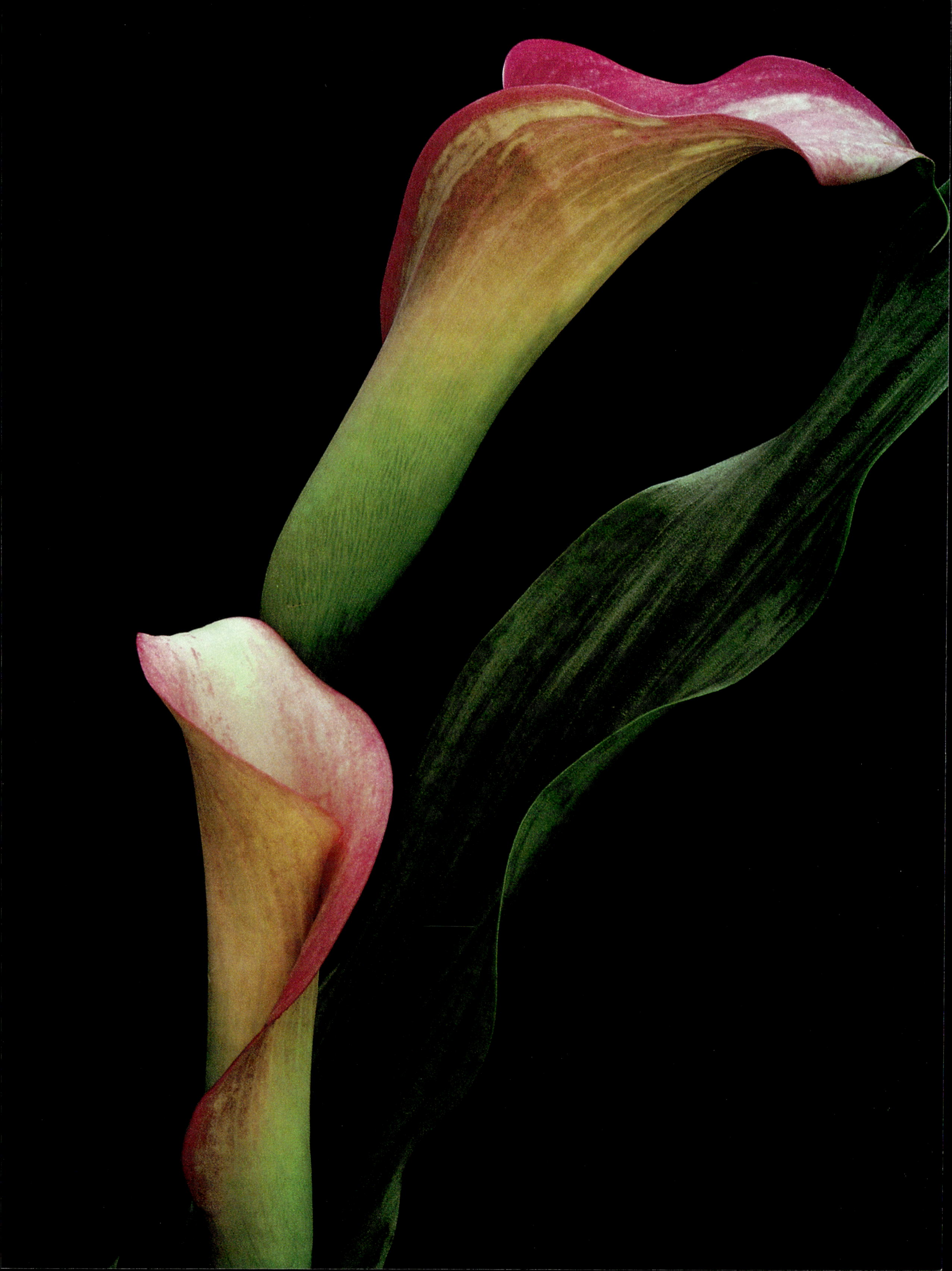

1 Fettkraut *Pinguicula moranensis*. Familie: Wasserschlauchgewächse (Mexiko). **2** *Disa uniflora*. Familie: Knabenkrautgewächse (Südafrika). **3** *Canna coccinea*. Familie: Schwanenblumengewächse (Indien). **4** Schachbrettblume *Fritillaria meleagris*. Familie: Liliengewächse. **5** *Cypella plumbea*. Familie: Schwertliliengewächse (Argentinien/Uruguay). **6** Lotosblume *Nelumbo nucifera*. Familie: Seerosengewächse (Subtropisches Asien).

Die Lotosblüte ist von außergewöhnlicher Größe (über 25 cm), ihre Blütenblätter sind kräftig und wachsartig. Sie verströmt einen Duft, dessen Intensität im Laufe des Tages variiert. Am stärksten ist er gegen Mittag, bevor die Pflanze ihre Blütenkrone vor der sengenden Sonne schließt. Danach ist sie praktisch geruchlos. Eine Lotosblüte lebt nie länger als vier Tage. Die Japaner sagen, daß sie am ersten Tag einer Flasche Sake gleicht, am zweiten einer Sake-Schale, am dritten einer Suppenschale und am vierten einem Unterteller. Die bohnengroßen Samen des Lotos sind eßbar. Bei den Ägyptern galt die Pflanze als Symbol der Vollkommenheit und der Unsterblichkeit, weil die Samen auch auf dem Trockenen keimen.

Linke Seite: Calla *Zantedeschia rehmanii*. Familie: Aronstabgewächse (Transvaal)

1 Bachbunge *Veronica beccabunga*. Familie: Rachenblütler. **2** Sumpf-Kratzdistel *Cirsium palustre*. Familie: Korbblütler. **3** Bach-Nelkenwurz *Geum rivale*. Familie: Rosengewächse. **4** Minze *Mentha ceroina*. Familie: Lippenblütler. **5** Wiesenknöterich *Polygonum bistorta*. Familie: Knöterichgewächse. **6** Sumpf-Helmkraut *Scutellaria galericulata*. Familie: Lippenblütler.

Rechte Seite: Wasserhyazinthe *Eichhornia speciosa*. Familie: Pontederiengewächse.

Bei einer Pflanzen-Ausstellung in New Orleans 1884 boten die Japaner ihren Besuchern eine Pflanze mit blauen Blüten zum Kauf an: die Wasserhyazinthe. Niemand ahnte damals die ökologische Katastrophe, die damit heraufbeschworen wurde. Kaum in den Teichen eingepflanzt, vermehrte sich die Pflanze, der das Klima von Louisiana sehr gut bekam, in rasender Geschwindigkeit. Sie gelangte auch in die Sümpfe und Bäche der Region. In kurzer Zeit wuchs sie überall, blockierte Schiffsschrauben, ließ andere Wasserpflanzen zugrunde gehen und verursachte dadurch den Tod von Enten und Fischen. Man griff zu drastischen Maßnahmen: Sprengungen in den Teichen, Flammenwerfer, Arsenik – aber die Wasserhyazinthen überlebten alles. Die Versuche, waren so kostspielig, daß sie in Amerika den Beinamen „The Milliondollarweed" erhielt.
Etwas Positives hatte die Sache jedoch. Man entdeckte, daß die Wasserhyazinthe Giftstoffe wie Cadmium, Nickel oder Quecksilber aufnehmen kann und zog daraus Nutzen: Heute wird sie in verschmutzte Teiche eingesetzt, damit sie dort das Wasser reinigt.

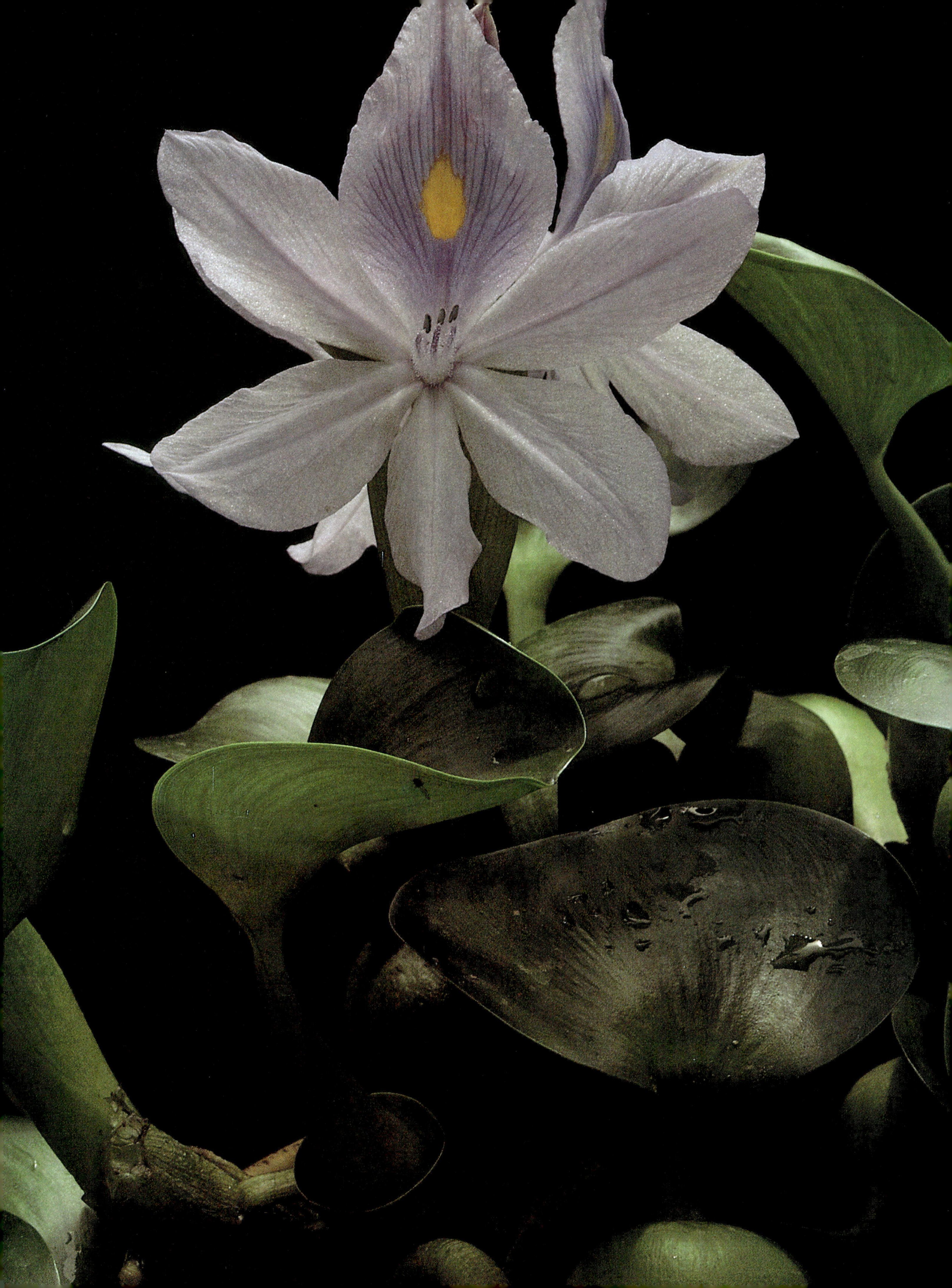

1 Papyrus *Cyperus papyrus.* Familie: Riedgräser (Afrika). **2** Echter Alant *Inula helenium.* Familie: Korbblütler. **3** Pfennigkraut *Lysimachia nummularia.* Familie: Primelgewächse. **4** *Orontium aquaticum.* Familie: Aronstabgewächse (Nordamerika). **5** Mexikanische Seerose *Nymphaea mexicana.* Familie: Seerosengewächse (Mexiko). **6** Sumpf-Schwertlilie *Iris pseudacorus.* Familie: Schwertliliengewächse.

Die Seerose öffnet nur dann ihre Blüten, wenn der Tag sonnig zu werden verspricht. Sie ist nur einmal fruchtbar und bringt dann eine Frucht hervor, die reift, abfällt und im Wasser versinkt. Während sie sich zersetzt, werden die Samenkörner frei, die von kleinen Luftkissen umgeben, an die Wasseroberfläche aufsteigen und sich nach und nach von der Mutterpflanze entfernen. Sobald sich Luftblasen aufgelöst haben, sinken die Samen wieder auf den Boden des Gewässers ab.

Rechte Seite: Sumpfdotterblume *Caltha palustris.* Familie: Hahnenfußgewächse.

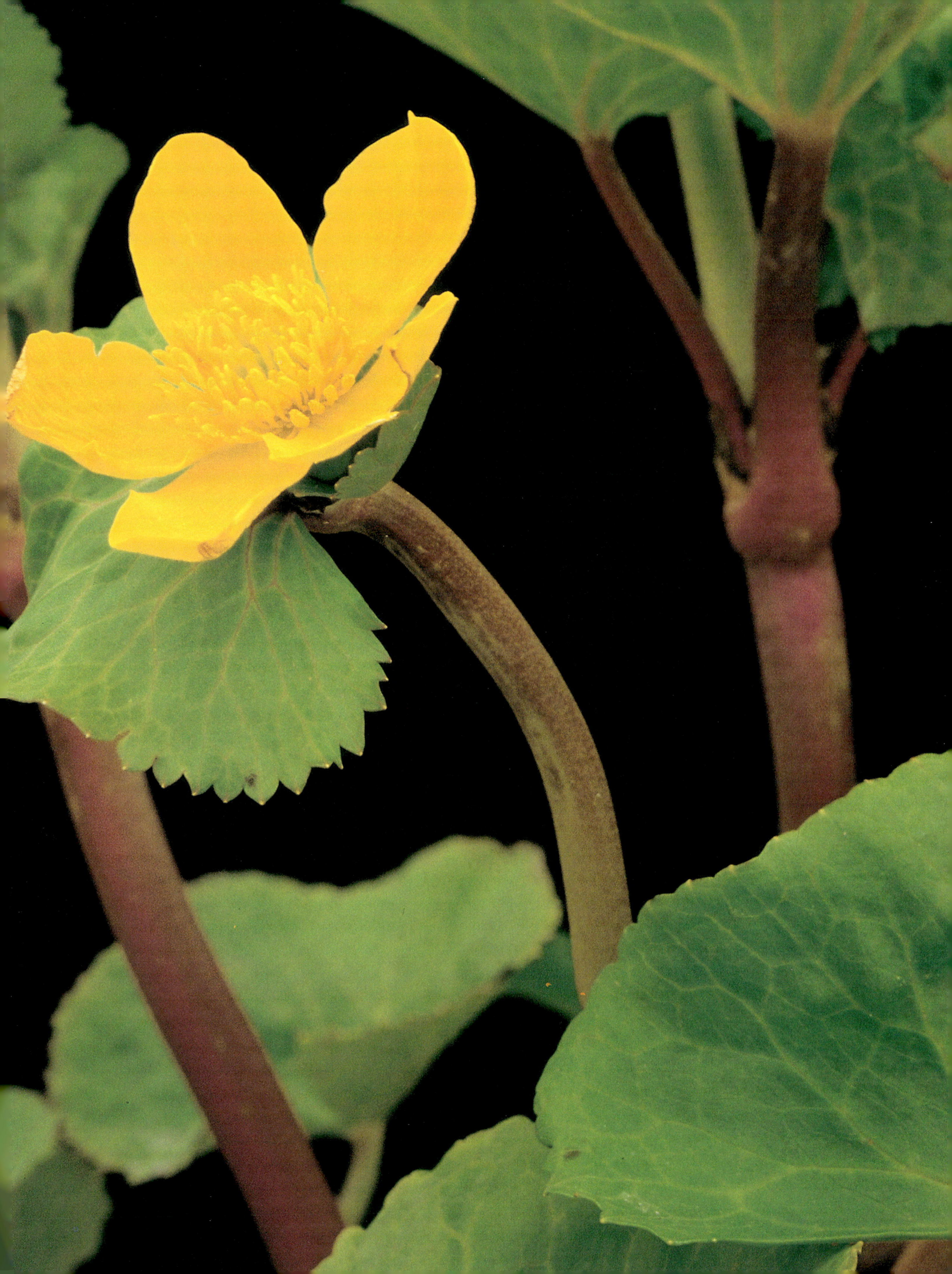

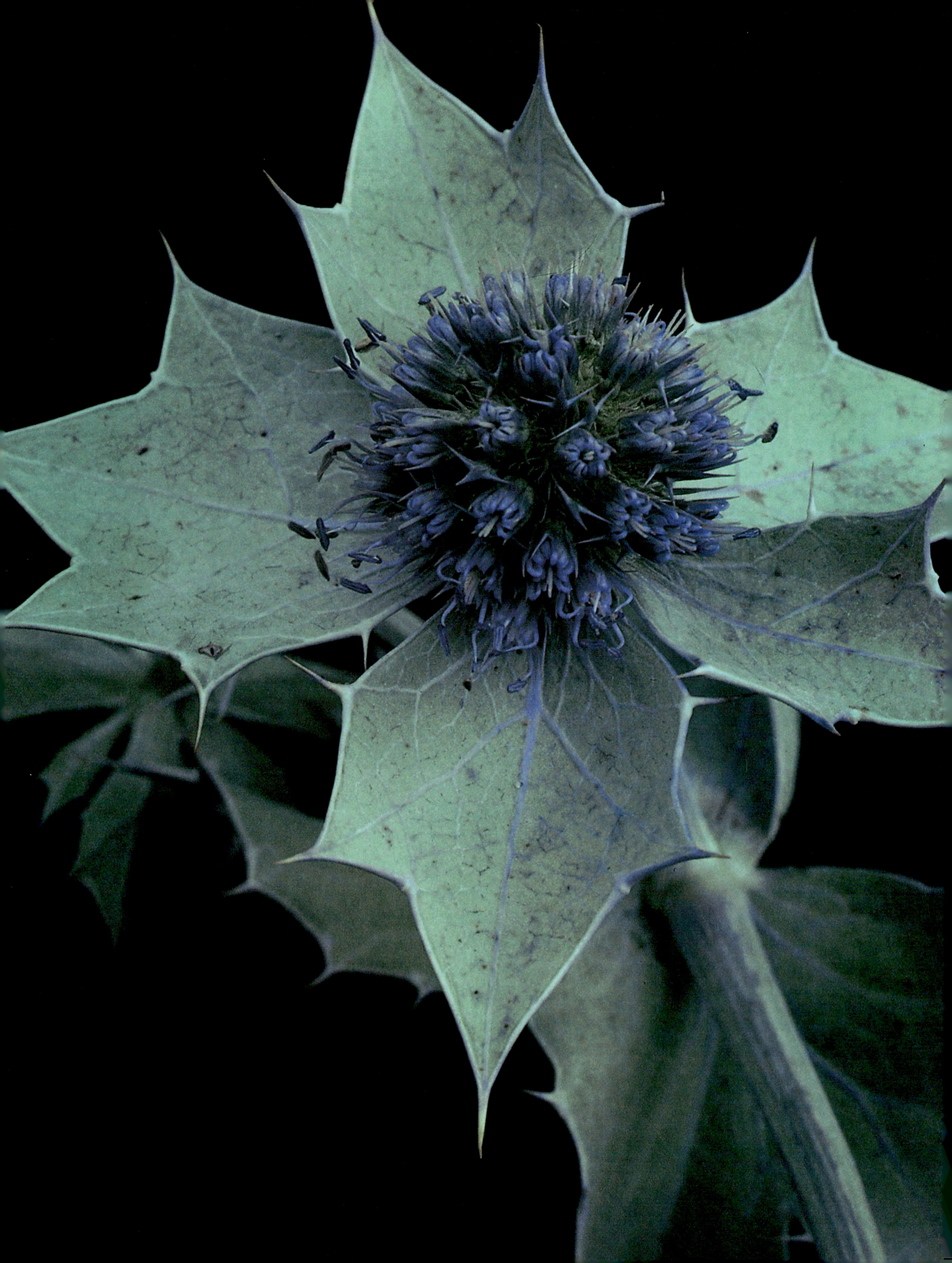

STRANDBLUMEN

✳

Die Umgebung am Meeresufer weist vielfach große Ähnlichkeit mit Wüstengebieten auf. Arten, die dort wachsen, sind häufig Pioniere unter den Pflanzen. Dank ihrer speziellen Eigenschaften sind sie in der Lage, auch in unwirtlichen Gegenden zu überleben. Die Botaniker nennen solche Pflanzen Psammophyten, was soviel bedeutet wie „Sandpflanzen". Um dem ständigen Wind und den Sandkörnern zu trotzen, sind ihre Blätter relativ klein und besonders dick. Meist handelt es sich um niedrige oder kriechende Pflanzen, die mit vielen Wurzeln ausgestattet sind, um möglichst viel Feuchtigkeit aus der Tiefe des Erdreichs zu gewinnen.

Die etwas „mutigeren" unter diesen Pflanzen, die so nahe am Meer wachsen, daß ihre Wurzeln vom Salzwasser umspült werden, oder sie zumindest regelmäßig von der Flut überschwemmt werden, heißen Halophyten, also „Salzpflanzen". Um im Salz, das für die meisten anderen Pflanzen tödlich wäre, überleben zu können, besitzen die Halophyten mehr oder weniger fleischige Stengel. Die holzige oder haarige Haut dieser Stengel verhindert eine zu schnelle Verdunstung. Der Salzgehalt der Halophyten-Zellösung ist höher als der Salzgehalt der Bodenlösung und der osmotische Druck ist bei ihnen viel stärker als bei anderen Pflanzen, was ihnen erlaubt, das Salzwasser zu absorbieren.

Durch das Ansiedeln dieser „Pioniere" verwandelt sich der Strand nach und nach in eine Umgebung, in der sich auch andere Pflanzen wohlfühlen. Wie bei den Wasserpflanzen, ziehen sich die Halophyten jedoch zurück, sobald sich eine andere Vegetation ansiedelt.

Linke Seite: Stranddistel *Eryngium maritimum*.
Familie: Doldenblütler.

Rechts: *Canarina canariensis*.
Familie: Glockenblumengewächse (Kanarische Inseln).

1 Gelber Wau *Reseda lutea*. Familie: Resedagewächse. **2** Gemeine Osterluzei *Aristolochia clematitis*. Familie: Osterluzeigewächse. **3** *Abronia latifolia*. Familie: Wunderblumengewächse (Kalifornien). **4** Gelbe Sternbergie *Sternbergia lutea*. Familie: Narzissengewächse. **5** Gewöhnlicher Besenginster *Sarothamnus scoparius*. Familie: Schmetterlingsblütler. **6** Goldrute *Solidago spec*. Familie: Korbblütler.

Rechte Seite: Stechginster *Ulex europaeus*. Familie: Schmetterlingsblütler.

Der Stechginster blüht das ganze Jahr, eine Besonderheit, die ihn angeblich zum Erzfeind des Teufels werden ließ! Eine schottische Legende erzählt, daß der Teufel, verzweifelt weil keine Menschen zu ihm in die Hölle kamen, sich hilfesuchend an Gott wandte. Dieser versprach ihm die Seelen der Menschen, die starben während im ganzen Land keine einzige Blume blühte. Zufrieden kehrte der Satan unter die Erde zurück. Die Monate vergingen und der Stechginster stand noch immer in voller Blüte. Aus Wut darüber säte der Teufel Gerste an und erfand, in Verbindung mit Malz, den Whisky. Überall errichtete er Pubs und die Schotten gingen hinein, um ein Glas zu trinken und noch eins und noch eins … und als sie dann sturzbetrunken nach Hause wankten, führte sie Satan geradewegs in die Hölle.

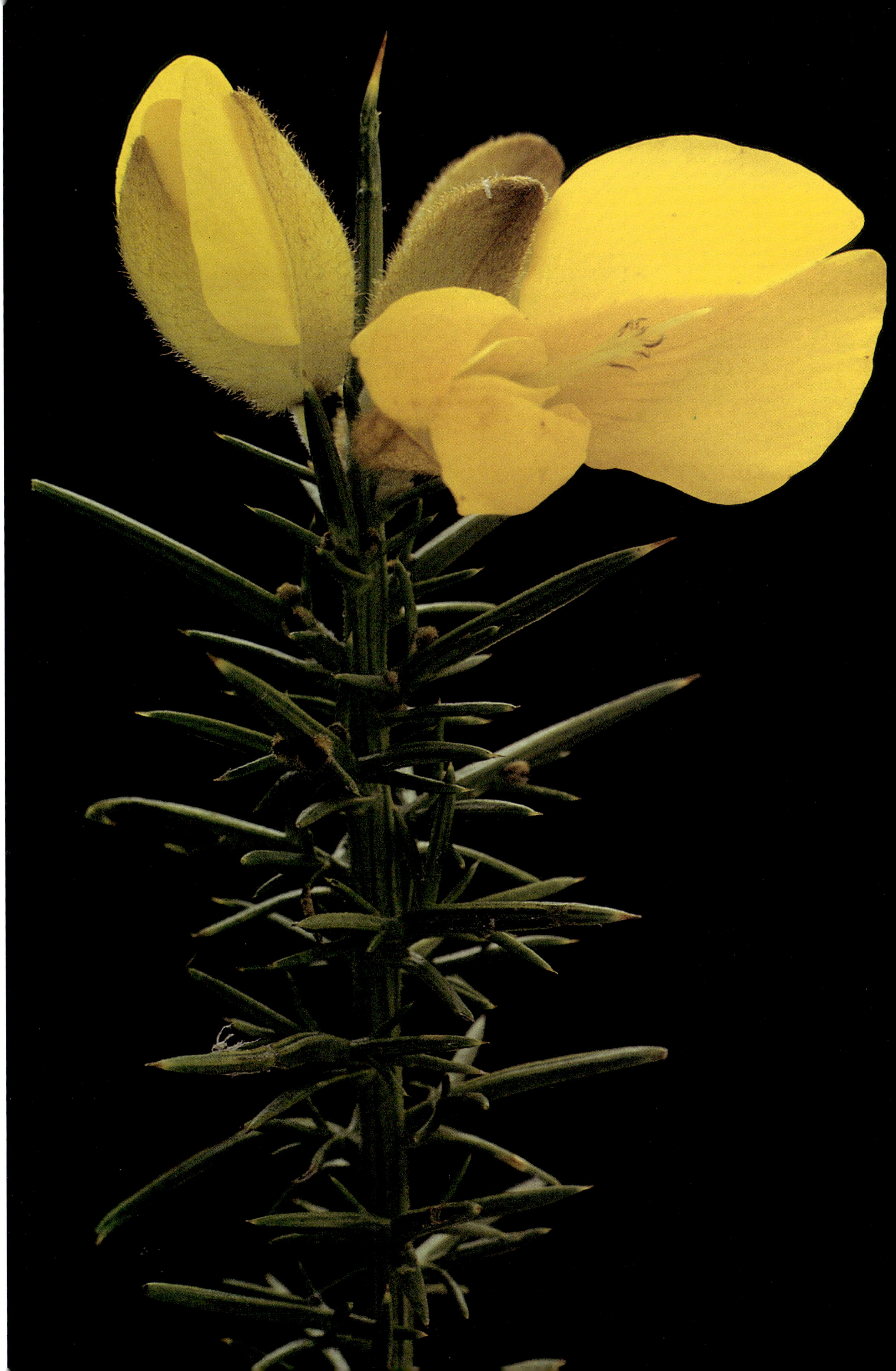

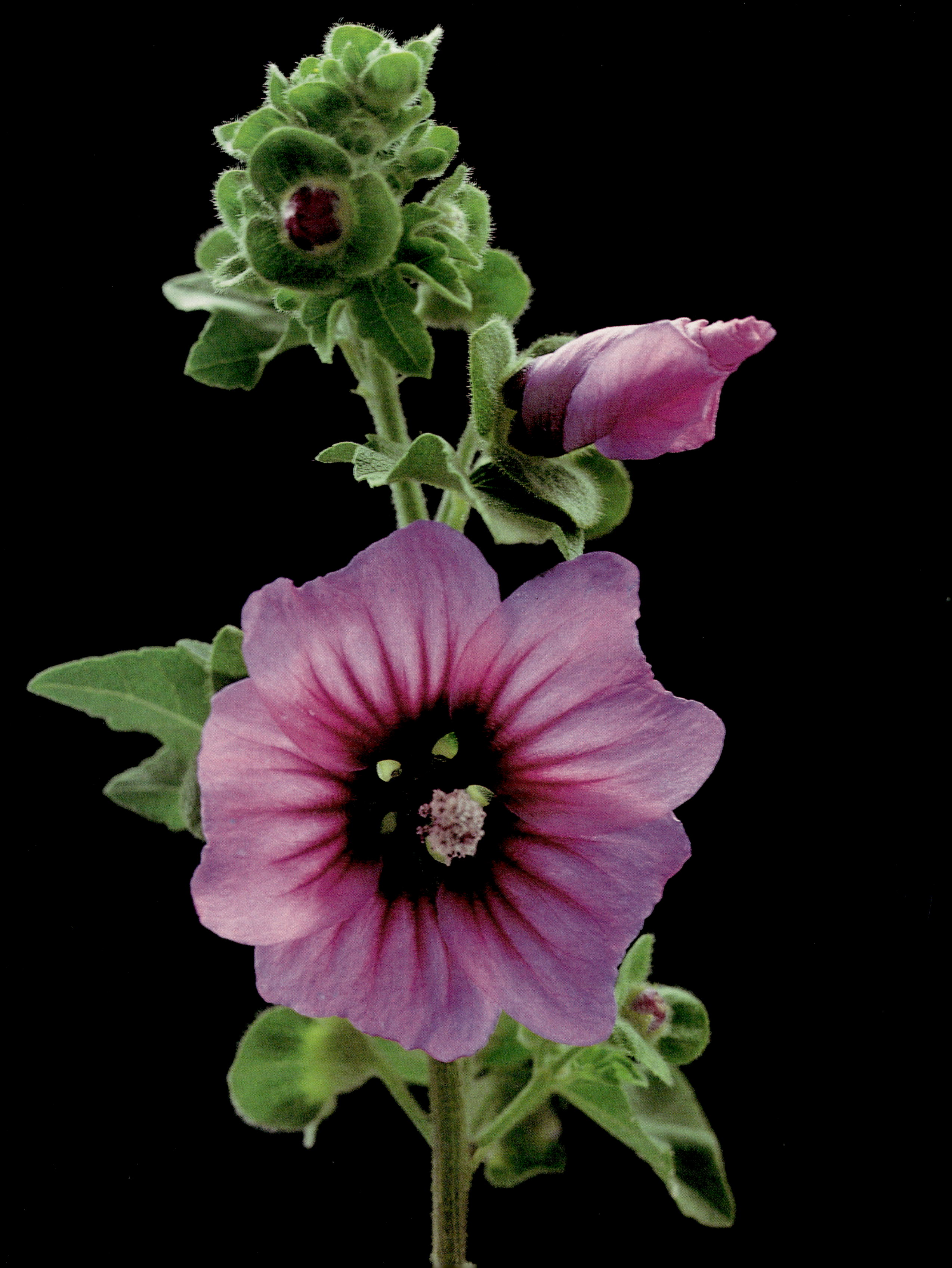

1 Schopflavendel-Immortelle *Helichrysum staechas*. Familie: Korbblütler. **2** Gemeine Spitzklette *Xanthium strumarium*. Familie: Korbblütler. **3** Kreuzkraut *Senecio cineraria*. Familie: Korbblütler. **4** Hasenohr *Buplevrum fruticosum*. Familie: Doldenblütler. **5** Junkerlilie *Asphodeline lutea*. Familie: Liliengewächse (Mittelmeerküste). **6** Heiligenkraut *Santolina chamaecyparissus*. Familie: Korbblütler. Seine unangenehm riechenden Blüten gelten als wirksames Mittel gegen Motten.

Linke Seite: Baumartige Strauchpappel *Lavatera arborea*. Familie: Malvengewächse.

1 Europäischer Meersenf *Cakile maritima*. Familie: Kreuzblütler. **2** Pankrazlilie *Pancratium maritimum*. Familie: Narzissengewächse (Mittelmeerküste). Alle Vertreter der Pankrazlilien besitzen Zwiebeln, die für das Nervensystem giftig sind und Halluzinationen hervorrufen. **3** Tamariske *Tamarix parviflora*. Familie: Tamariskengewächse. **4** Akanthus *Acanthus mollis*. Familie: Akanthusgewächse. Man liest sehr oft, daß die Blätter dieser Art als Modell für die Verzierungen der korinthischen Säulen dienten. Tatsächlich findet man den wildwachsenden Akanthus aber nur in Nordgriechenland, daher kann er den Korinthern gar nicht bekannt gewesen sein. **5** Diotis *Diotis maritima*. Familie: Korbblütler.
6 Meerlavendel *Limonium tartaricum*. Familie: Grasnelkengewächse.

Rechte Seite: Gemeine Grasnelke *Armeria maritima*. Familie: Grasnelkengewächse.

Nächste Doppelseite: Silberbaum *Protea sp*. Familie: Silberbaumgewächse (Südafrika).

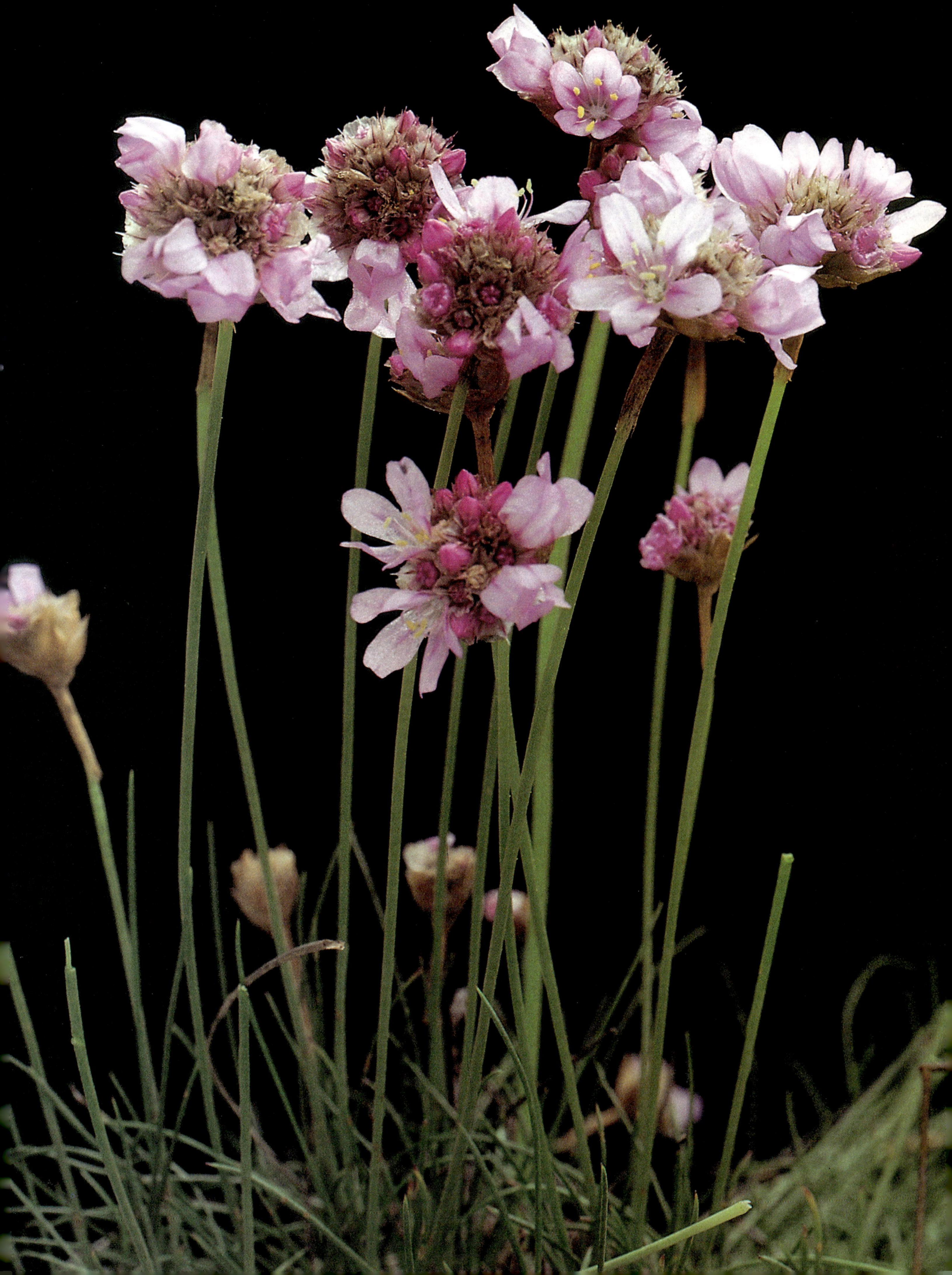

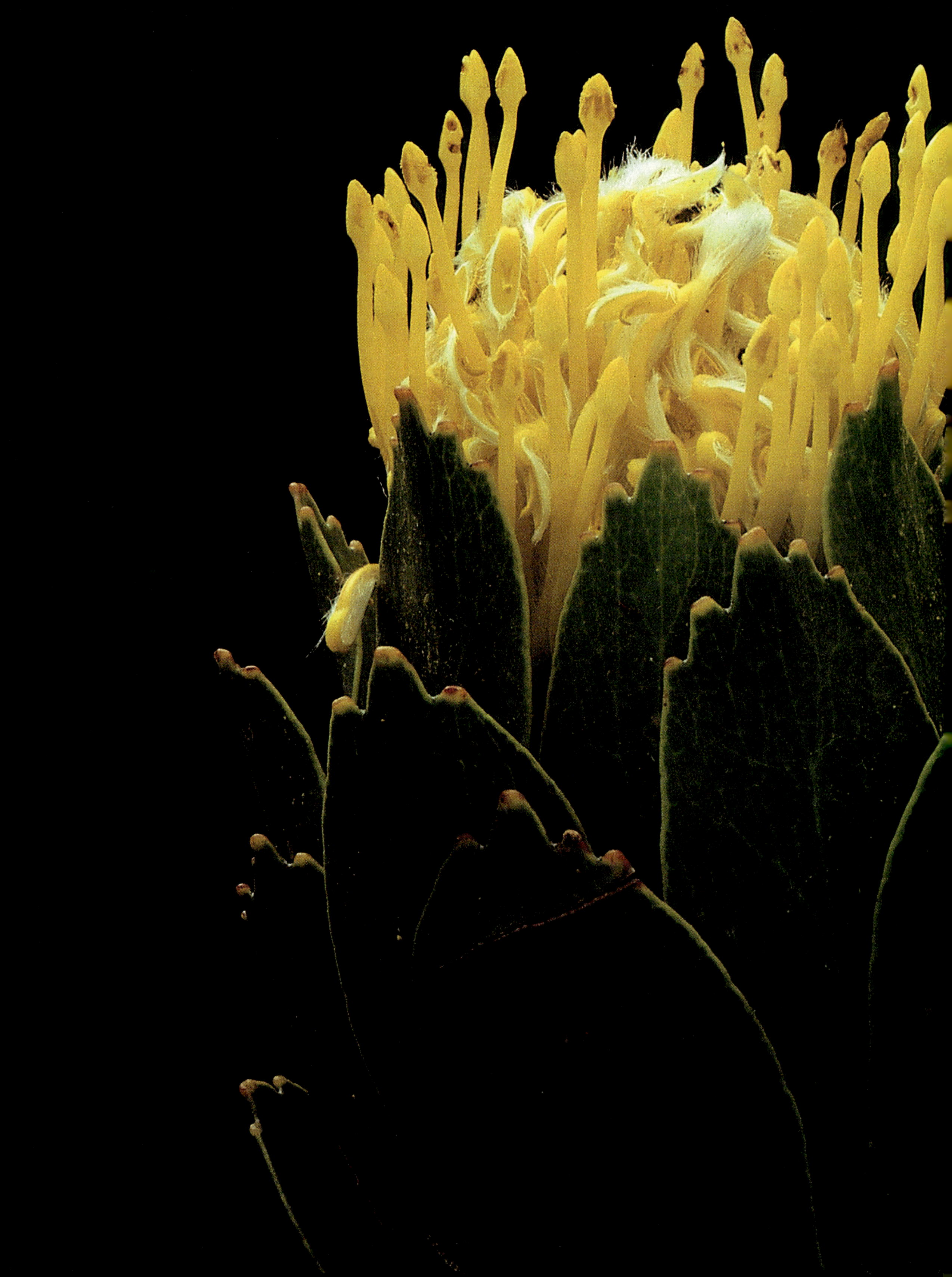

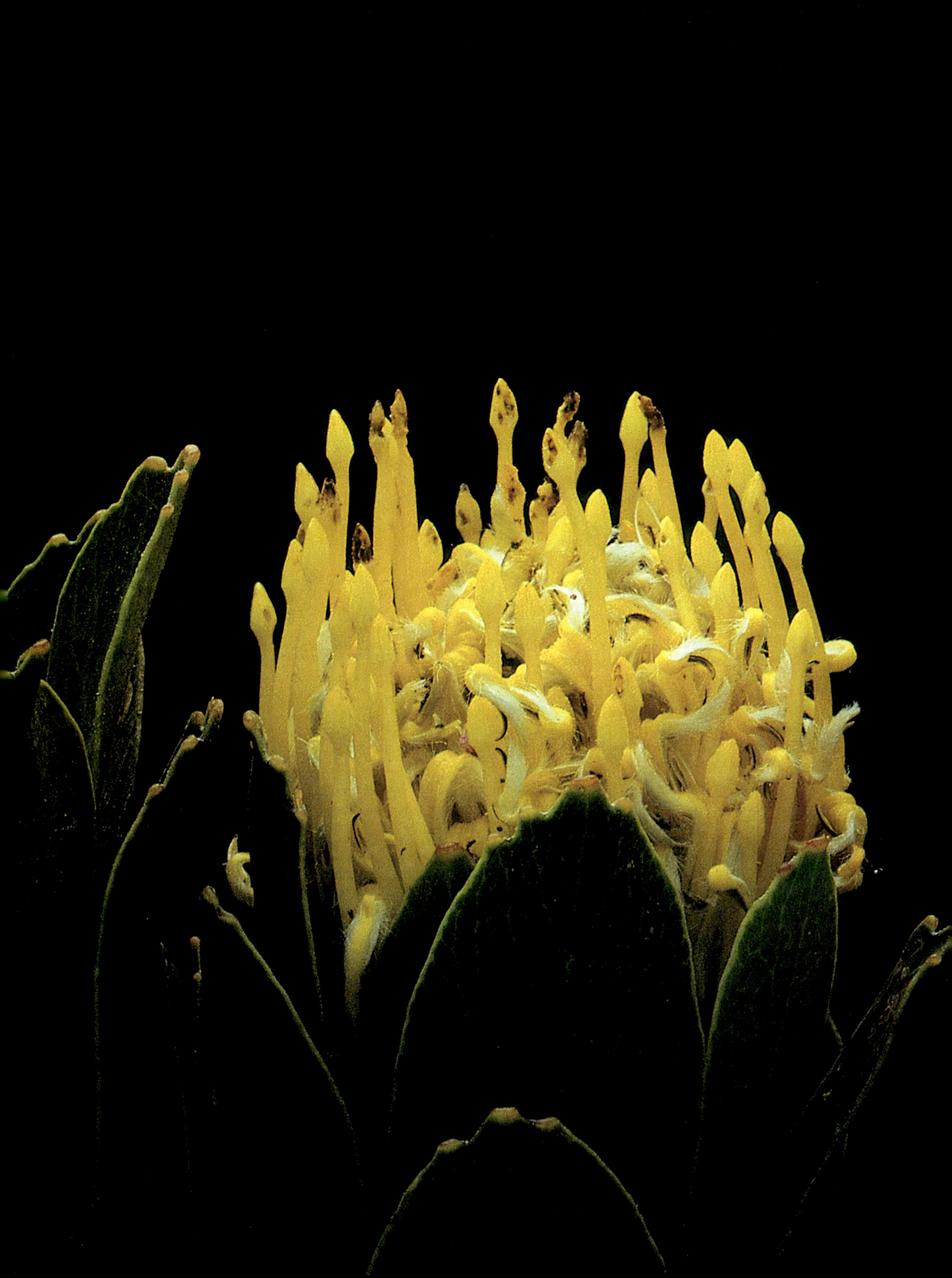

1 *Protea laurifolia*. Familie: Silberbaumgewächse (Südafrika). **2** Sprossende Felsennelke *Petrorhagia prolifera*. Familie: Nelkengewächse. **3** Levkoje *Matthiola sinuata*. Familie: Kreuzblütler. **4** *Leucospermum nutans*. Familie: Silberbaumgewächse (Südafrika). **5** *Arum dracunculus*. Familie: Aronstabgewächse (Mittelmeerküste) **6** Seidelbast *Daphne guidium*. Familie: Seidelbastgewächse.

Rechte Seite: Artischockenähnlicher Silberbaum *Protea cynaroides*. Familie: Silberbaumgewächse (Südafrika, dort ist sie die Nationalblume).

Der Silberbaum besitzt die Gabe, seine Form nach Belieben zu verändern. Die Silberbaum-Familie umfaßt über 1000 Arten, die perfekt andere Pflanzen imitieren. Einige nehmen die Gestalt von Margeriten an, andere die von Ingwer, wieder andere die von Föhrenzapfen, Lorbeerbäumen oder Artischocken. Betrachtet man die Blüten im einzelnen, erscheinen sie nicht ungewöhnlich. Da sie sich aber zu Blütenkronen von bis zu 30 Zentimetern Durchmesser zusammenschließen, wirken sie wie ein farbenprächtiges Feuerwerk.

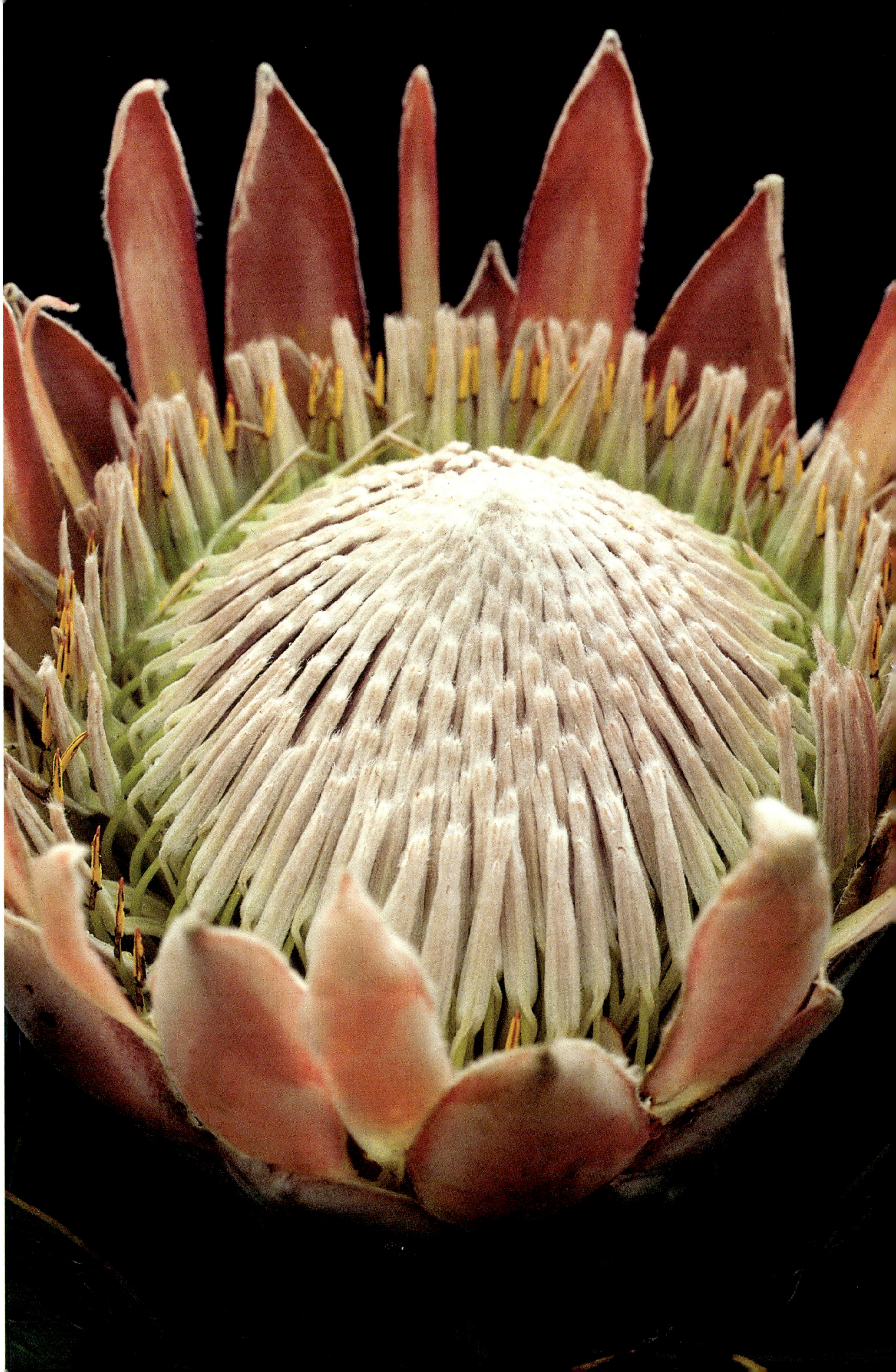

1 Schwalbenwurz *Vincetoxicum officinale*. Familie: Schwalbenwurzgewächse. Früher wurde diese Pflanze gegen die Pest und gegen Schlangenbisse angewendet. **2** *Echinophora spinosa*. Familie: Doldenblütler (Mittelmeerküste). **3** Nickendes Leimkraut *Silene nutans*. Familie: Nelkengewächse. Wenn die Temperatur steigt, rollen sich seine Blütenblätter nach innen zusammen. An seinem klebrigen Stengel bleiben Sandkörnchen und winzige Insekten haften, was der Pflanze auch den Beinamen „Fliegenfalle" einbrachte. **4** *Carex sp.* Familie: Riedgräser. **5** Sand-Bauernsenf *Teesdalia nudicaulis*. Familie: Kreuzblütler. **6** Weißblühendes Eiskraut *Mesembryanthemum crystallinum*. Familie: Eiskrautgewächse (Mittelmeerküste). Die Blätter dieser bizarr aussehenden Pflanze sind eßbar. Ihr leicht säuerlicher Geschmack wirkt sehr erfrischend.

Rechte Seite: Meerzwiebel *Urginea maritima*. Familie: Liliengewächse (Griechenland).

Seit der Antike ist die riesige Zwiebelknolle der Meerzwiebel, die manchmal kindskopfgroß sein kann, das Sinnbild für Kraft. Die Bewohner der griechischen Inseln hängen sie an ihre Haustüren, um sich vor bösen Geistern zu schützen. Wegen der toxischen Substanz in der Zwiebelknolle gilt diese Pflanze auch als wirksames Rattengift.

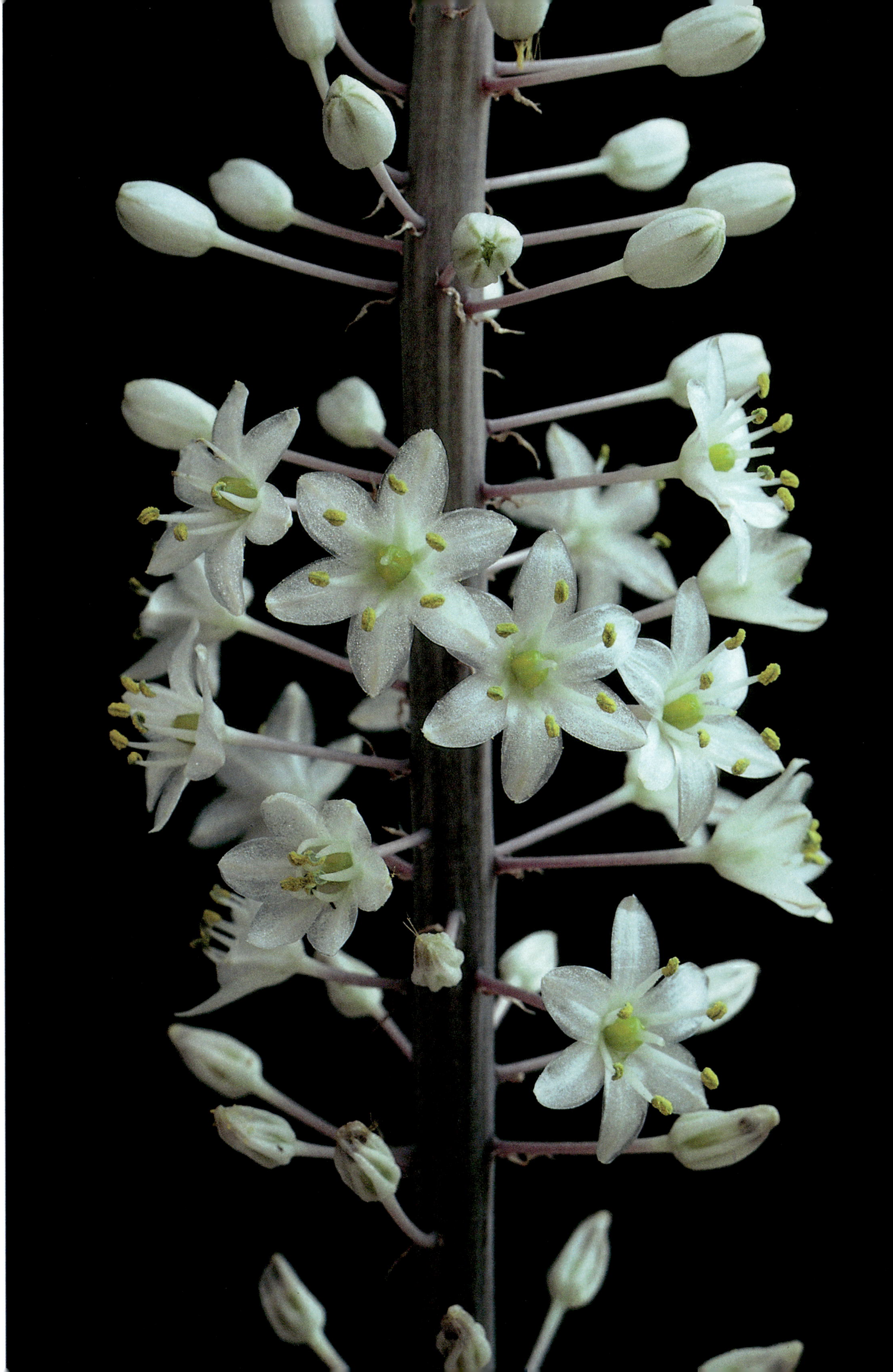

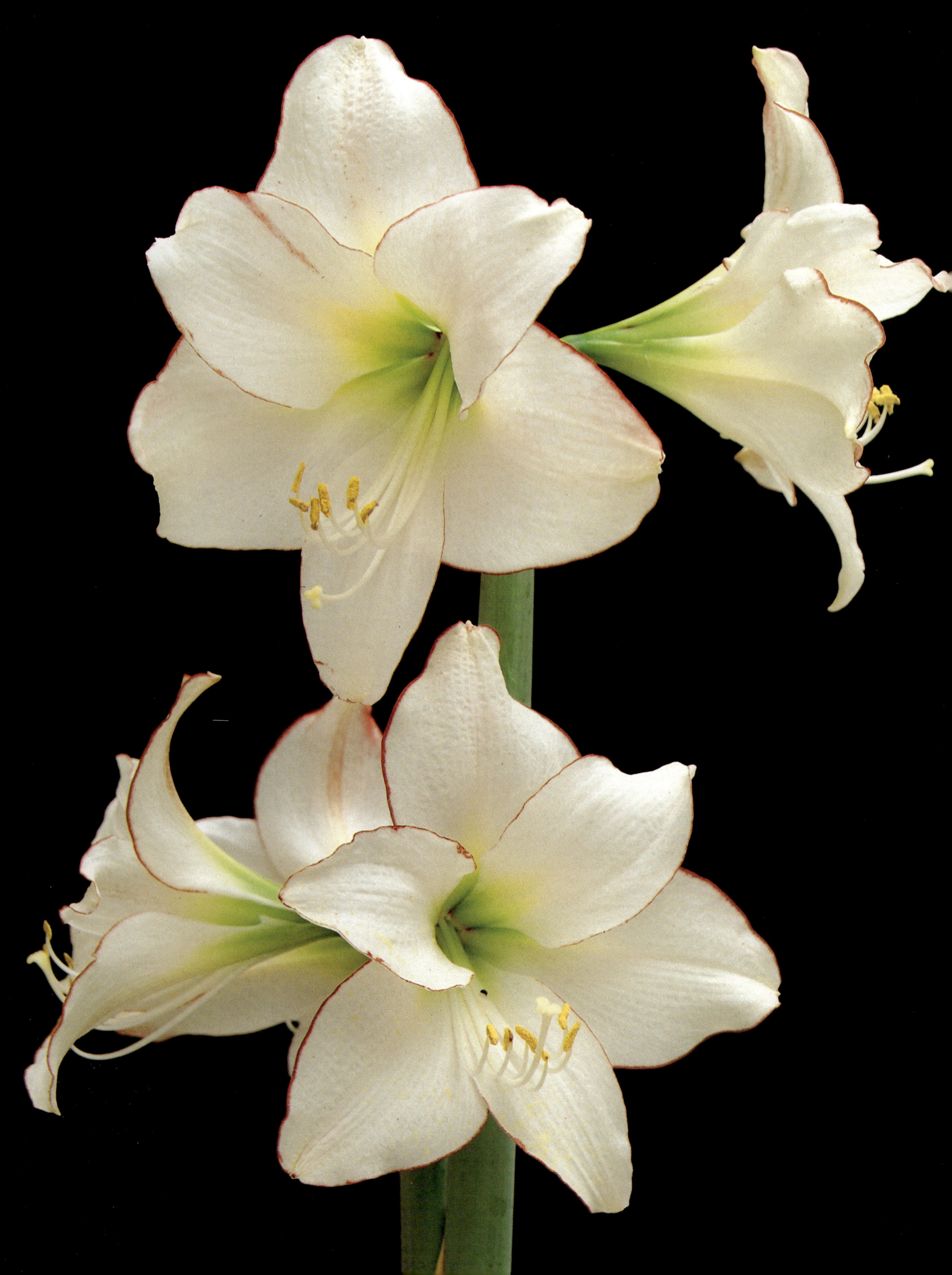

GEZÜCHTETE BLUMEN

✷

Bereits vor 5000 Jahren gelang es den Chinesen, aus wilden Rosen neue Varietäten zu züchten. In der Han-Dynastie erfreuten sich Rosengärten so großer Beliebtheit, daß es beinahe nicht mehr genügend Land für den Ackerbau gab. Der Kaiser mußte die Zerstörung einiger Parks befehlen und die Kultivierung dieser Blumen einschränken. In derselben Epoche hatten die Rosen der Ägypter eine „blühende Affäre" mit den Rosen der Römer.

Wie viele andere Blumen veränderte sich die Rose durch Selektion und Kreuzungen. Aus den fünf Blütenblättern der wilden Rosen wurden bei den modernen Hybriden mehr als hundert. Man erhielt aber nicht nur üppigere Blüten, sondern auch neue Formen und Farben. All diese Manipulationen fanden jedoch stets innerhalb derselben Gattungen statt, also Rosen mit Rosen, Lilien mit Lilien usw. Erst die Fortschritte in der Gentechnik erlaubten es, auch verschiedene Gattungen untereinander zu kreuzen. Die ersten Resultate erzielte man mit den Orchideen, die sich lange Zeit jeder Domestikation erfolgreich widersetzt hatten. Es gelangen aber auch Kreuzungen zwischen Vanda und Phalaenopsis, genannt Vandanopsis, oder die Züchtung von Hybriden aus Brassia, Laelia und Cattleya, die den zungenbrecherischen Namen Brassolaeliocattleya erhielten.

Die „Kreation" neuer Pflanzen wird aber nicht zuletzt auch durch die Wünsche der Pflanzenkäufer bestimmt. So gibt es jetzt zum Beispiel Lilien ohne Staubgefäße, weil der herabfallende Blütenstaub zuviel Schmutz verursachte. Plötzlich scheint alles möglich zu sein. Aber dem Menschen, der nun schon seit Tausenden von Jahren versucht, die Natur nach seinem Belieben zu verändern, gelingt es zum Glück nicht immer, wirklich schwarze Blumen, blaue Rosen oder rote Irisse zu erhalten.

Linke Seite: Amaryllis 'Picotée' *Hippeastrum* ×. Familie: Narzissengewächse.

Rechts: Rose *Rosa* ×. Familie: Rosengewächse.

1 Rose 'de Puteaux' *Rosa* ×. Familie: Rosengewächse. Diese Rose wurde im letzten Jahrhundert in der Gegend um Puteaux gezüchtet. **2** Rose 'Mermaid' *Rosa* ×. Familie: Rosengewächse. Gezüchtet im Jahr 1918. **3** Rose 'Veilchenblau' *Rosa* ×. Familie: Rosengewächse. 1909 entstanden. **4** Rose 'Parfum de L'Haÿ' *Rosa* ×. Familie: Rosengewächse. Gezüchtet 1901. **5** Rose 'Ghislaine de Féligonde' *Rosa* ×. Familie: Rosengewächse. Gezüchtet 1916. Diese Rose findet man heute nur noch in alten Gärten in Nordfrankreich. **6** Rose 'Honorine de Brabant' *Rosa* ×. Familie: Rosengewächse. Gezüchtet 1916. Dies ist eine der seltenen alten Rosen, die den ganzen Sommer lang blühen.

Rechte Seite: Rose 'Louise Odier' *Rosa* ×. Familie: Rosengewächse. Gezüchtet 1851. Die Blüten dieser Rose teilen sich mit denen der 'Reine Victoria' das Prädikat der „perfekten Rose".

Die aus den etwa 250 Wildrosenarten entstandenen Rosensorten, werden in zwei große Kategorien eingeteilt: die alten und die neuen Rosen. Erstere sind belaubte Ziersträucher und (fast alle) vor 1920 entstanden. Ihre Blütezeit ist sehr kurz (von Mai bis Juni), aber ihre Rosen verströmen einen unvergleichlichen Duft.

Nächste Doppelseite: Kartoffelrose *Rosa rugosa* ×. Familie: Rosengewächse.

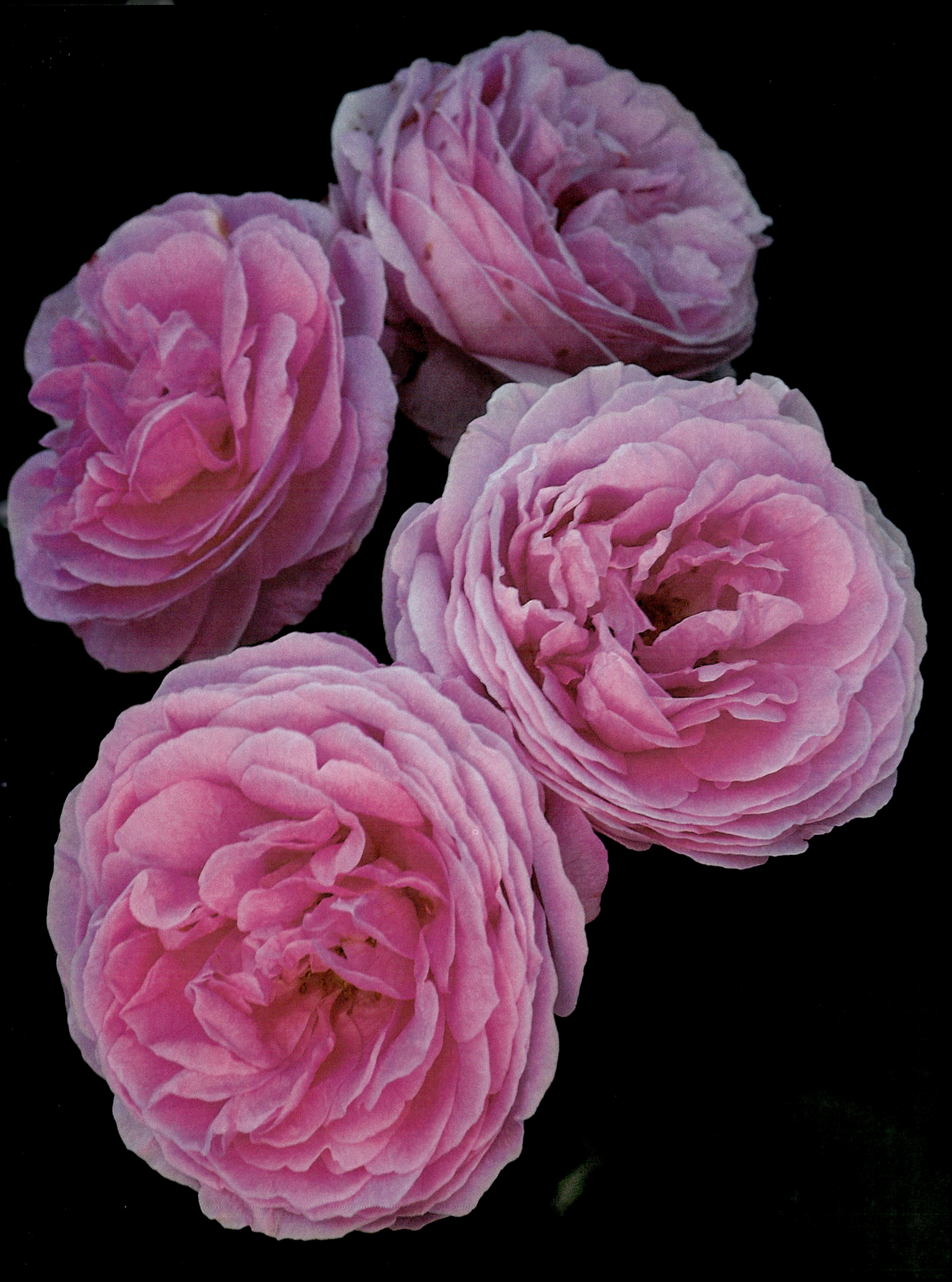

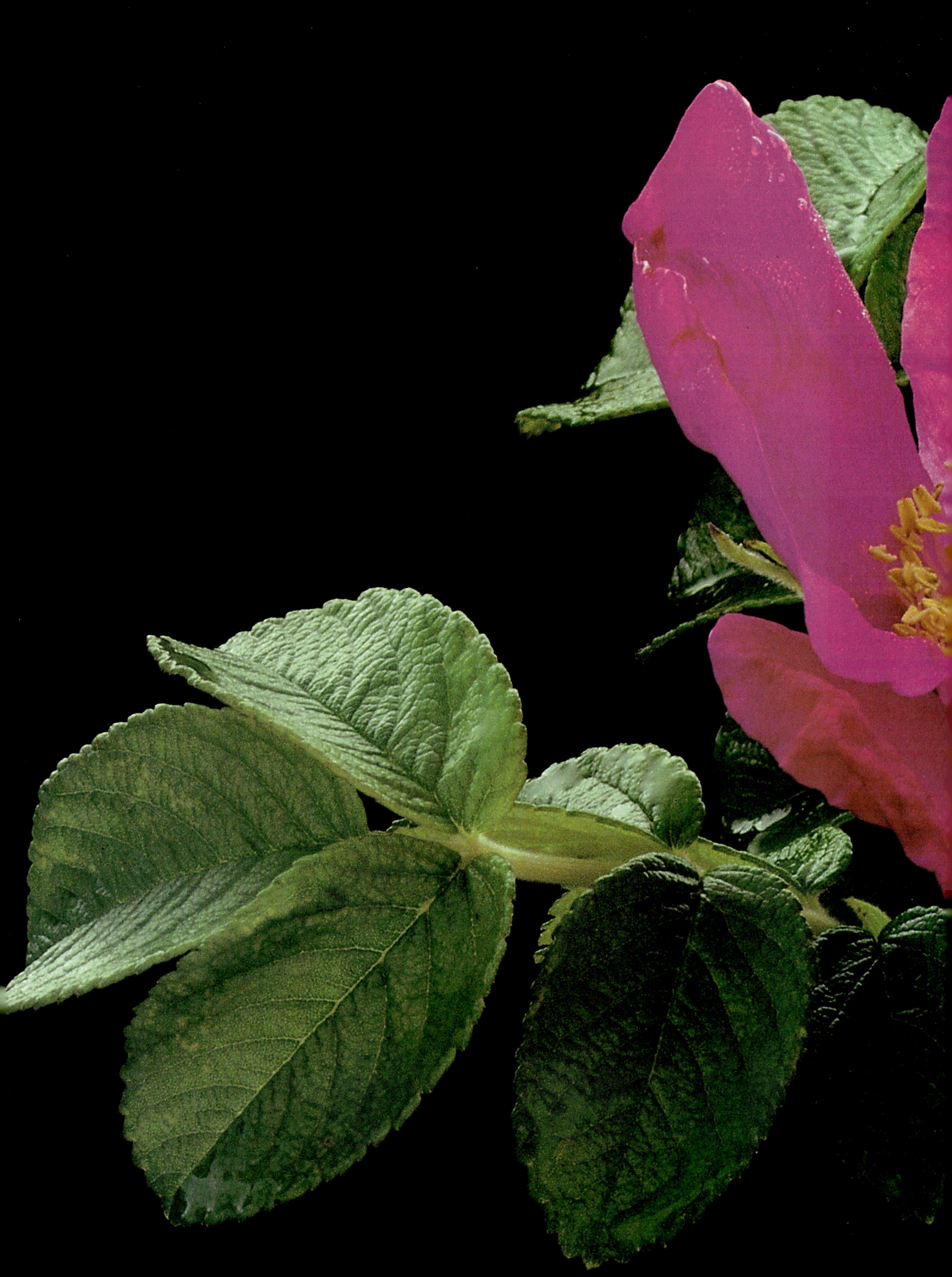

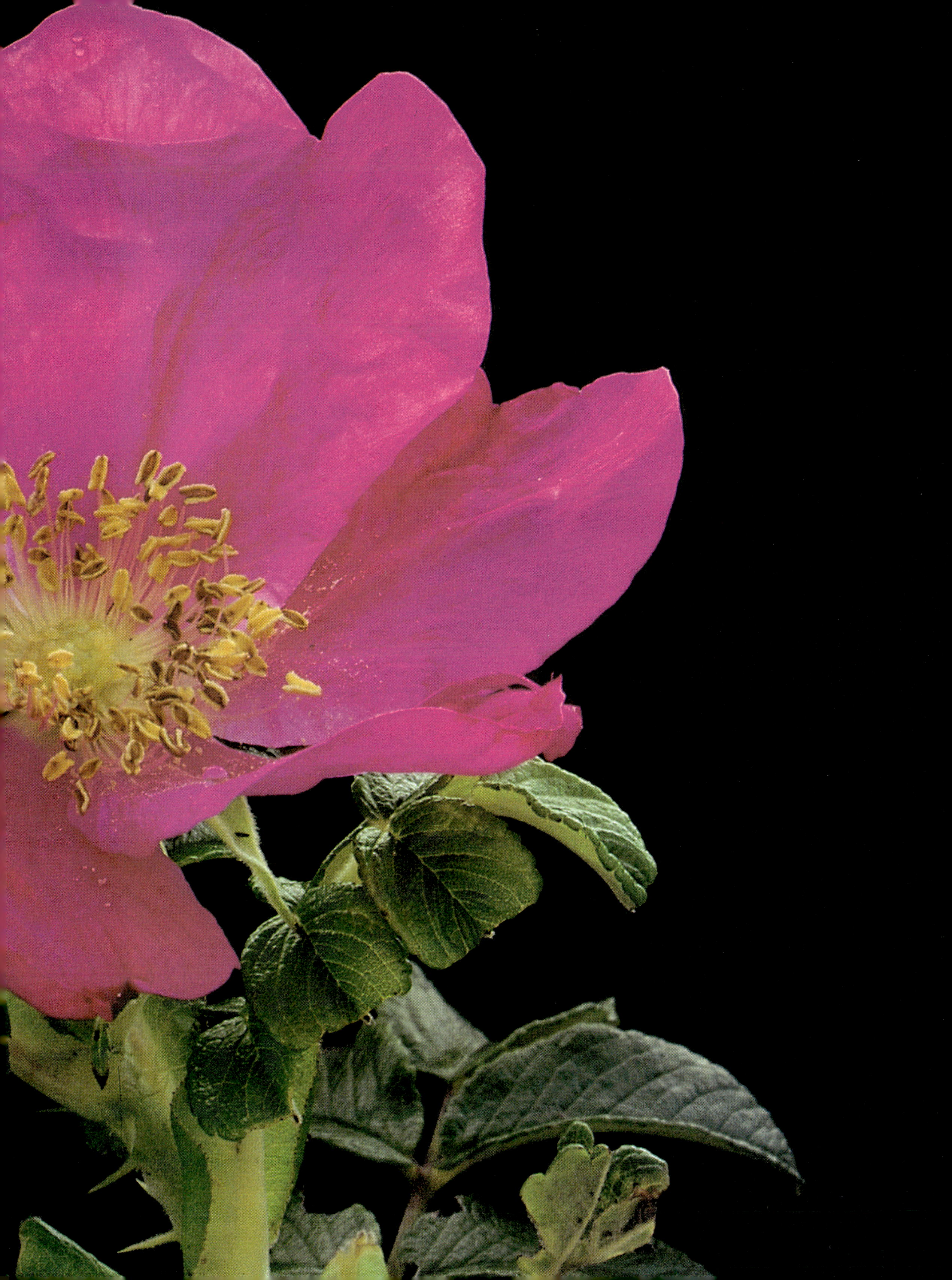

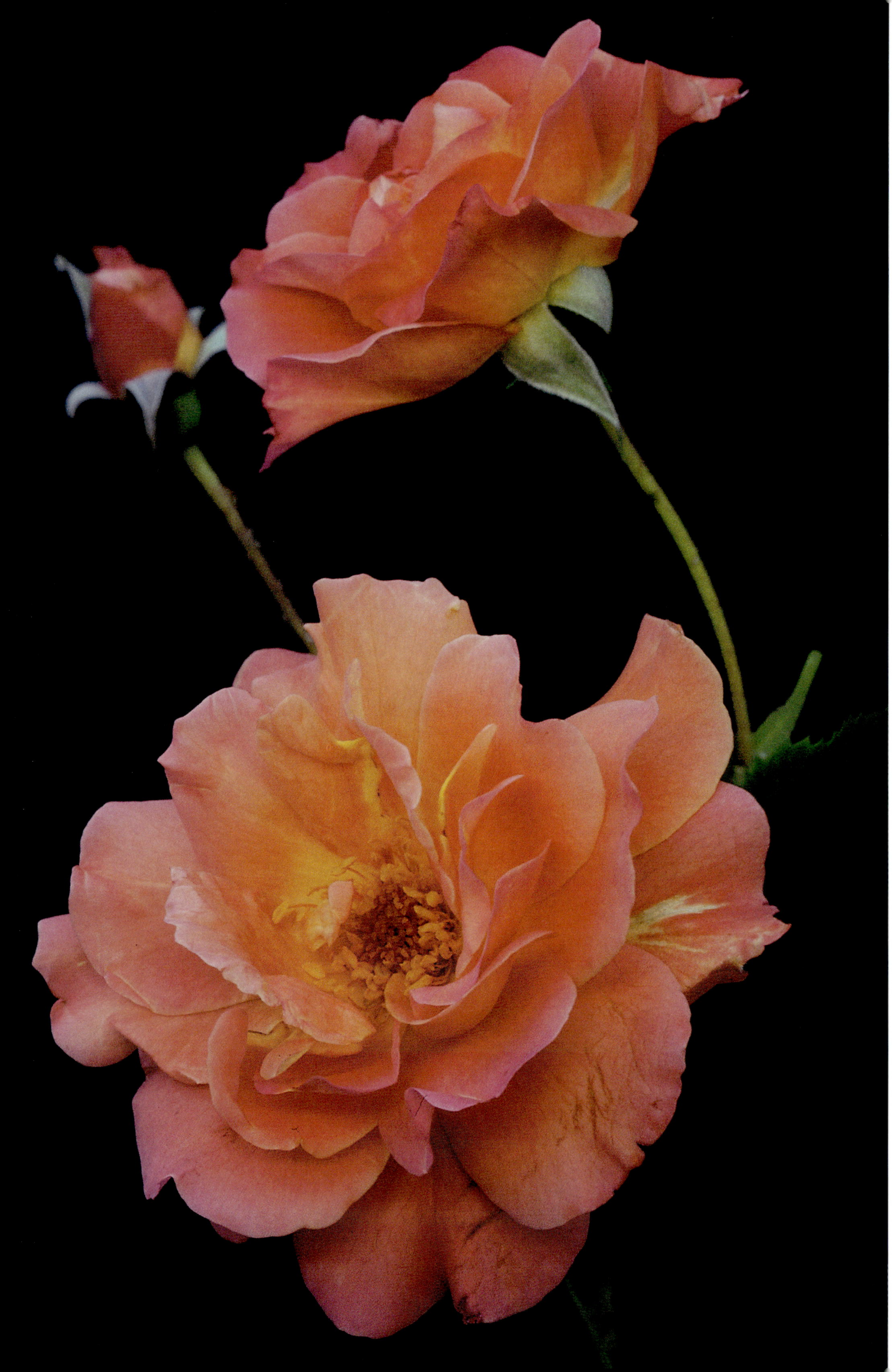

1 Rose 'Pierre de Ronsard' *Rosa* ×. Familie: Rosengewächse. Gezüchtet 1986. **2** Rose 'Handel' *Rosa* ×. Familie: Rosengewächse. Diese Kletterrose wurde 1965 von McGredy gezüchtet. **3** Rose 'Souvenir du Dr Jamain' *Rosa* ×. Familie: Rosengewächse. Diese vor 1920 entstandene Rose wird häufig zu den neuen Rosen gezählt. **4** Rose 'Golden wing' *Rosa* ×. Familie: Rosengewächse. Fast ununterbrochen blühende Rose von 1956 mit äußerst wohlriechenden Blüten, was bei den neuen Rosen eher selten vorkommt. **5** Rose 'Queen Elizabeth' *Rosa* ×. Familie: Rosengewächse. Diese wohl berühmteste Floribunda-Rose stammt aus dem Jahr 1955. **6** Rose 'Hannah Gordon' *Rosa* ×. Familie: Rosengewächse. Floribunda-Rose aus dem Jahr 1983.

Linke Seite: Rose 'Westerland' *Rosa* ×. Familie: Rosengewächse. Floribunda-Rose von 1969.

Nach dem Zweiten Weltkrieg nahm die Begeisterung für Rosen wieder zu. Die modernen Arten der Teehybriden besitzen große Blüten, die häufig gelb sind, aber auch in anderen Farben erscheinen können. Zudem wurde die Auswahl an mehrmals blühenden Hybriden stark erweitert. Heute blühen die neuen Rosen meistens von Mai bis Oktober.

1 Iris 'Gay Parasol' *Iris* ×. Familie: Schwertliliengewächse. **2** Iris 'Temple Gold' *Iris* ×. Familie: Schwertliliengewächse.
3 Iris 'Marilyn Holloway' *Iris* ×. Familie: Schwertliliengewächse. **4** *Iris xiphium* ×. Familie: Schwertliliengewächse.
5 Iris 'Aril Lady' *Iris* ×. Familie: Schwertliliengewächse. **6** Iris 'Speckless' *Iris* ×. Familie: Schwertliliengewächse..

Rechte Seite: Iris 'Storm Center' (weiblich) *Iris* × + Iris 'Victoria Falls' (männlich) *Iris* × = Iris 'Duranus' *Iris* ×.
Familie: Schwertliliengewächse.

Die Gattung *Iris* oder Schwertlilie umfaßt mehr als 300 Arten, die durch Rhizome, Zwiebeln oder fleischige Wurzeln gekennzeichnet sind. Aus diesen Arten wiederum sind unzählige Varietäten entstanden. Die schönsten Ergebnisse findet man in Nordamerika und in Frankreich. Pierre Anfosso, der in Hyères, Frankreich, lebt, ist einer der bekanntesten Iris-Züchter. Zwischen dem Moment, wo der Pollen einer Blüte auf die Narbe einer anderen aufgetragen wird und dem Zeitpunkt der Vermarktung einer neuen Hybride können acht bis zehn Jahre vergehen. Von 1000 Kreuzungsversuchen sind nur drei bis vier die Aufnahme in einen Katalog wert.

Nächste Doppelseite: Garteniris *Iris* ×. Familie: Schwertliliengewächse.

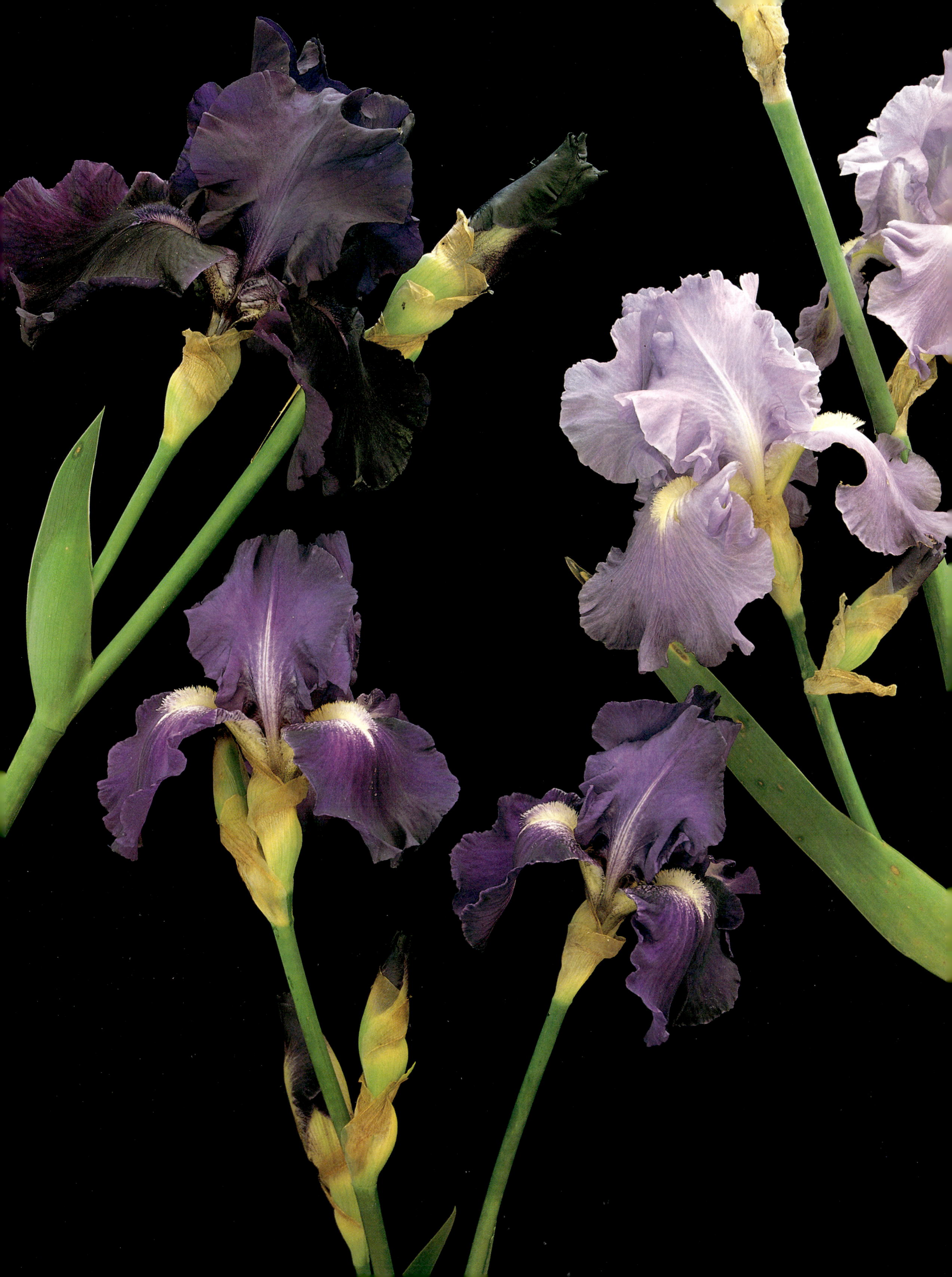

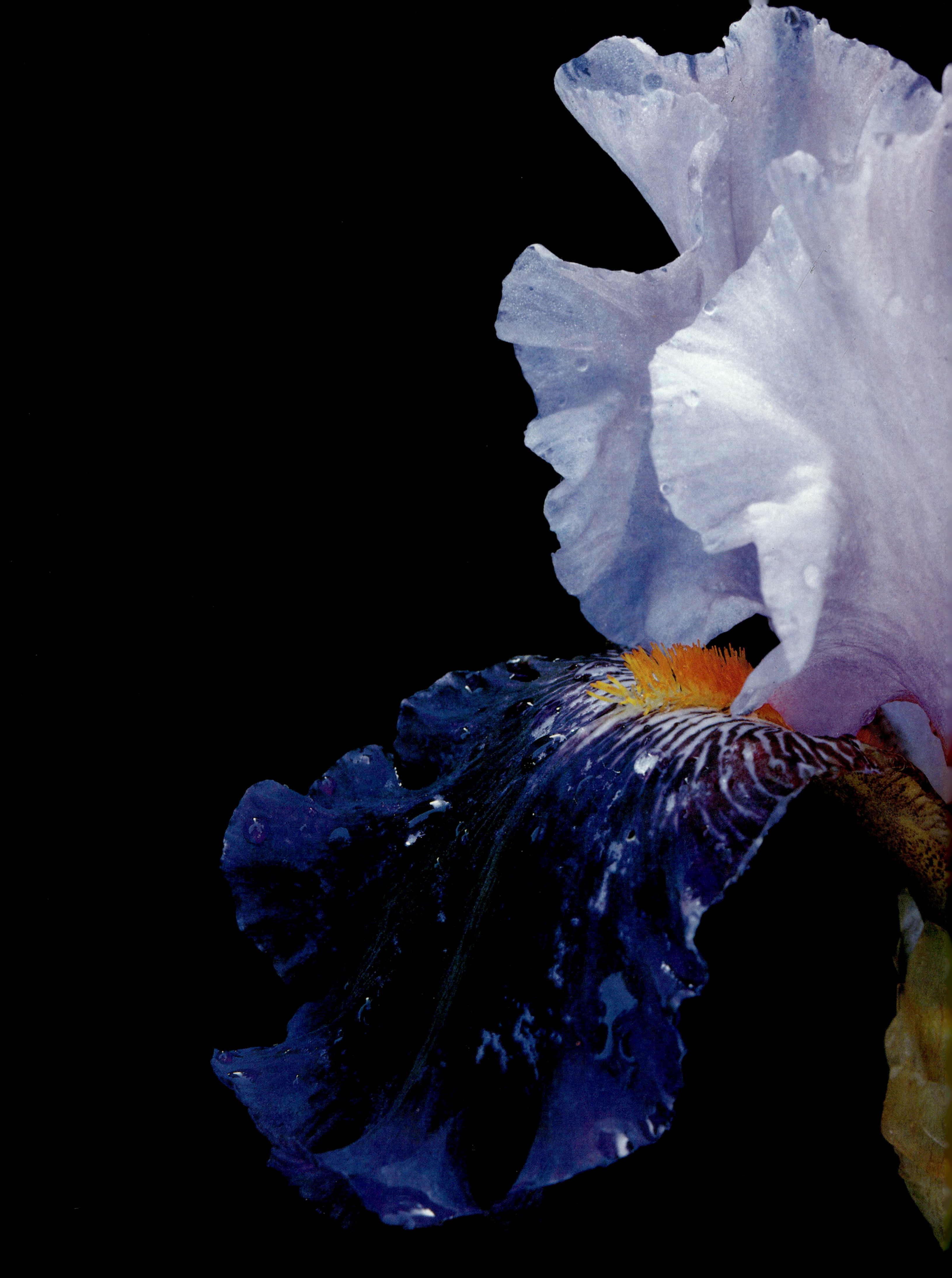

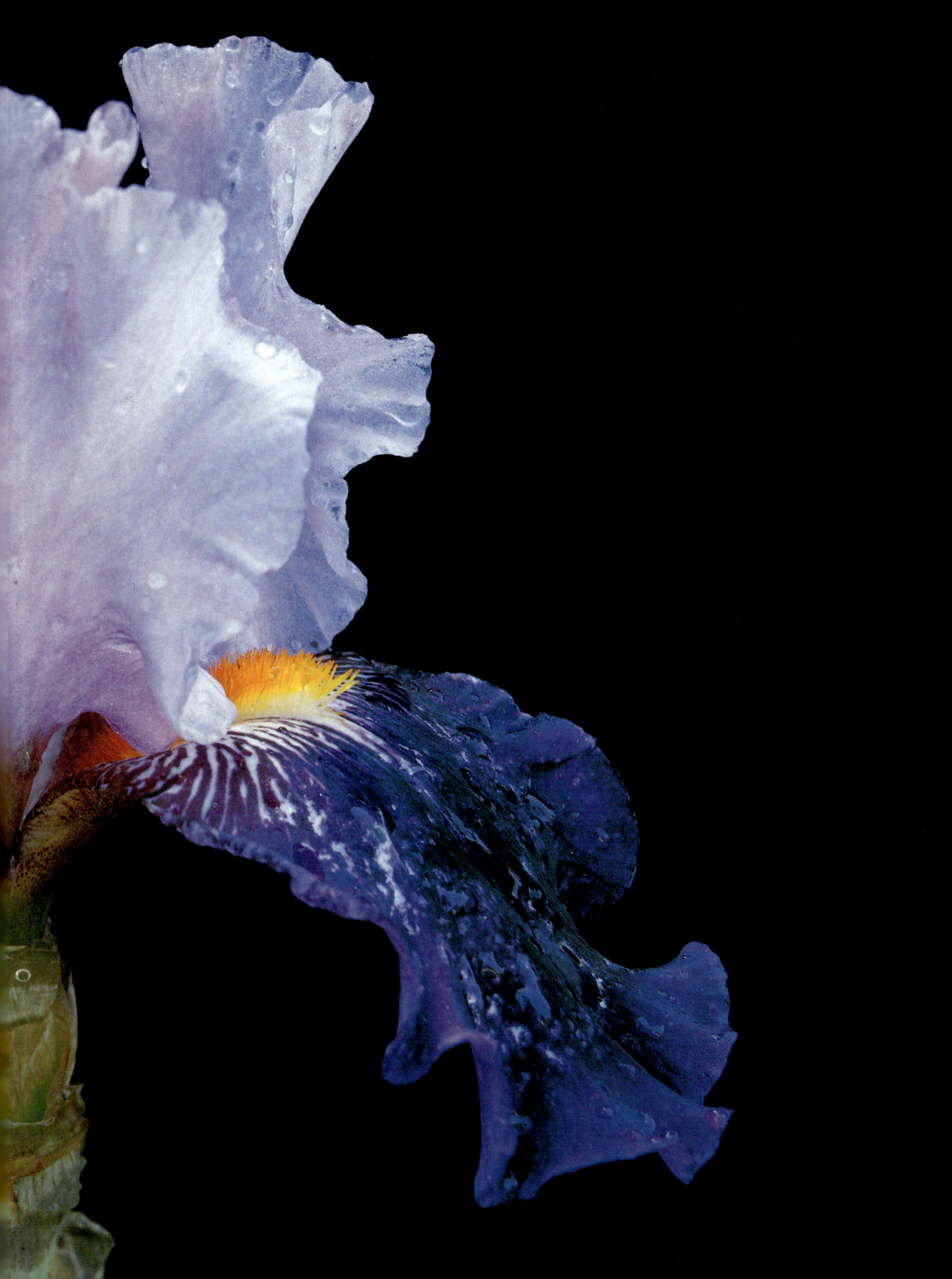

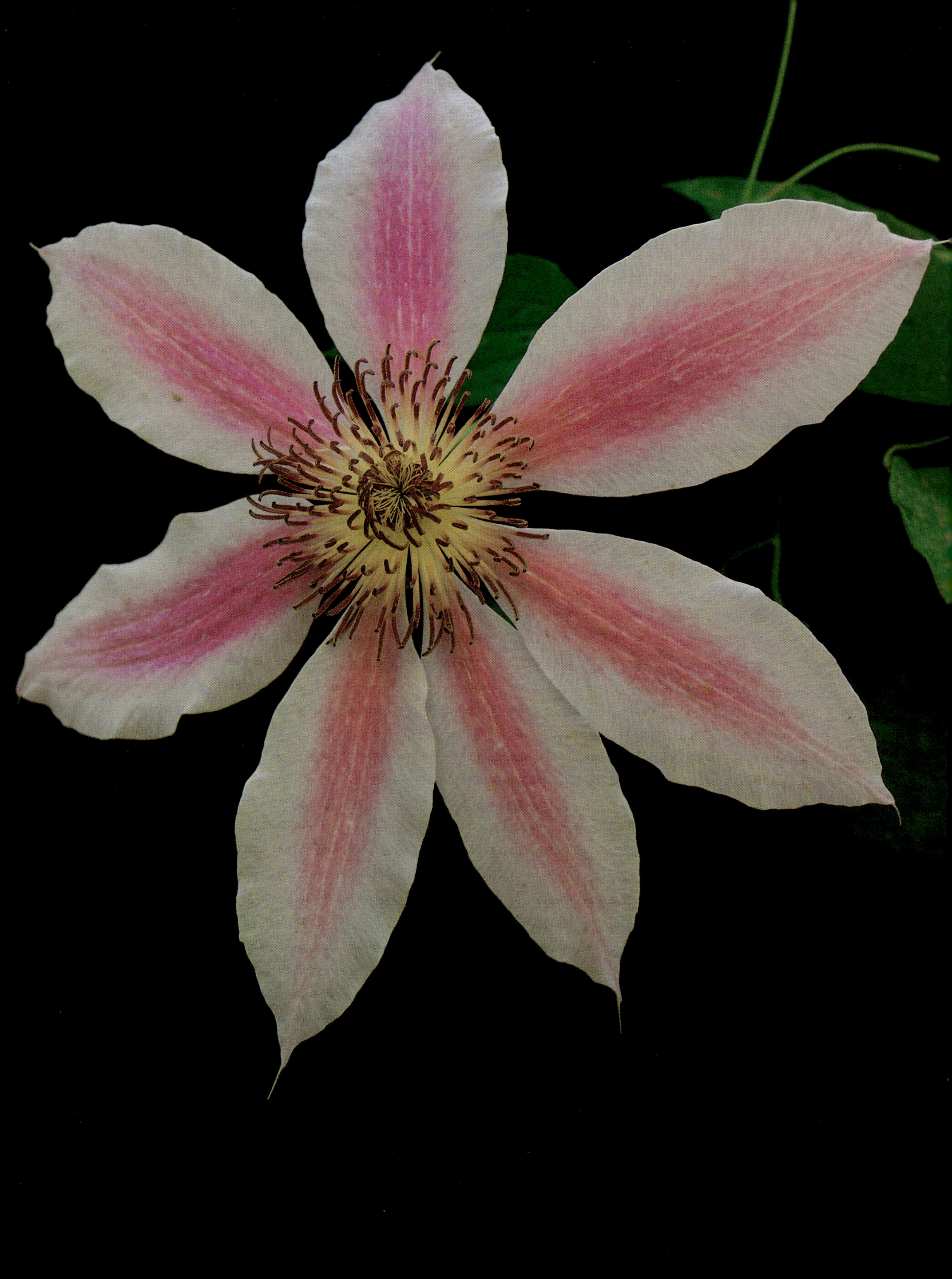

1 Clematis 'Ville de Lyon' *Clematis* ×. Familie: Hahnenfußgewächse. Diese Hybride der *Clematis viticella* wurde 1899 von Francisque Morel, einem Gärtner aus Lyon, geschaffen. **2** Clematis 'Rouge Cardinal' *Clematis* ×. Familie: Hahnenfußgewächse. **3** Clematis 'Jackmanii' *Clematis* ×. Familie: Hahnenfußgewächse. Gezüchtet im Jahr 1860 von Jackmann wurde diese Hybride Basis für zahlreiche Varietäten in pink oder rosa. **4** Bergclematis *Clematis montana* ×. Familie: Hahnenfußgewächse. Aus dieser Wildart, die im Himalaya wächst, entstanden viele weiße oder lilablaue Varietäten.

Linke Seite: Clematis 'Nelly Moser' *Clematis* ×. Familie: Hahnenfußgewächse. Diese Clematis wurde 1898 von Moser in Versailles gezüchtet und ist das Ergebnis einer Kreuzung von *Clematis lanuginosa* und *Clematis patens*.

Die Blüten der Gemeinen Waldrebe (Seite 42) sind viel zu klein, um dekorativ zu wirken. Die Entdeckung von Waldreben, die aus China, Portugal, dem Kaukasus, dem Iran und aus Nordamerika stammen, gefolgt von der Hybridzüchtung dieser Arten, verschaffte der Clematis jedoch auch den Einzug in unsere Gärten.

1 Knollenbegonie *Begonia tuberhybrida*. Familie: Begoniengewächse. **2** *Begonia fimbriata*. Familie: Begoniengewächse. **3** *Begonia pendulata*. Familie: Begoniengewächse. **4** Knollenbegonie 'Gloire de Lorraine' *Begonia tuberhybrida*. Familie: Begoniengewächse. **5** *Begonia crispa marginata*. Familie: Begoniengewächse. **6** Knollenbegonie *Begonia tuberhybrida*. Familie: Begoniengewächse.

Rechte Seite: Knollenbegonie mit kamelienähnlichen Blüten *Begonia tuberhybrida*. Familie: Begoniengewächse.

1687 beauftragte Ludwig XIV. Michel Bégon einen Naturforscher ausfindig zu machen, der nach Amerika reisen und dort neue Pflanzen für die Medizin entdecken sollte. Bégons Wahl fiel auf den Franziskanermönch Charles Plumier. Während der zweijährigen Reise sammelte Plumier Hunderte von unbekannten Arten. In einem Wald auf Santo Domingo fand er eine Pflanze mit asymmetrischen Blättern und nannte sie *Begonia* – der Ehefrau seines Wohltäters zu Ehren, in die er unsterblich (aber heimlich) verliebt war. 1856 wurde in Assam die Königs-Begonie (*Begonia rex*) entdeckt und schließlich in den Hochländern von Bolivien und Peru die Knollenbegonien. Die Gärtner kreuzten all die neuen Arten miteinander und so gibt es heute Tausende von Varietäten.

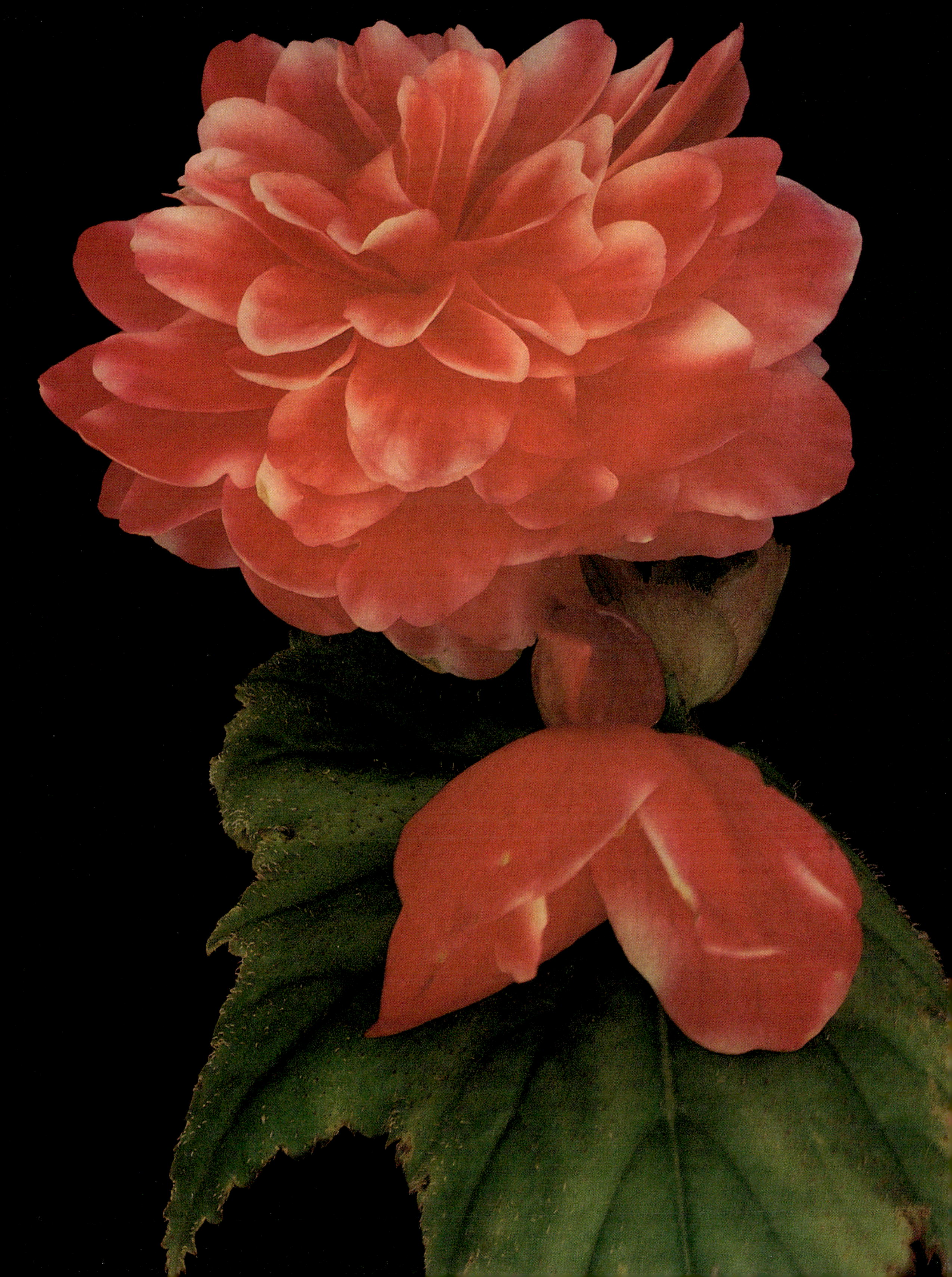

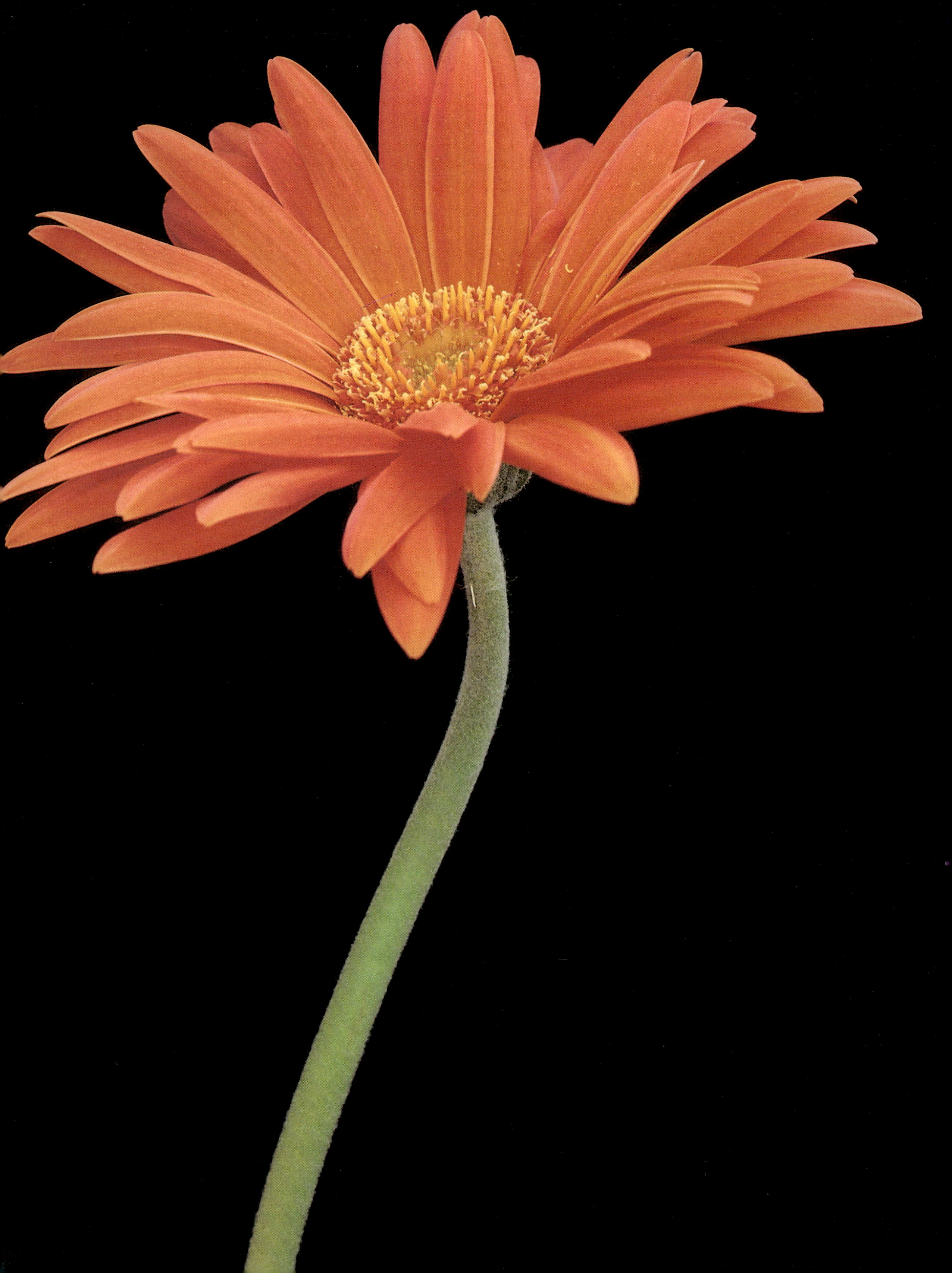

1 Mädchenauge *Coreopsis grandiflora*. Familie: Korbblütler. **2** Schmuckkörbchen *Cosmos bipinnatus*. Familie: Korbblütler. **3** *Dimorphotheca aurantiaca*. Familie: Korbblütler. **4** Gerbera *Gerbera jamesonii*. Familie: Korbblütler. **5** Schmuckkörbchen *Cosmos bipinnatus*. Familie: Korbblütler. **6** Schmuckkörbchen *Cosmos bipinnatus*. Familie: Korbblütler.

Linke Seite: Gerbera *Gerbera jamesonii*. Familie: Korbblütler.

1 Mohn *Papaver orientale* ×. Familie: Mohngewächse. **2** Gerbera *Gerbera* ×. Familie: Korbblütler. **3** Asiatischer Hahnenfuß *Ranunculus asiaticus*. Familie: Hahnenfußgewächse. **4** Anémone de Caen *Anemone* ×. Familie: Hahnenfußgewächse. **5** Asiatischer Hahnenfuß *Ranunculus asiaticus*. Familie: Hahnenfußgewächse. **6** Dahlie *Dahlia* ×. Familie: Korbblütler.

Die Dahlien stammen ursprünglich aus Mexiko und Mittelamerika und wurden bei uns zunächst wegen ihrer eßbaren Wurzeln eingeführt. Die Knollen schmeckten aber so scharf, daß die Dahlie schnell wieder verschwunden wäre, wenn sich die Gärtner nicht von ihren herrlichen feuerroten Blüten so angetan gezeigt hätten. Heute sind die wilden Arten von Hybriden verdrängt worden, die in allen möglichen Farben (außer Blau) schwelgen.

Rechte Seite: Mohn 'Exotica' *Papaver orientale* ×. Familie: Mohngewächse.

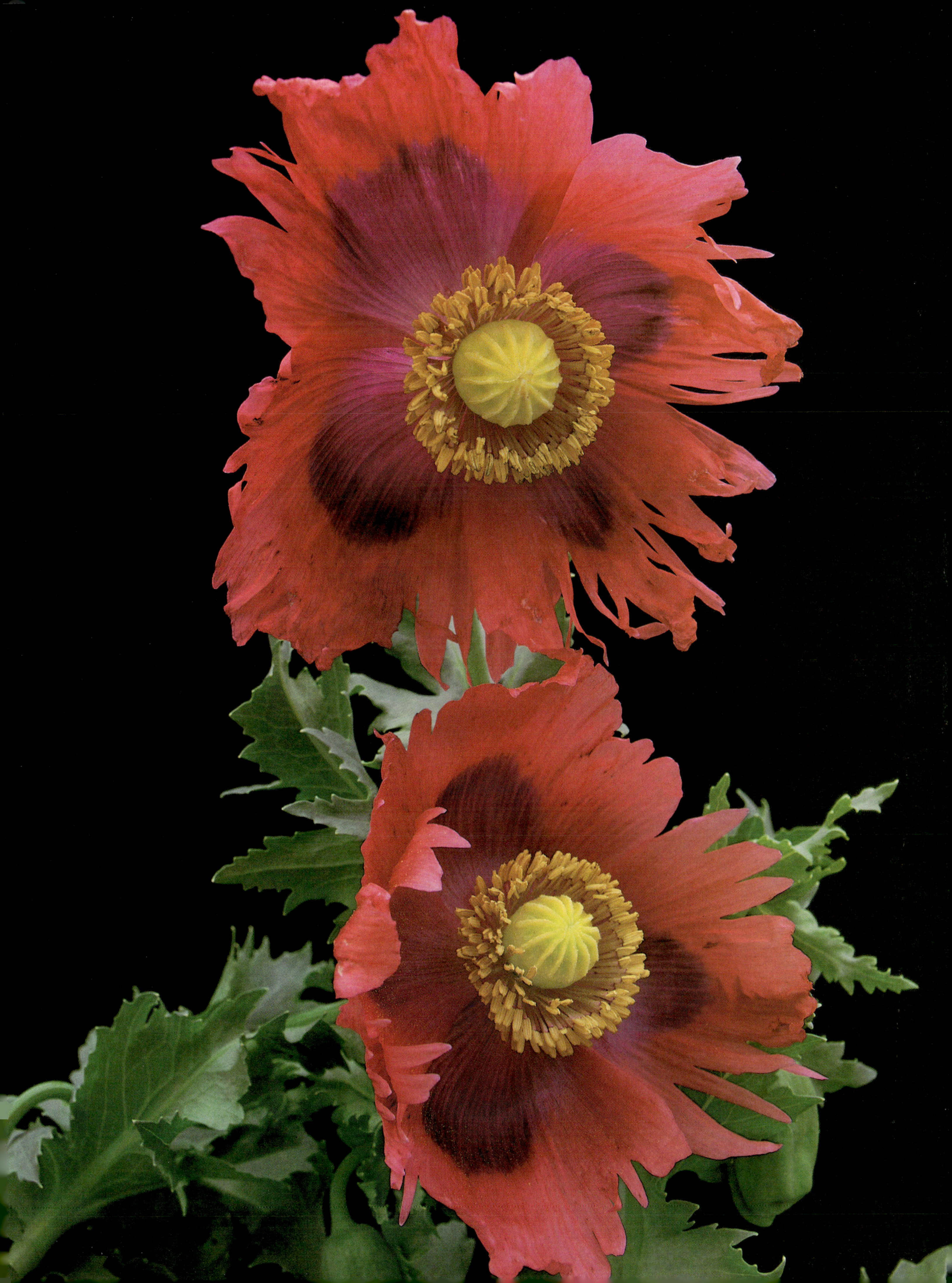

1 Darwin-Tulpe *Tulipa* ×. Familie: Liliengewächse. **2** Lilien-Tulpe *Tulipa* ×. Familie: Liliengewächse. **3** Papageien-Tulpe *Tulipa* ×. Familie: Liliengewächse. **4** Papageien-Tulpe *Tulipa* ×. Familie: Liliengewächse. **5** Rembrandt-Tulpe *Tulipa* ×. Familie: Liliengewächse. **6** Tulpe *Tulipa* ×. Familie: Liliengewächse.

Rechte Seite: Tulpe 'Rembrandt' *Tulipa* ×. Familie: Liliengewächse.

Die Tulpen waren Anlaß zu einer Krise, die Westeuropa Anfang des 17. Jahrhunderts erschütterte. Die Liebe zu den Tulpen war nämlich eine richtige Manie geworden, seit der österreichische Kaiser Ferdinand I. ein paar Tulpenzwiebeln in seinen Garten pflanzen ließ, die ihm einer seiner Diplomaten aus Konstantinopel mitgebracht hatte. Die kaiserlichen Tulpen wurden jedoch gestohlen und gelangten nach Holland. Bald darauf wollte jedermann Tulpen züchten, ja, es wurde sogar mit ihnen spekuliert. So wird berichtet, daß für eine einzige Zwiebel der Sorte 'Semper Augustus' 13 000 Gulden bezahlt wurden. 1637 schob die Regierung dem Tulpengeschäft jedoch einen Riegel vor, die Gärtner begannen Tulpen in großen Mengen zu züchten und der Markt beruhigte sich.

Nächste Doppelseite: *Crinum* ×. Familie: Narzissengewächse.

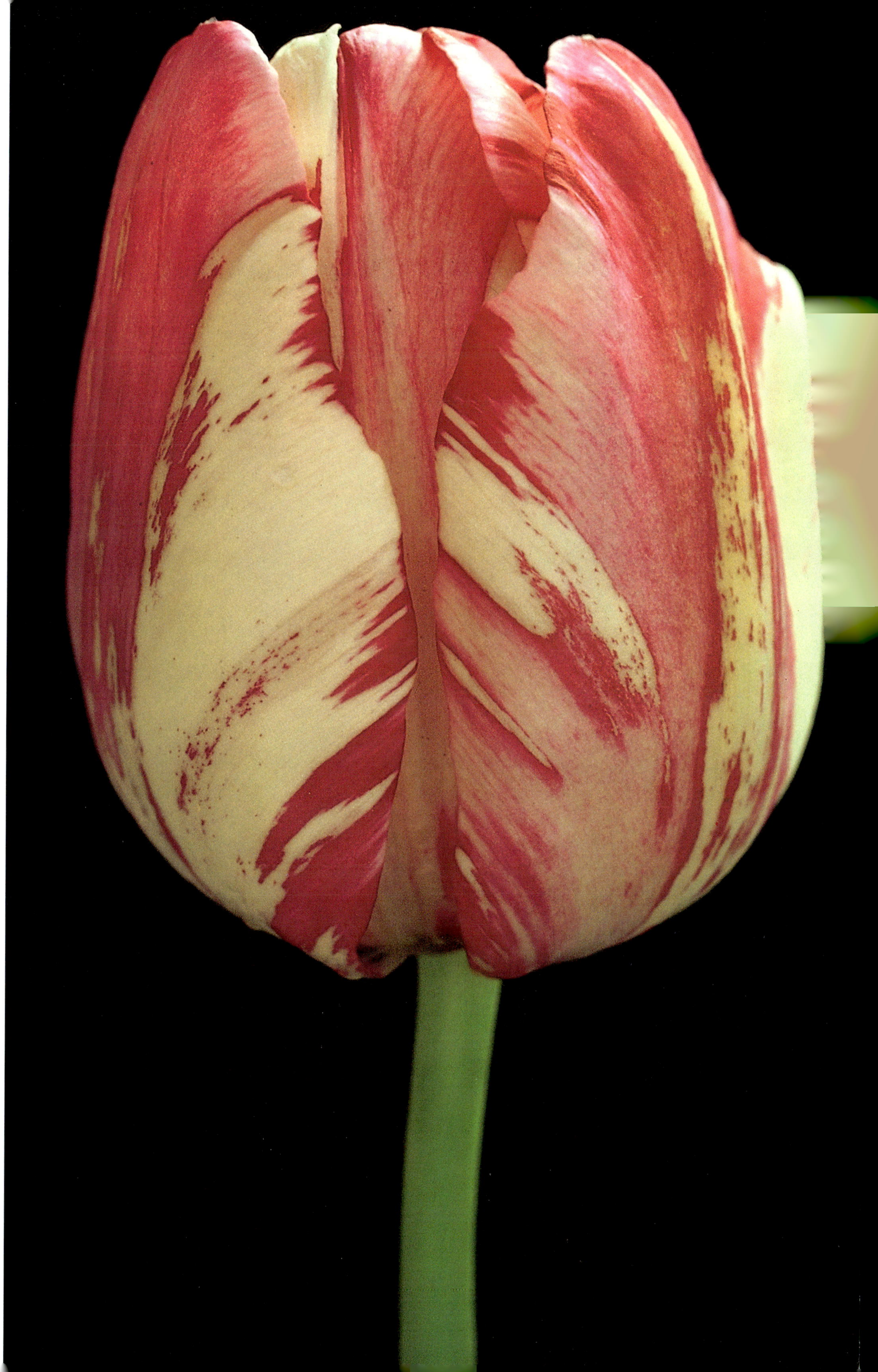

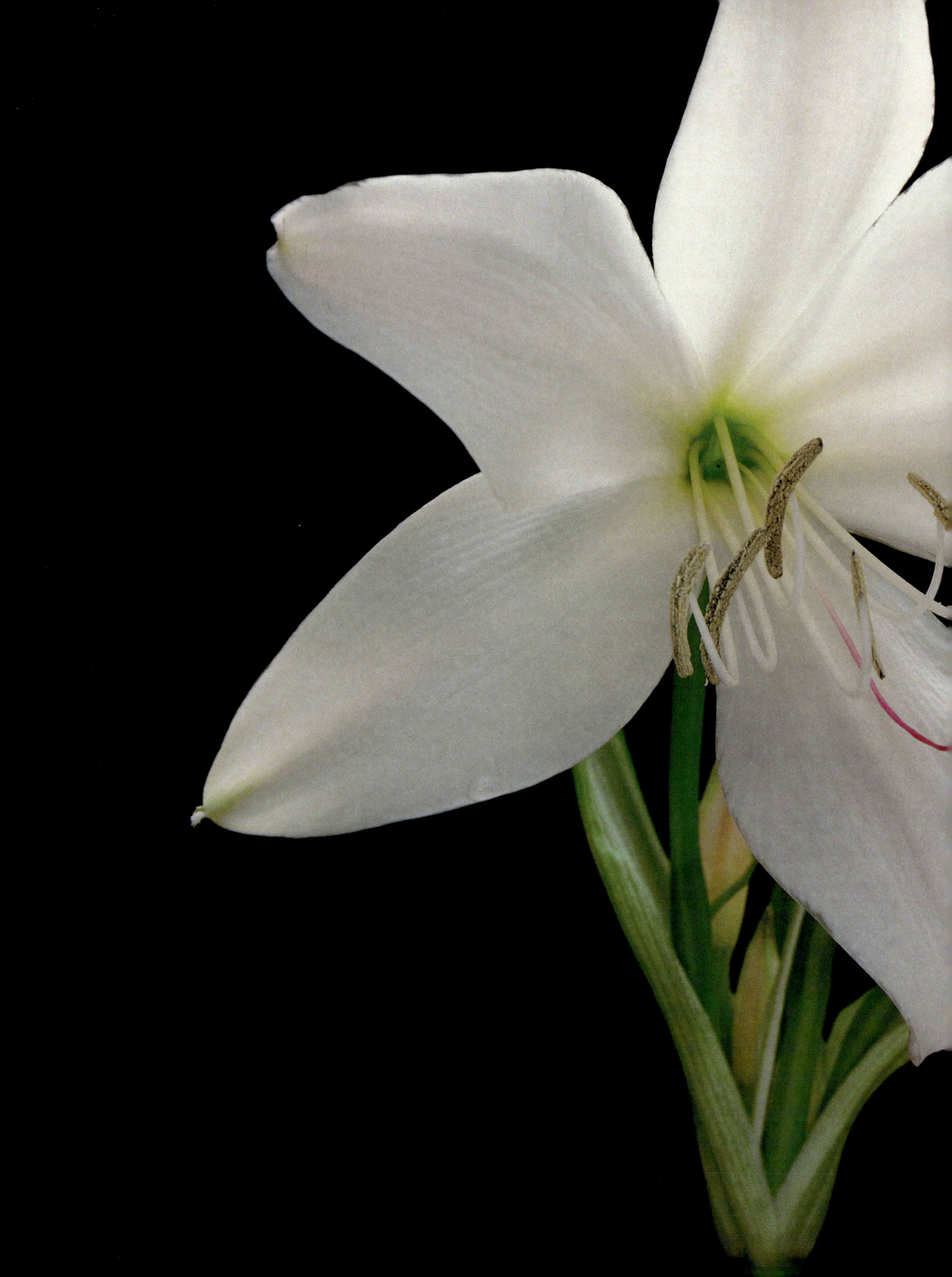

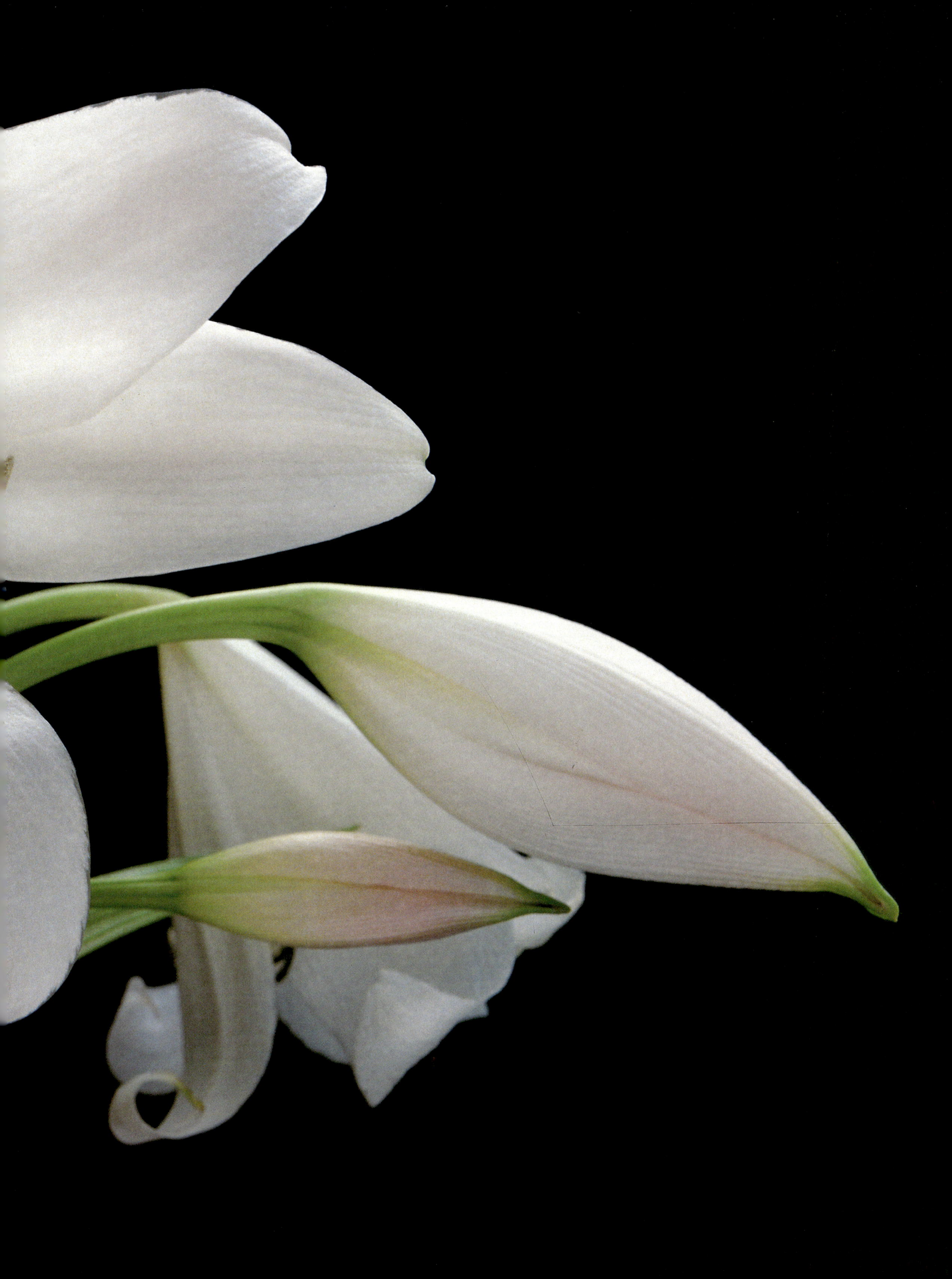

1 Fuchsie *Fuchsia* ×. Familie: Nachtkerzengewächse. **2** Lupine *Lupinus polyphyllus*. Familie: Schmetterlingsblütler. **3** Gladiole *Gladiolus* ×. Familie: Schwertliliengewächse. **4** Hyazinthe *Hyacinthus orientalis*. Familie: Liliengewächse. **5** Fingerhut *Digitalis* ×. Familie: Rachenblütler. **6** Chrysantheme mit einfachen Blüten *Chrysanthemum* ×. Familie: Korbblütler.

Seit über 2000 Jahren werden in China Chrysanthemen gezüchtet. Aus etwa 200 wildwachsenden Arten haben die Gärtner mehrere tausend Hybriden in allen Farben und Formen geschaffen. In Europa ist die Chrysantheme besonders zu Allerheiligen als Grabschmuck gefragt, nicht zuletzt, weil sie sehr spät blüht. In China und Korea wird sie dagegen hauptsächlich bei Taufen und Hochzeiten als Blumenschmuck verwendet.

Rechte Seite: Gladiole *Gladiolus* ×. Familie: Schwertliliengewächse.

Nächste Doppelseite: Petunie *Petunia* ×. Familie: Nachtschattengewächse.

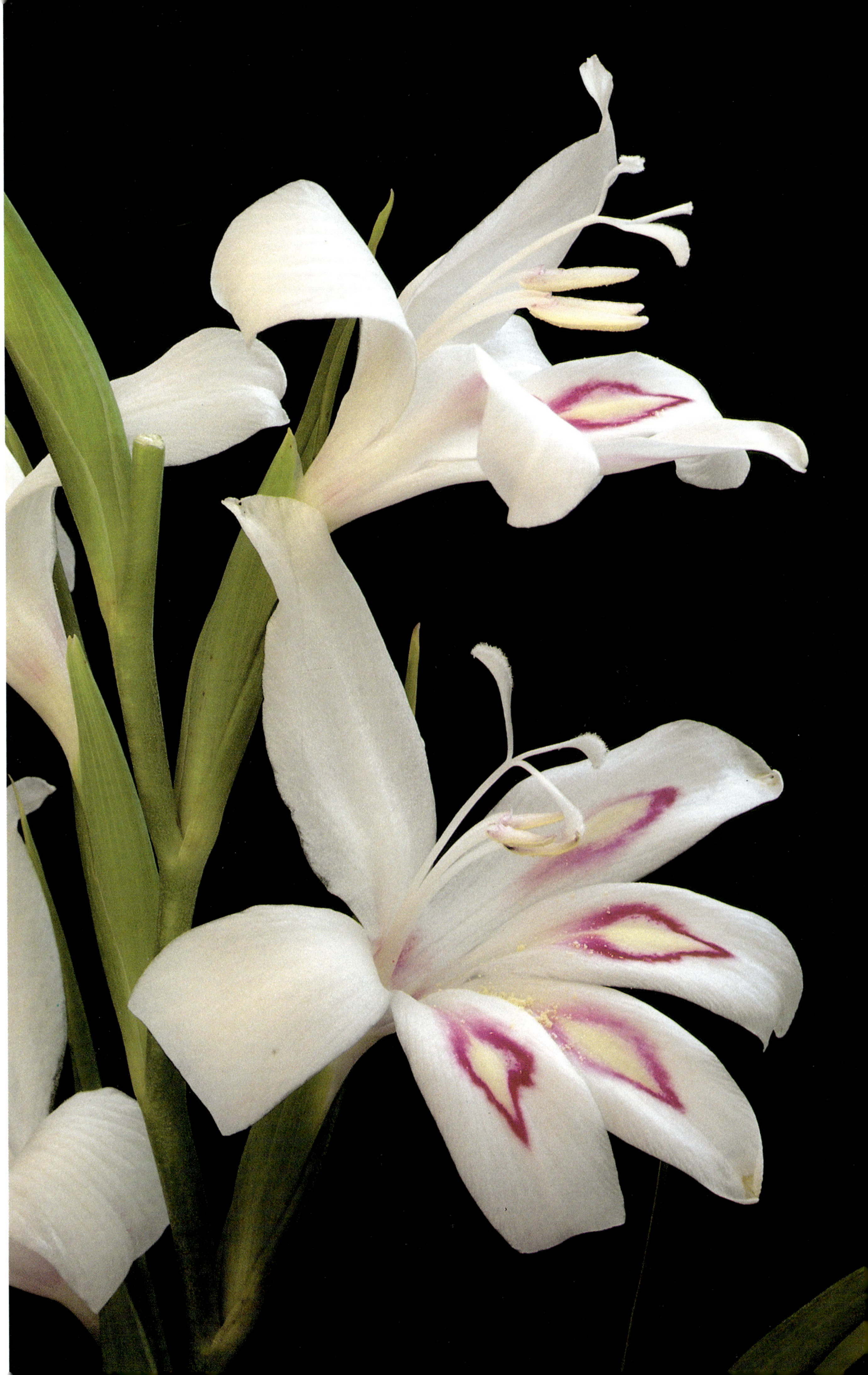

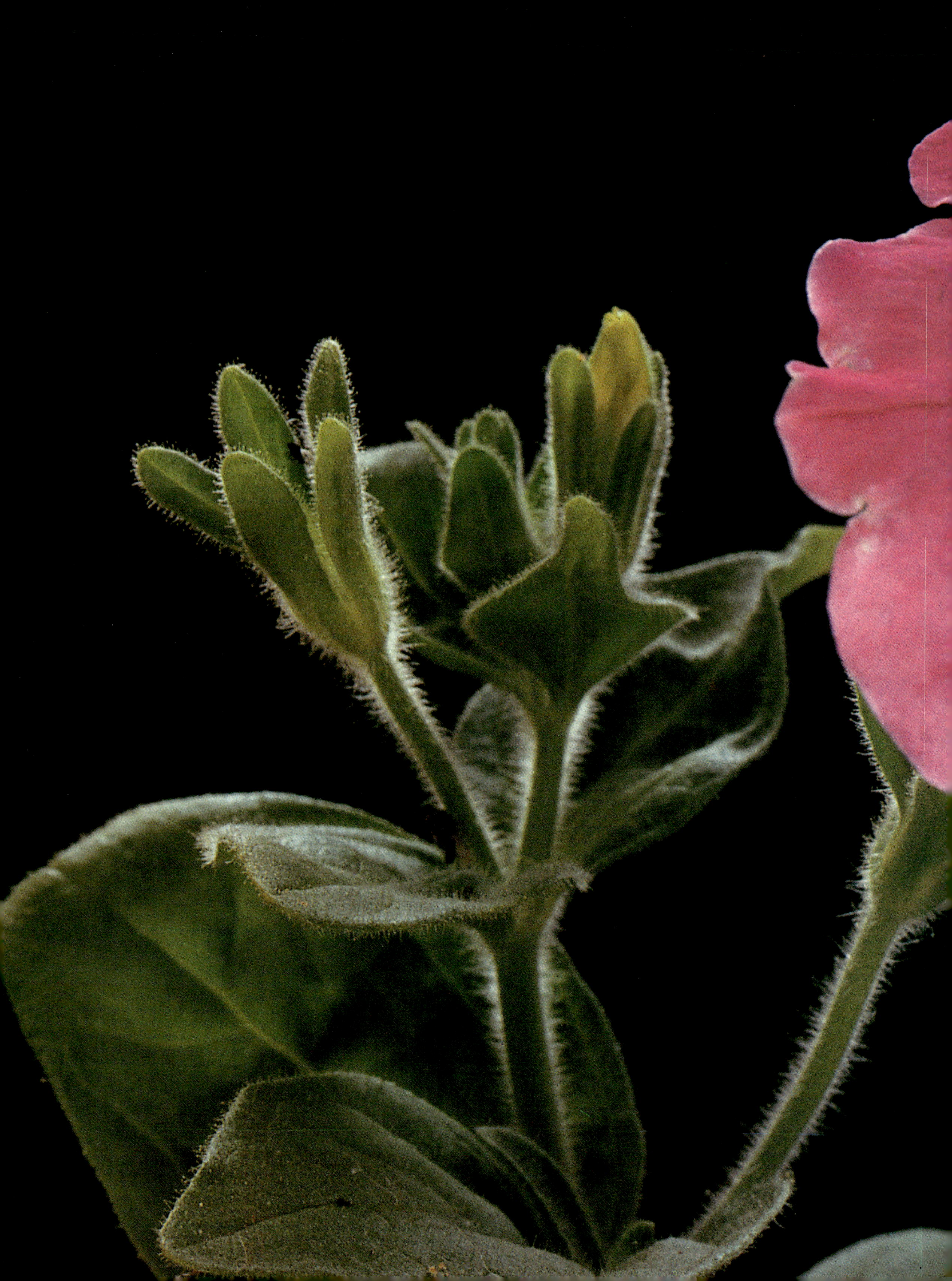

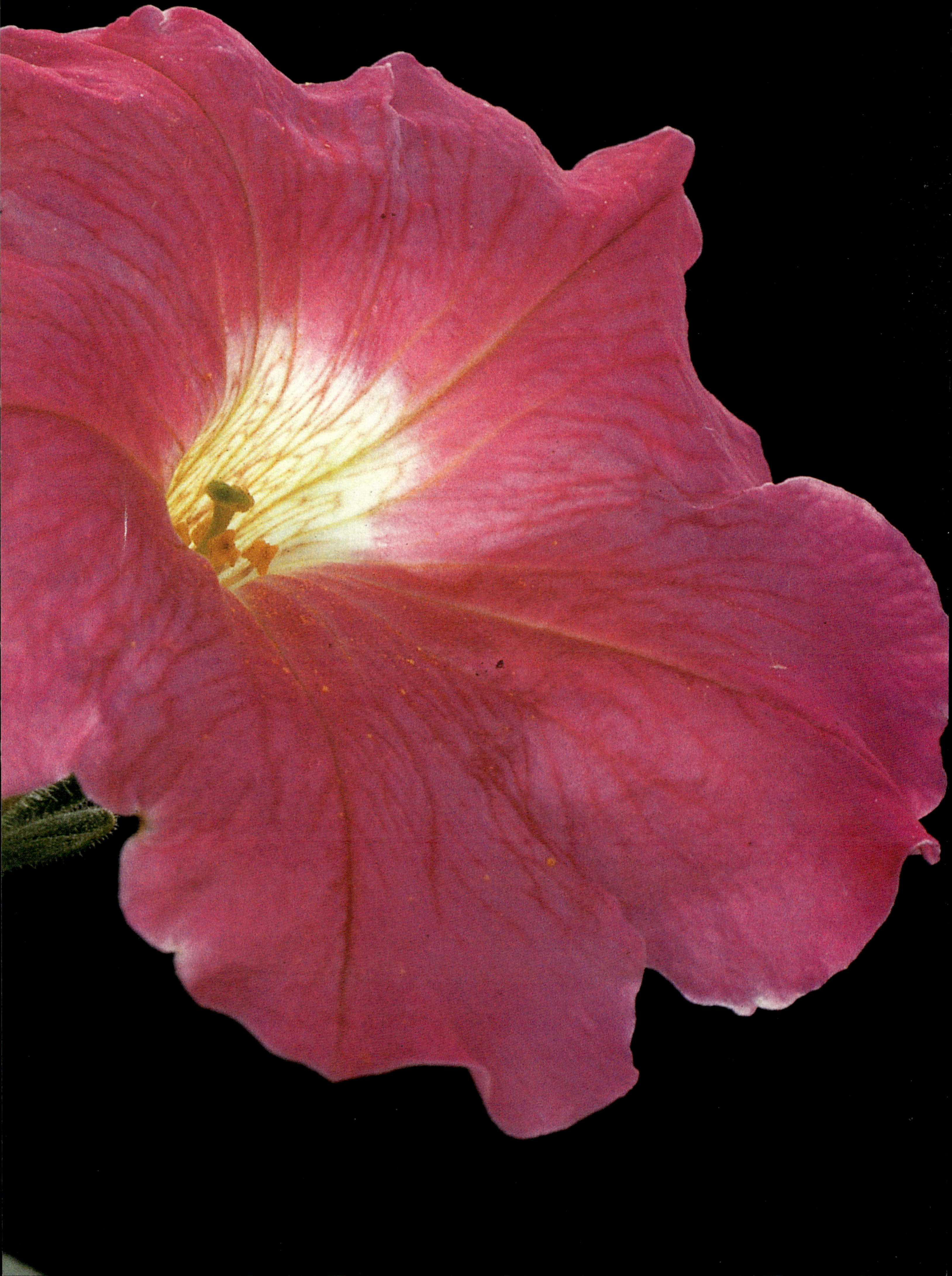

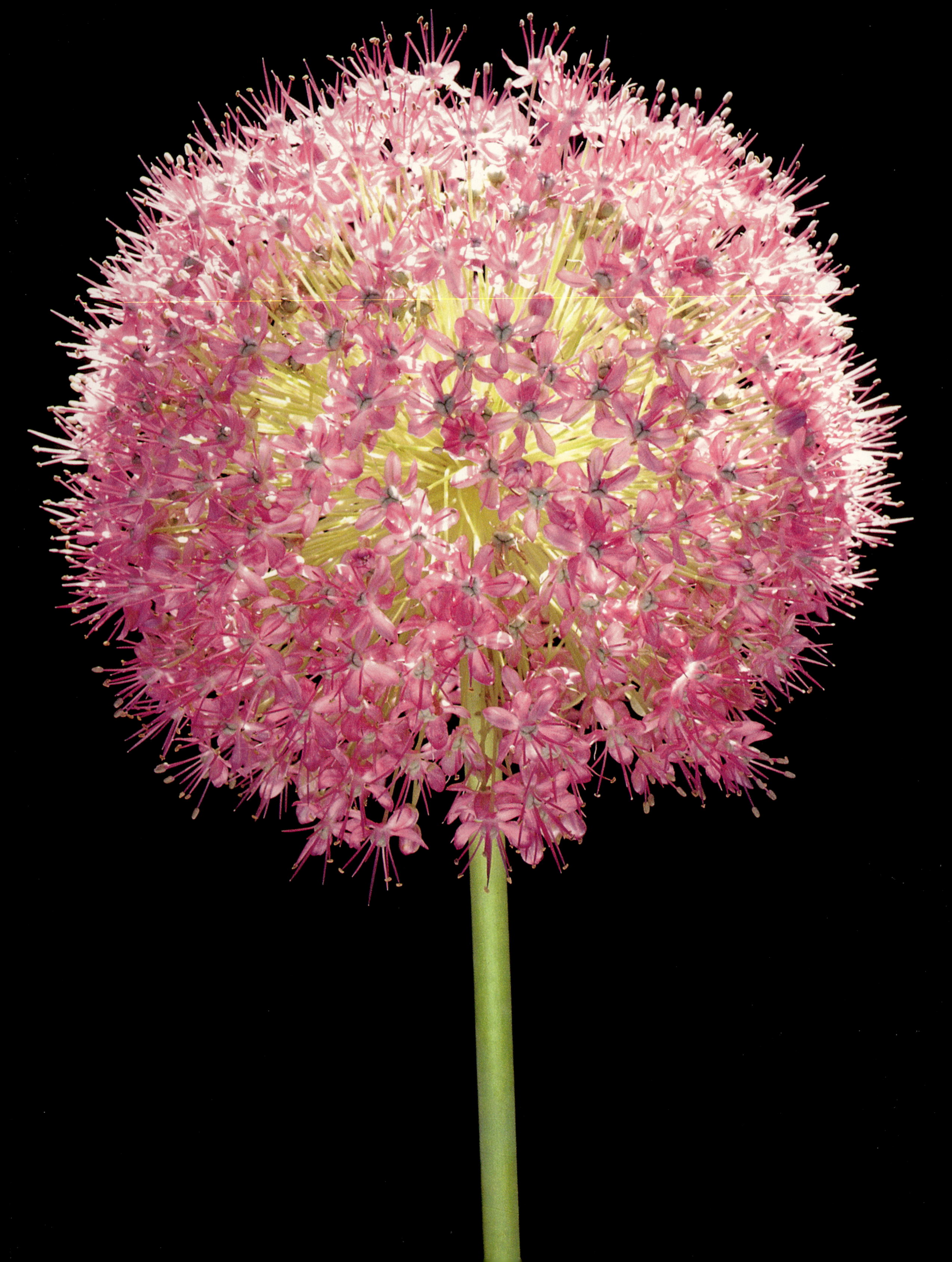

1 *Dodecatheon* ×. Familie: Primelgewächse. **2** Großes Löwenmaul *Antirrhinum majus*. Familie: Rachenblütler. **3** Freesie *Freesie* ×. Familie: Schwertliliengewächse. **4** Gartenaster *Callistephus chinensis*. Familie: Korbblütler. **5** Wohlriechende Wicke *Lathyrus odoratus*. Familie: Schmetterlingsblütler. **6** Kamelie 'Gay Time' *Camellia japonica* ×. Familie: Teegewächse.

Die Ankunft der Kamelie in Europa beruht auf einem Schwindel. Die Chinesen, die sehr darum bemüht waren, das Monopol als Teelieferanten aufrecht zu erhalten, verkauften den Botanikern, die gekommen waren, um Teepflanzen zu suchen, junge Kameliensträucher. Diese sehen den Teesträuchern zum Verwechseln ähnlich. Beide Pflanzen stammen nämlich aus der gleichen Familie, ihr Blattwerk ist praktisch identisch, nur die Blüten sind verschieden: Die des Teestrauches sind weiß und die der Kamelie rot. Der „falsche Tee" erlangte im 19. Jahrhundert durch Marie Duplessis den Höhepunkt seiner Beliebtheit, jene Dame, die Alexandre Dumas unter dem Namen Marguerite Gautier in seinem Roman „Die Kameliendame" berühmt machte.

Links: Riesenlauch *Allium giganteum*. Familie: Liliengewächse.

1 Pelargonie *Pelargonium × domesticum*. Familie: Storchschnabelgewächse. **2** Pelargonie *Pelargonium × domesticum*. Familie: Storchschnabelgewächse. **3** Pelargonie *Pelargonium × domesticum*. Familie: Storchschnabelgewächse. **4** Pelargonie *Pelargonium × domesticum*. Familie: Storchschnabelgewächse. **5** Pelargonie *Pelargonium × domesticum*. Familie: Storchschnabelgewächse. **6** Pelargonie 'Crocodile' *Pelargonium × domesticum*. Familie: Storchschnabelgewächse.

Rechte Seite: Pelargonie 'Beauty of Gold' *Pelargonium × domesticum*. Familie: Storchschnabelgewächse.

Die Geranien, die den ganzen Sommer über auf unseren Balkonen blühen, sind Hybridzüchtungen aus Pelargonien, die in Südafrika heimisch sind (siehe auch Seite 100–101). Hierbei handelt es sich um einjährige Pflanzen, die nach dem ersten Frost sterben. Dennoch sind die Geranien bei uns wegen ihrer Genügsamkeit sehr beliebt.

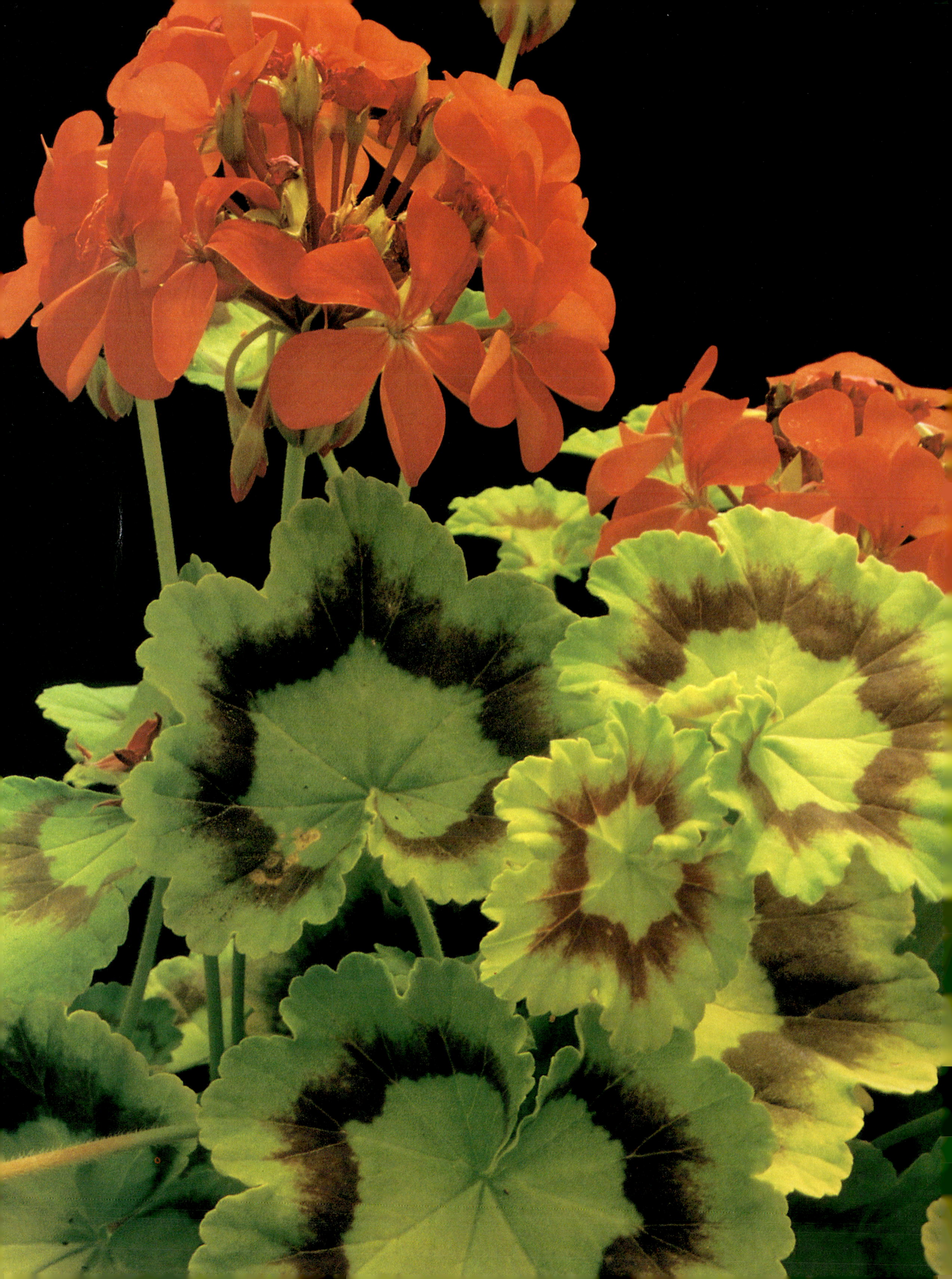

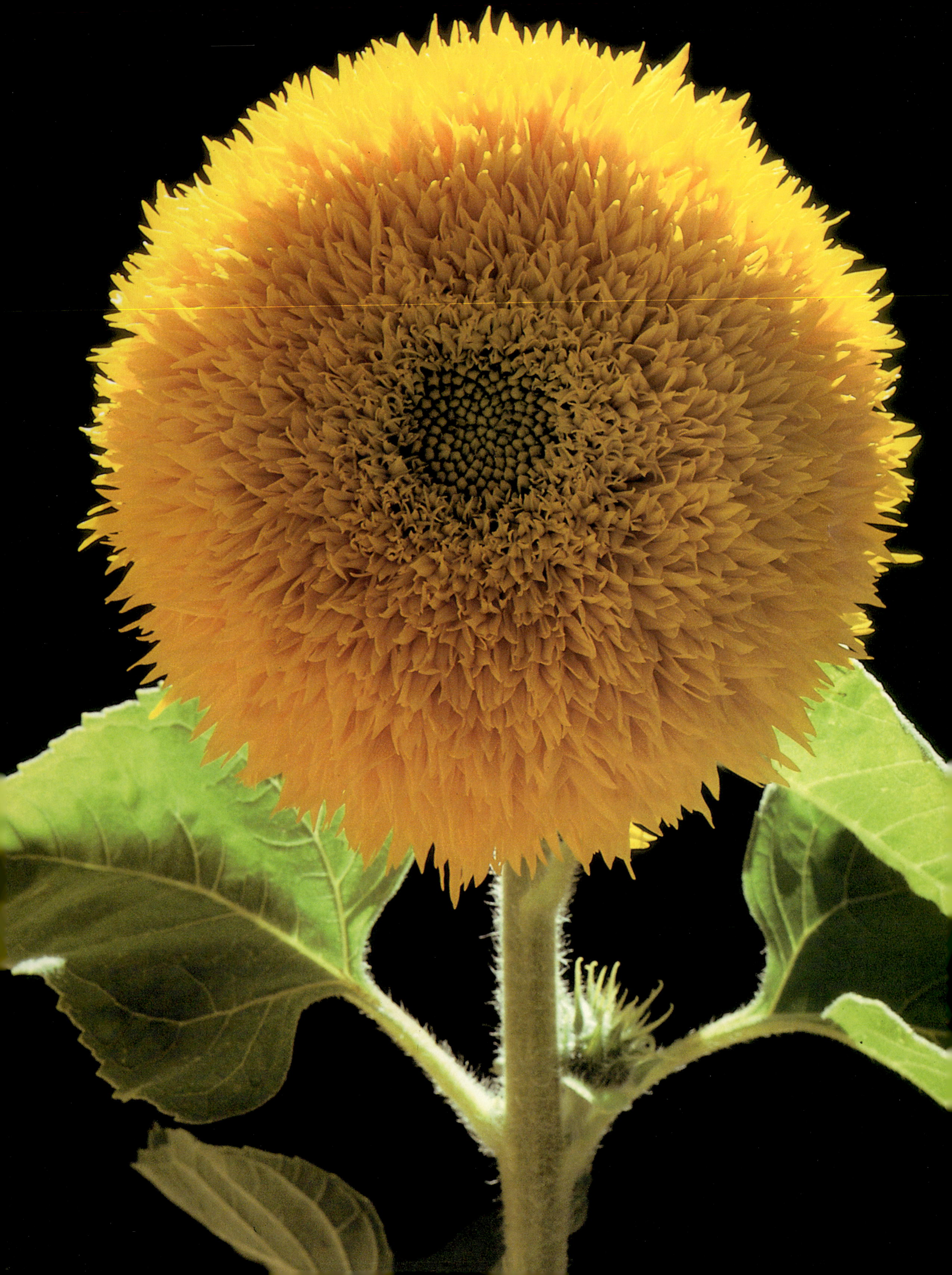

1 Akelei *Aquilegia* ×. Familie: Hahnenfußgewächse. **2** Rudbeckia *Rudbeckia purpurea*. Familie: Korbblütler. **3** Dahlie *Dahlia* ×. Familie: Korbblütler. **4** Kokardenblume *Gaillardia* ×. Familie: Korbblütler. **5** Garten-Immortelle *Helichrysum bracteatum*. Familie: Korbblütler. Die Immortelle ist auch unter dem Namen Strohblume bekannt. **6** Chrysantheme *Chrysanthemum* ×. Familie: Korbblütler.

Linke Seite: Sonnenblume *Helianthus* ×. Familie: Korbblütler. Bei den Pflanzenzüchtern in Kansas gilt die Sonnenblume als Unkraut. Woanders jedoch wird sie wegen ihrer dekorativen großen Blüten sehr geschätzt.

1 Stiefmütterchen *Viola wittrockiana* ×. Familie: Veilchengewächse. **2** Gartenprimel *Primula* ×. Familie: Primelgewächse.
3 Stiefmütterchen *Viola wittrockiana* ×. Familie: Veilchengewächse. **4** Gartenprimel *Primula* ×. Familie: Primelgewächse.
5 Stiefmütterchen *Viola wittrockiana* ×. Familie: Veilchengewächse. **6** Gartenprimel *Primula* ×. Familie: Primelgewächse.

Rechte Seite: Narzisse 'Golden Harvest' *Narcissus* ×. Familie: Narzissengewächse. Narzisse 'Ice Follies' *Narcissus* ×. Familie: Narzissengewächse. Narzisse 'Professor Einstein' *Narcissus* ×. Familie: Narzissengewächse

Die Narzissen zählen zu den beliebtesten Frühjahrsblumen. Aus 60 wildwachsenden Arten wurden Hunderte von Varietäten und Hybriden gezüchtet. Auch die Blütezeiten können verändert werden, je nachdem, ob man die Zwiebeln warm oder kühl lagert. Die Niederländer haben fast ein Monopol auf neue Sorten, zumindest werden dort die meisten Narzissen gezüchtet.

Nächste Doppelseite: Rhododendron 'Nova Zemblack' *Rhododendron* ×. Familie: Heidekrautgewächse.

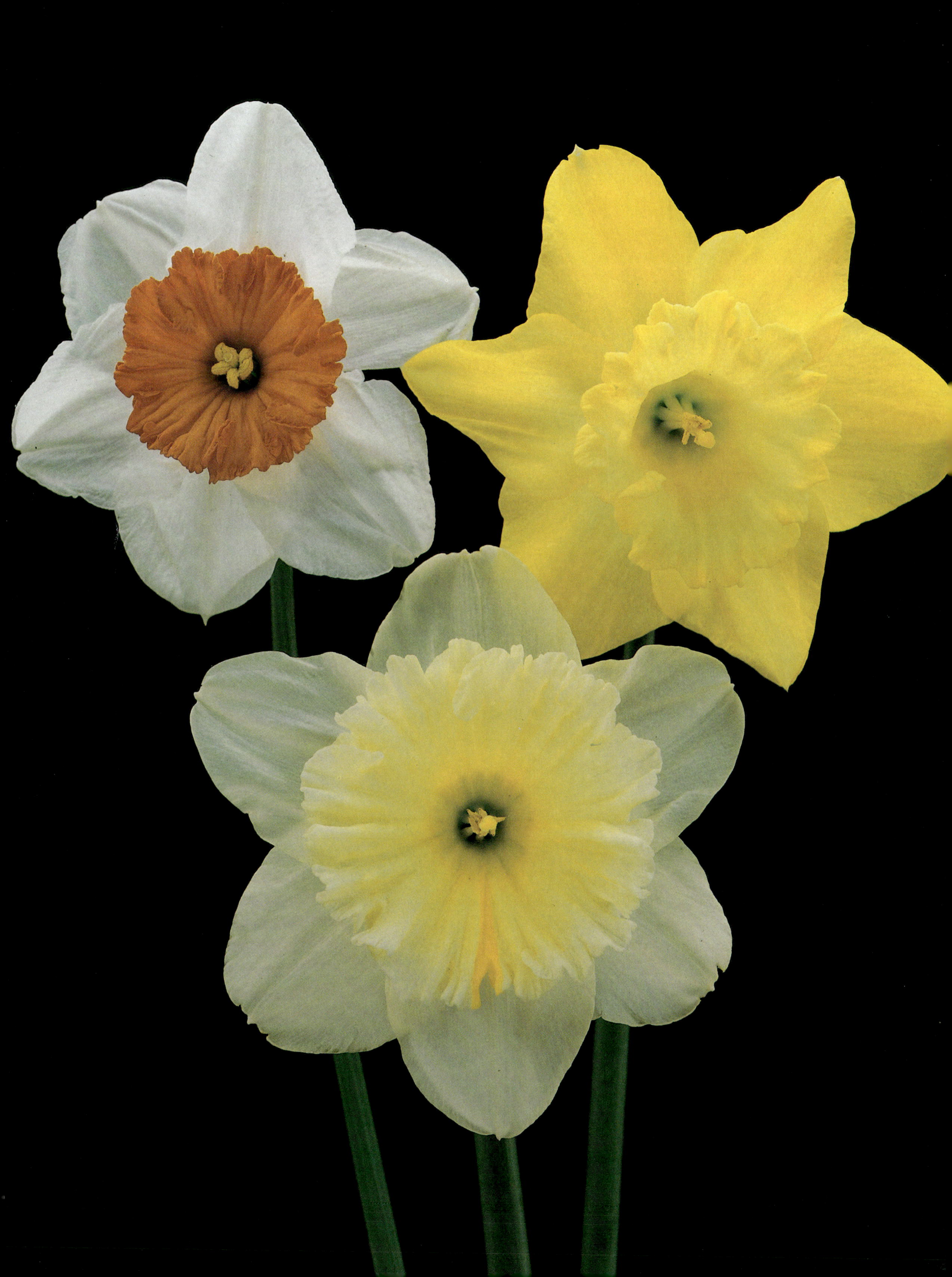

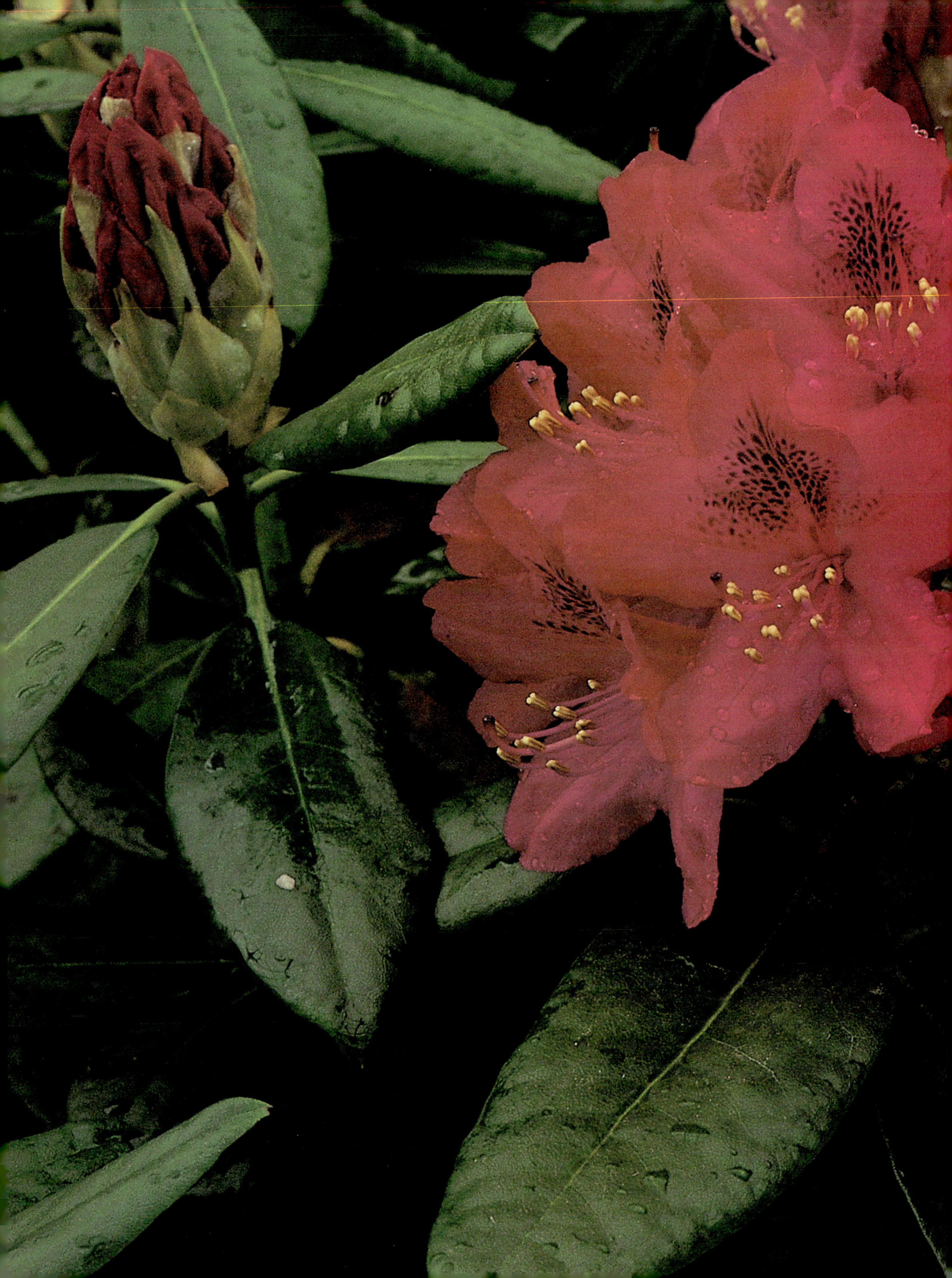

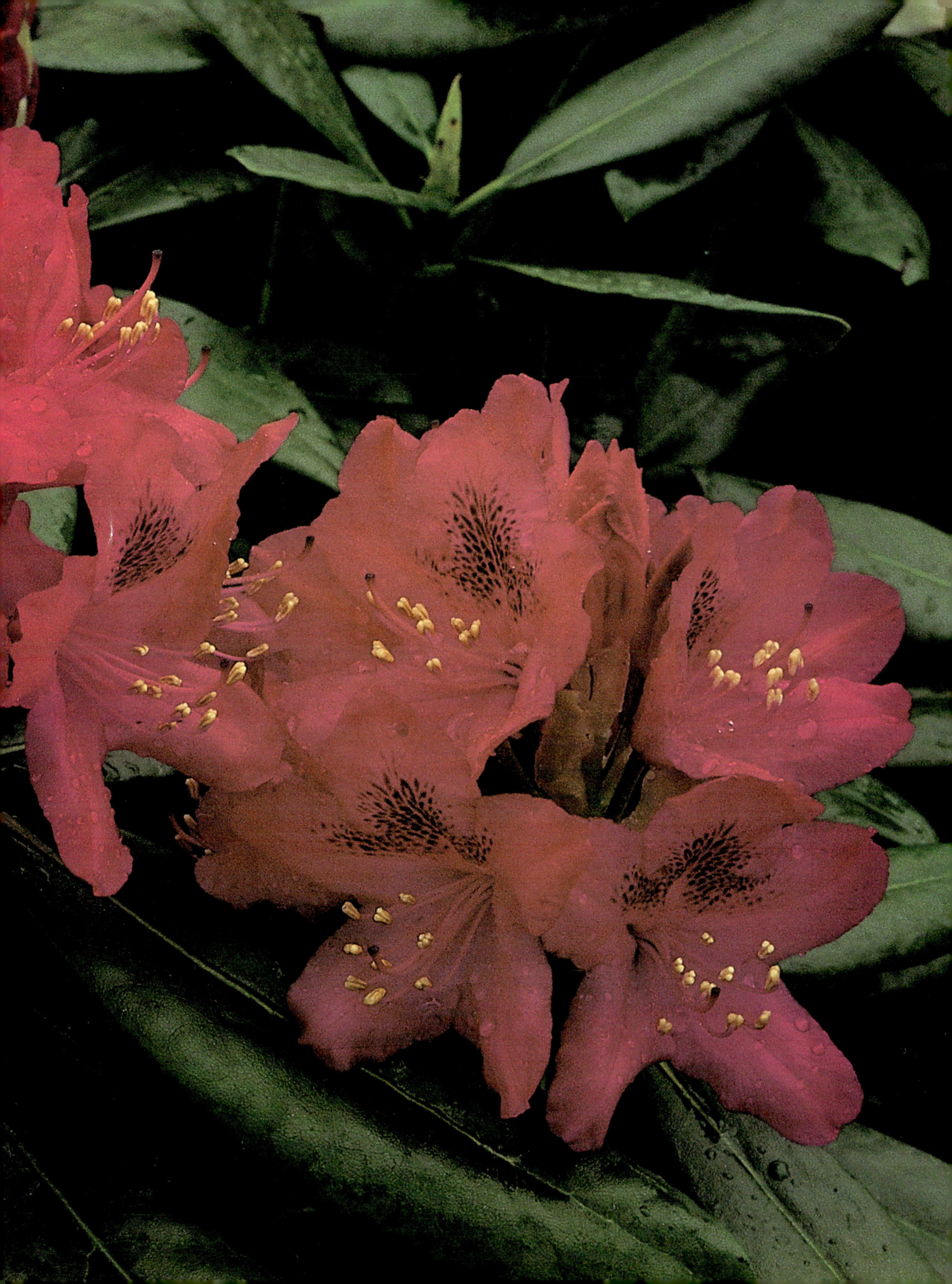

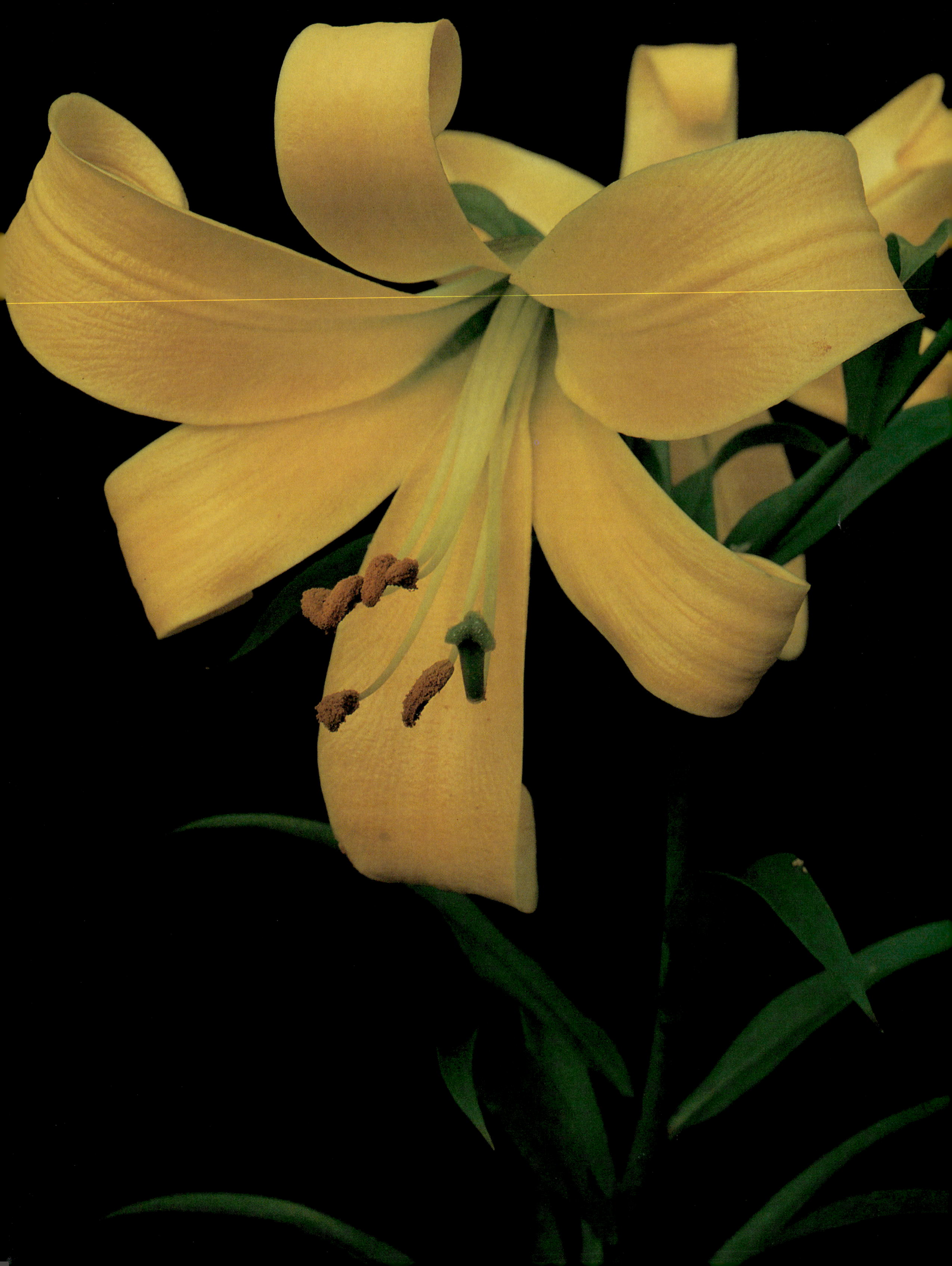

1 Lilie 'Mabel Violet' *Lilium* ×. Familie: Liliengewächse. **2** Lilie 'Apple Blossom' *Lilium* ×. Familie: Liliengewächse.
3 Tigerlilie: *Lilium tigrinum*. Familie: Liliengewächse. **4** Königslilie *Lilium regale*. Familie: Liliengewächse. **5** Lilie 'Casablanca' *Lilium* ×. Familie: Liliengewächse. **6** Lilie *Lilium* ×. Familie: Liliengewächse.

Linke Seite: Lilie 'African Queen' *Lilium* ×. Familie: Liliengewächse.

Als die Göttin Juno ihren Sohn Herkules nährte, fiel ein Tropfen ihrer Milch auf den Boden und aus ihm entstand eine Lilie. Venus, die eifersüchtig auf das unbefleckte Weiß dieser Blume war, ließ jedoch lange gelbe Staubfäden in den Kelch der Lilie fallen, die auf den Fingern des neugierigen Betrachters ihren goldenen Staub abstreifen. Durch die Kreuzungen mit asiatischen, chinesischen und koreanischen Arten, leuchten die Lilien heute in allen Farben – es gibt sie sogar schon ohne Blütenstaub!

207

1 Gartennelke *Dianthus caryophyllus*. Familie: Nelkengewächse. **2** Gartennelke *Dianthus caryophyllus*. Familie: Nelkengewächse. **3** Chineser-Nelke *Dianthus chinensis*. Familie: Nelkengewächse. **4** Gartennelke *Dianthus caryophyllus*. Familie: Nelkengewächse. **5** Chineser-Nelke *Dianthus chinensis*. Familie: Nelkengewächse. **6** Bartnelke *Dianthus barbatus*. Familie: Nelkengewächse.

Rechte Seite: Bartnelke *Dianthus barbatus*. Familie: Nelkengewächse.

In Spanien ist die Nelke das Symbol der andalusischen Frau. Bei den großen Festen tragen die Flamenco-Tänzerinnen bunte Kleider, die, wie es heißt, die Blütenkrone einer Nelke darstellen sollen. In ihre zu Knoten gebundenen Haare stecken sie eine rote Nelke. Bei den Corridas (Stierkämpfen) tragen die Frauen die Nelke hinter dem Ohr: links, wenn sie noch zu haben sind, rechts, wenn sie bereits verheiratet sind. Außerdem werfen die Zuschauer Sträuße roter Nelken in die Arena. In Großbritannien dagegen hält man die Nelke für vulgär, deswegen wird sie dort nur selten angeboten. In Frankreich wird sie verdächtigt, Unglück zu bringen, deshalb wird sie niemals von Akrobaten und Schauspielern getragen. In Italien sagt man, der böse Blick sei nie weit von einer weißen Nelke entfernt. Dennoch ist die Nelke, neben der Rose, die meistverkaufte Blume der Welt.

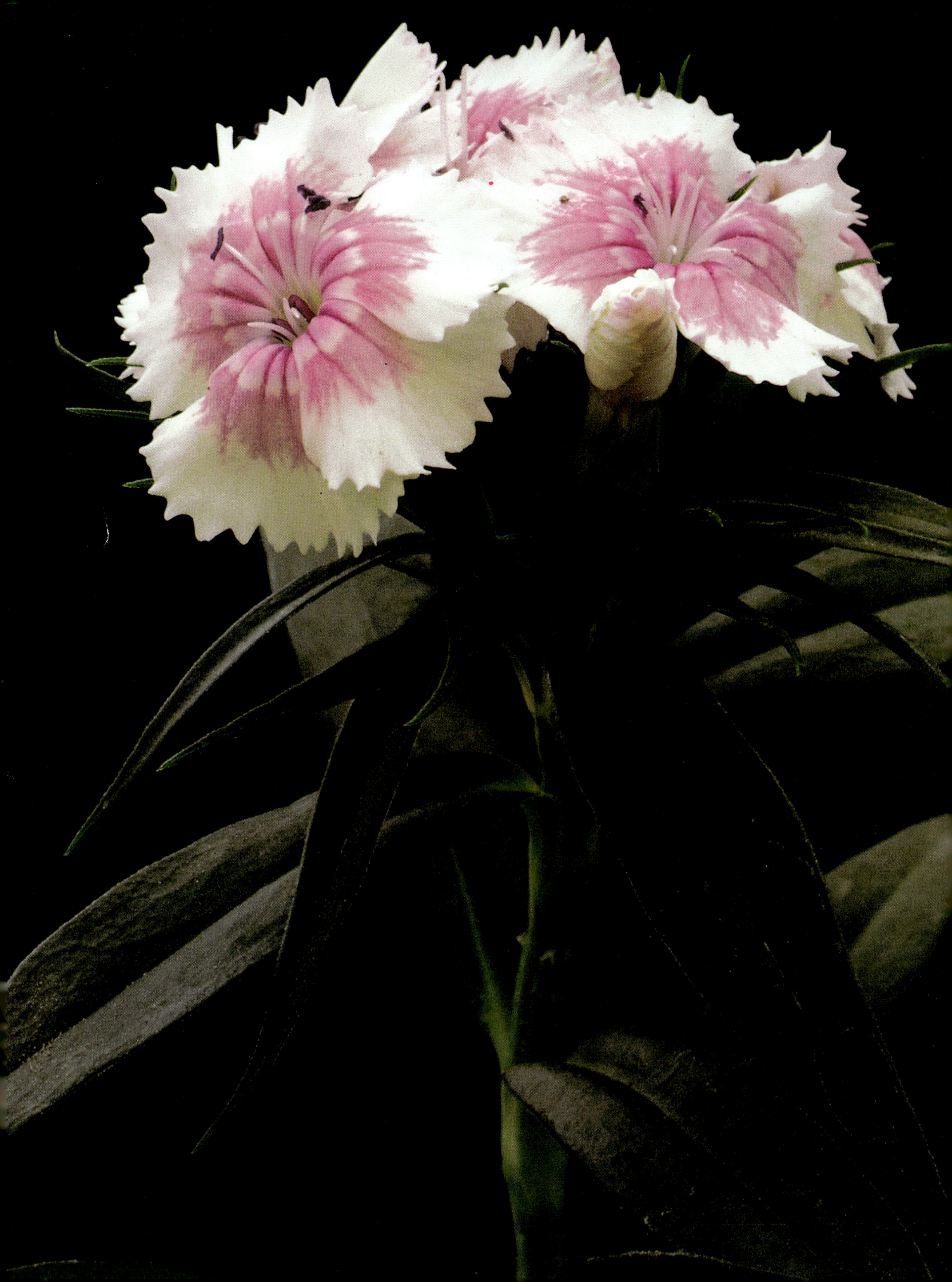

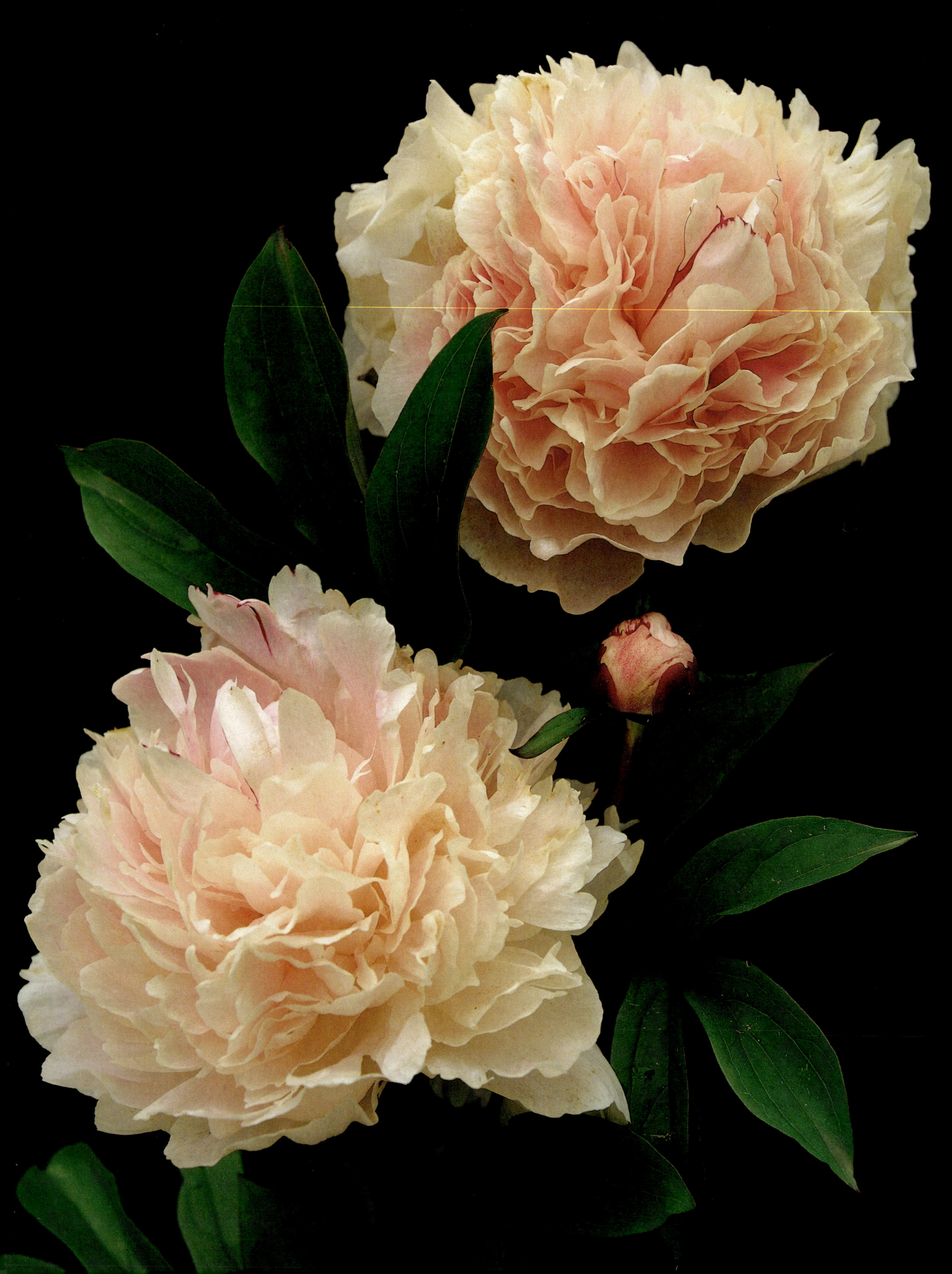

1 *Lisianthus russellianus.* Familie: Enziangewächse. **2** Gartenaster *Callistephus chinensis.* Familie: Korbblütler. **3** Eisenkraut *Verbena* ×. Familie: Eisenkrautgewächse. **4** Träubelhyazinthe *Muscari comosum plumosum.* Familie: Liliengewächse. **5** Rittersporn *Delphinium* ×. Familie: Hahnenfußgewächse. **6** Hortensie *Hydrangea macrophylla.* Familie: Steinbrechgewächse.

Linke Seite: Pfingstrose *Paeonia lactiflora.* Familie: Hahnenfußgewächse.

Die Pfingstrose wurde schon immer zu den schönsten Blumen gezählt. Sowohl in Asien als auch in Europa standen die Samenkörner dieser Pflanze in dem Ruf, epileptische Anfälle und Krämpfe zu lindern. Außerdem glaubte man auch, daß ihre Blätter „empfängnisverhütend" seien; junge Mädchen, die mit einem stürmischen Verehrer auf einen Ball gingen, vergaßen niemals, die Blütenblätter in ihren Schuh oder in ihren Strumpf zu stecken!

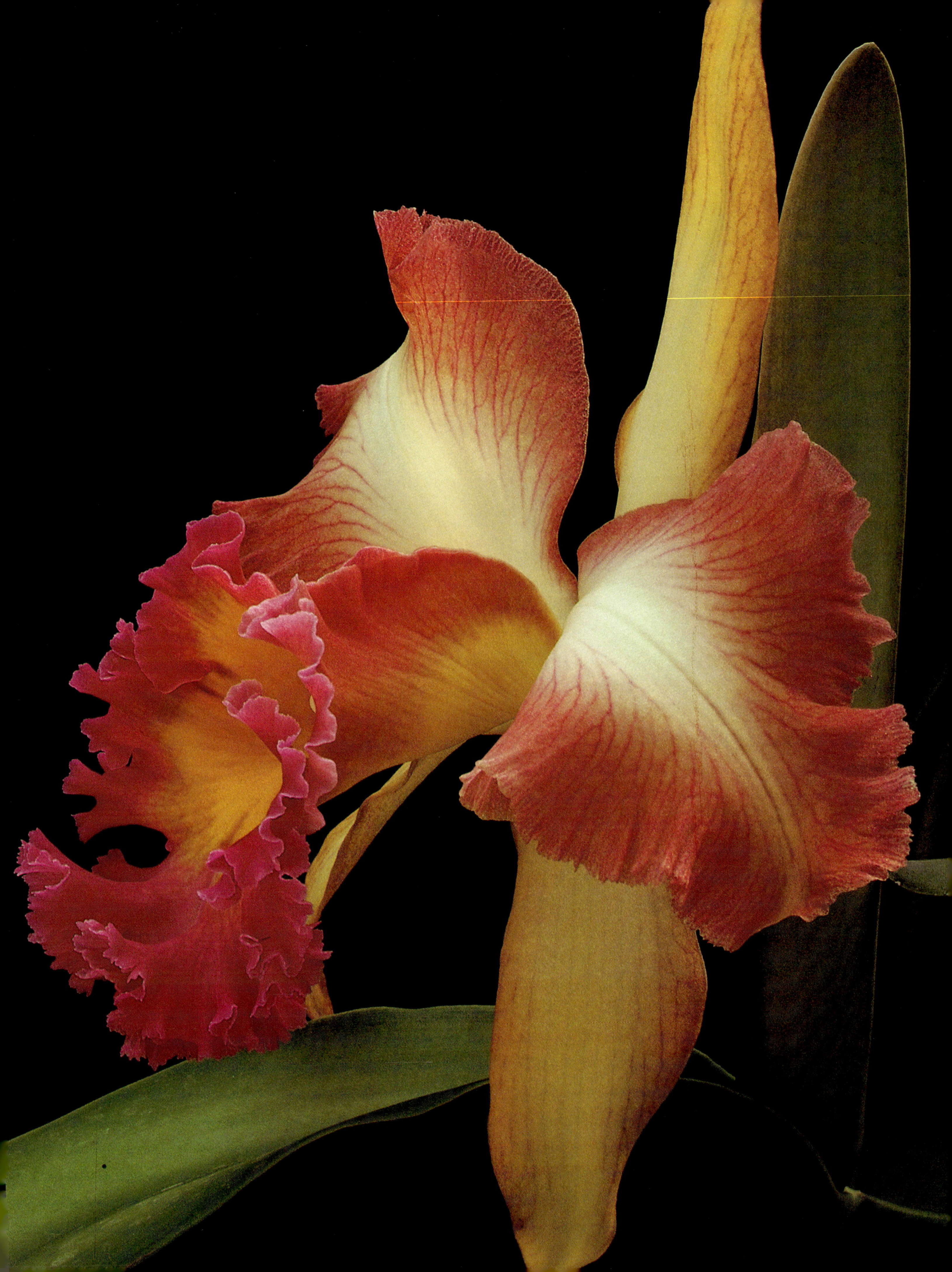

1 *Laeliocattleya* 'Consul'. Familie: Knabenkrautgewächse. **2** *Cattleya* 'Pontcoarl'. Familie: Knabenkrautgewächse.

Linke Seite: *Brassolaeliocattleya* 'Parador × Harlequin'. Familie: Knabenkrautgewächse.

William Cattley, ein großer Kenner exotischer Blumen, bekam 1818 eine Pflanzen-Sendung aus Brasilien, mit dicken Blättern gut verpackt. Cattley setzte seine neuen Errungenschaften ein und stellte das leere Paket in die Ecke seines Gewächshauses. Ein paar Monate später trug eben dieses Paket wunderschöne, lavendelblaue, purpurrot gefleckte Blüten! Außer sich vor Freude zog Cattley den Botaniker John Lindley zu Rate, der sofort erkannte, daß es sich um eine noch unbekannte Orchideen-art handelte. Diese Neuigkeit war eine Sensation. Die erste tropische Orchidee (sie wurde *Cattleya* genannt), die in Europa blühte! Aber die Orchideen hatten noch nicht alle ihre Geheimnisse preisgegeben. Das Mysterium ihrer Fortpflanzung blieb weiter bestehen. Ihre winzigen Samenkörner schienen steril zu sein. Durch Zufall gelang es dem englischen Gärtner John Dominy, Samenkörner einer Orchideen-Hybride zum Keimen zu bringen. Erst 1909 entdeckte der Franzose Noël Bernard das Geheimnis ihrer Vermehrung: mikroskopisch kleine Champignons, mit denen die Orchideen in Symbiose leben. Mit ihrer Hilfe können die Samen keimen.

Nächste Doppelseite: *Miltonia* 'Faribole la Tuilerie'. Familie: Knabenkrautgewächse.

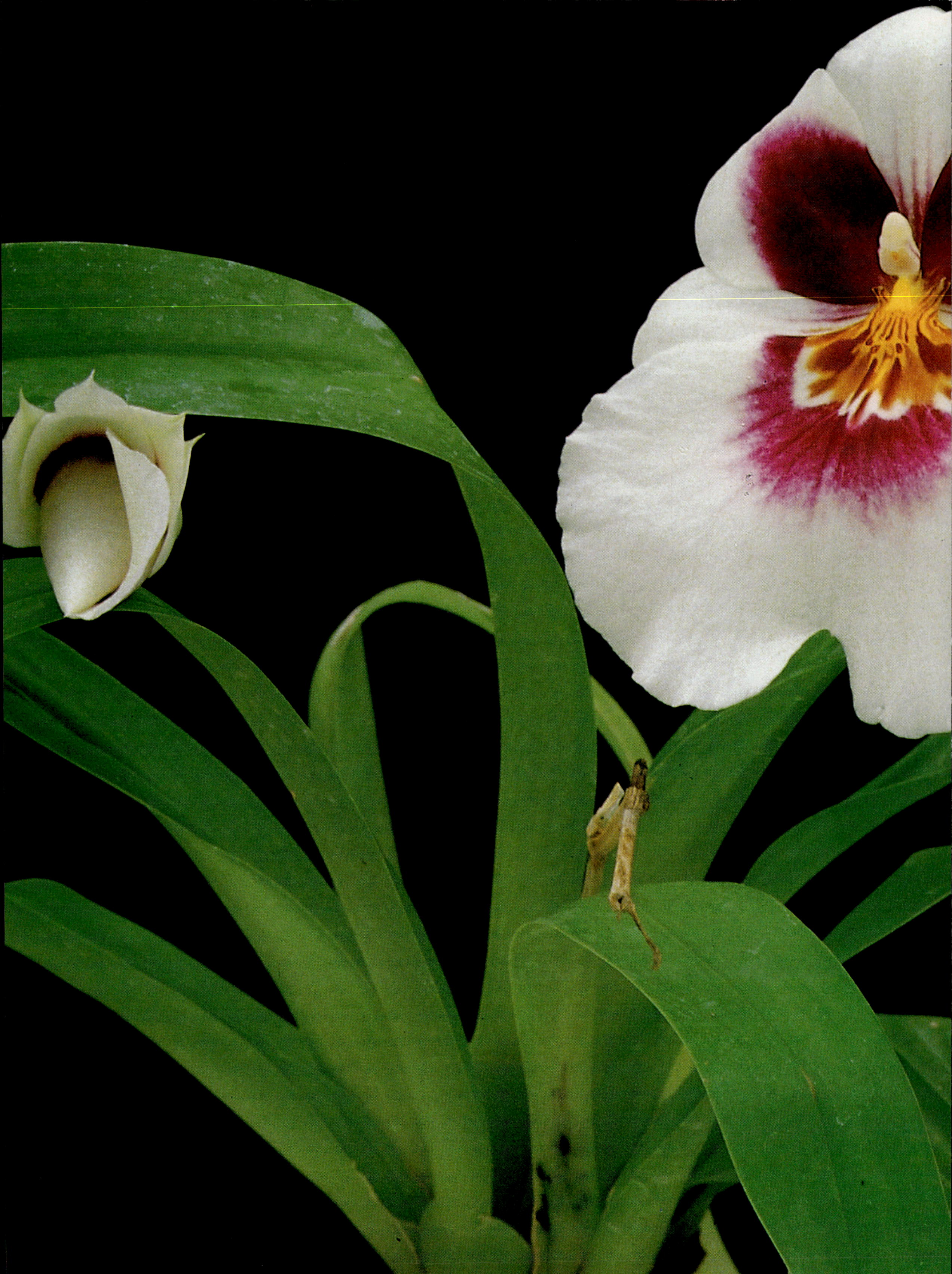

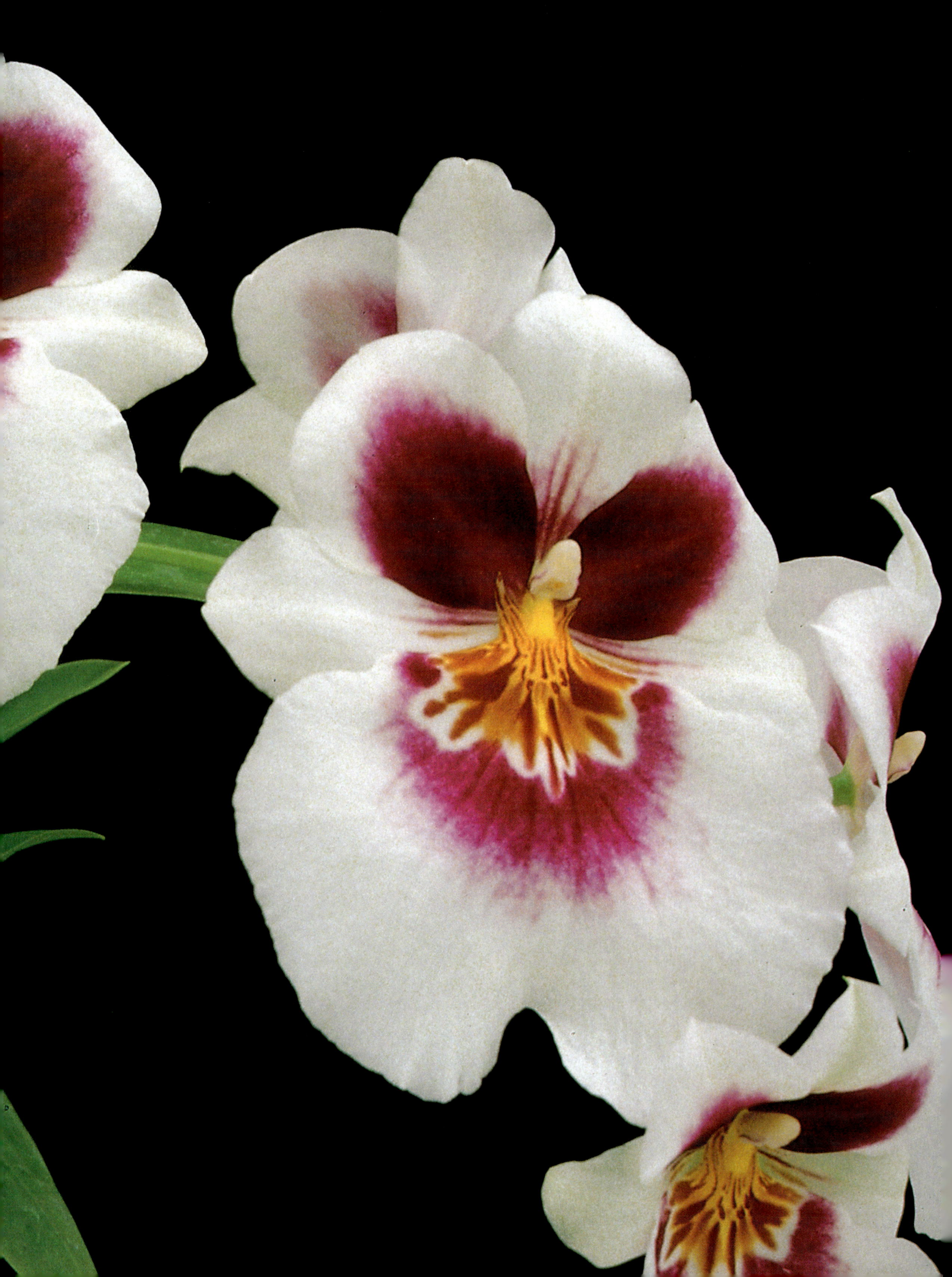

1 *Dendrobium* ×. Familie: Knabenkrautgewächse. **2** *Dendrobium phalaenopsis* 'Pompadour'. Familie: Knabenkrautgewächse. **3** *Vanda sanderiana* 'Terry'. Familie: Knabenkrautgewächse. **4** *Odontocidium* 'Arthur Elle'. Familie: Knabenkrautgewächse. **5** *Vanda rothschildiana*. Familie: Knabenkrautgewächse. **6** *Phalaenopsis* ×. Familie: Knabenkrautgewächse.

Rechte Seite: *Phalaenopsis* 'Lady Amboin'. Familie: Knabenkrautgewächse.

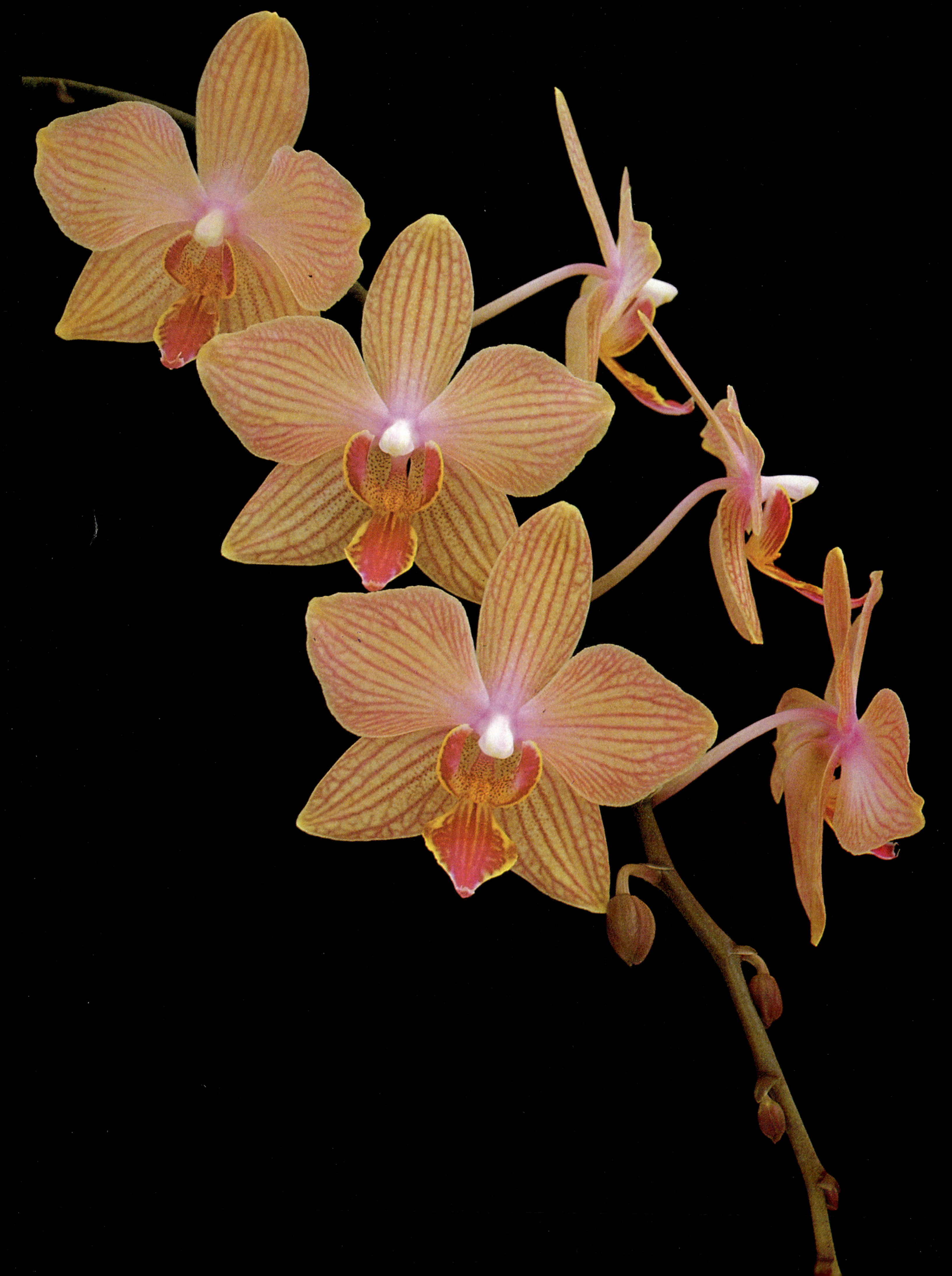

1 *Cymbidium* ×. Familie: Knabenkrautgewächse. **2** *Vuylstekeara* 'Stamperland'. Familie: Knabenkrautgewächse.
3 *Vuylstekeara* 'Cambria Plush'. Familie: Knabenkrautgewächse. **4** *Paphiopedilum* ×. Familie: Knabenkrautgewächse.
5 *Miltoniopsis lyceana*. Familie: Knabenkrautgewächse. **6** *Odontioda* 'Menuet'. Familie: Knabenkrautgewächse.

Rechte Seite: *Paphiopedilum* × 'Allright Nadir'. Familie: Knabenkrautgewächse.

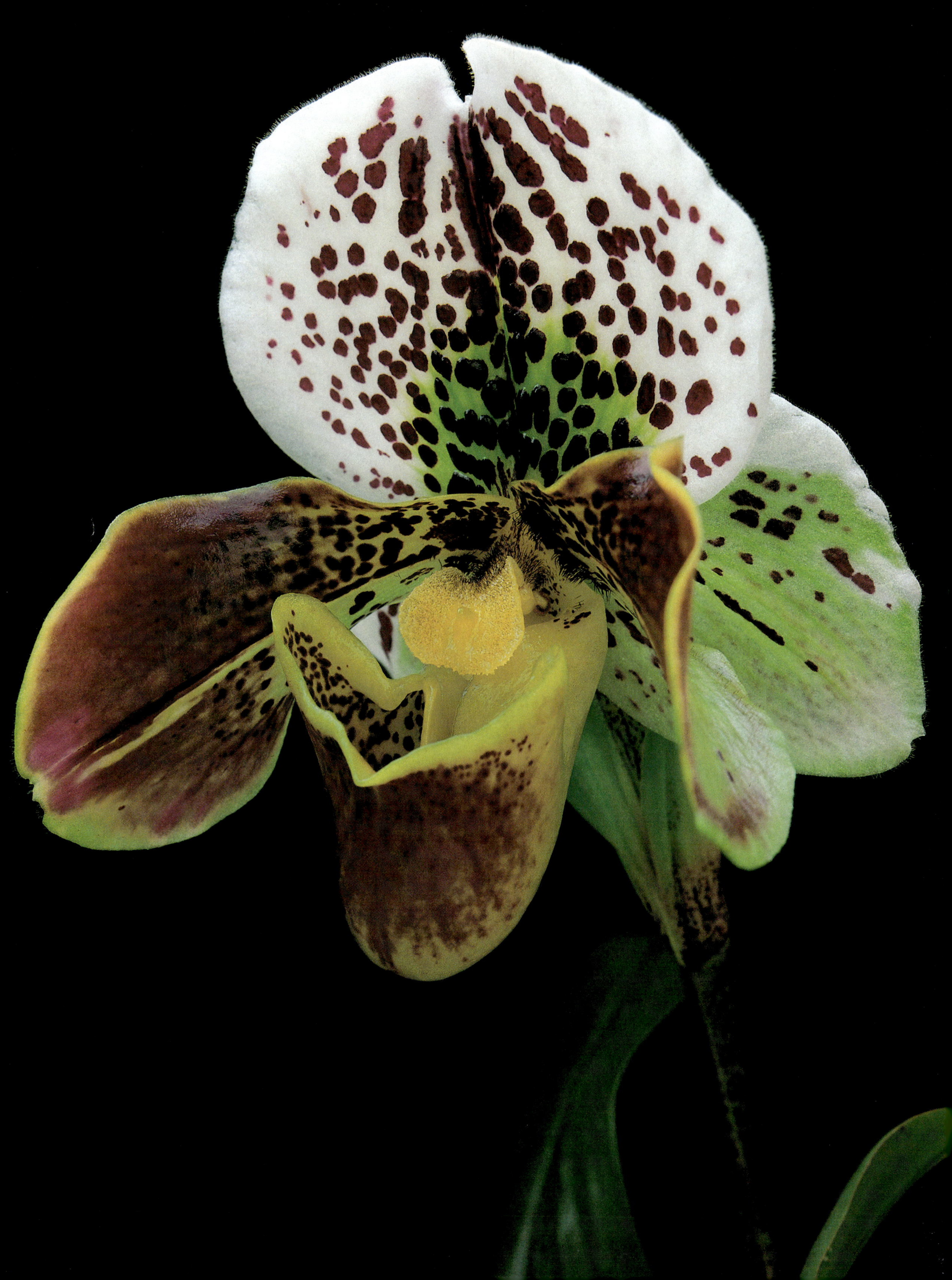

1 *Dendrobium* ×. 'New Guinea'. Familie: Knabenkrautgewächse. **2** *Ascocenda* 'Pralor'. Familie: Knabenkrautgewächse. **3** *Dendrobium* ×. Familie: Knabenkrautgewächse. **4** *Doritis* ×. Familie: Knabenkrautgewächse. **5** *Odontocidium* ×. Familie: Knabenkrautgewächse. **6** *Cattleyatonia* 'Jamaica Red'. Familie: Knabenkrautgewächse.

Rechte Seite: *Vandaenopsis* 'Désir Michel Viard'. Familie: Knabenkrautgewächse.

Nächste Doppelseite: *Epiphyllum* ×. Familie: Kaktusgewächse.

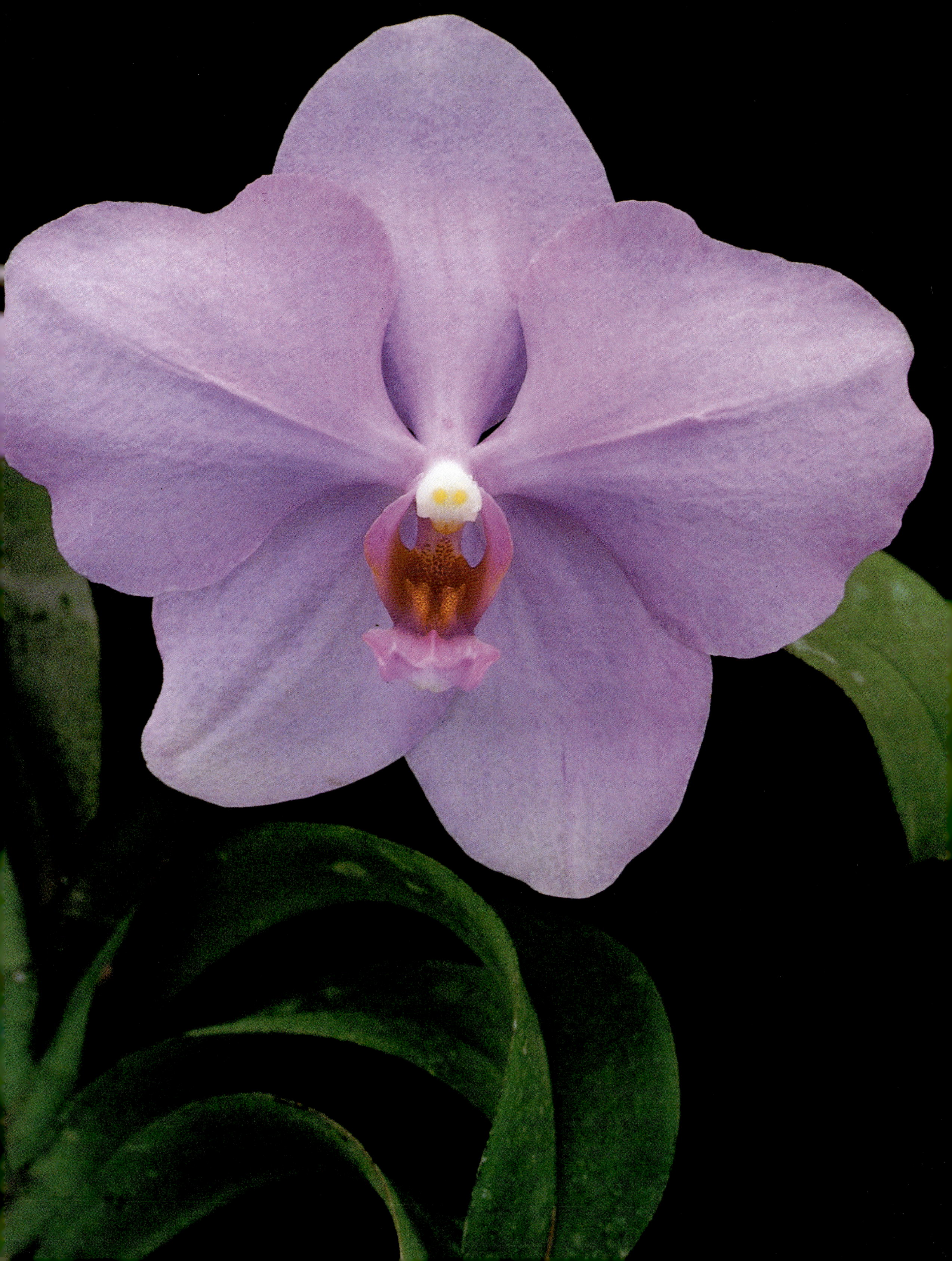

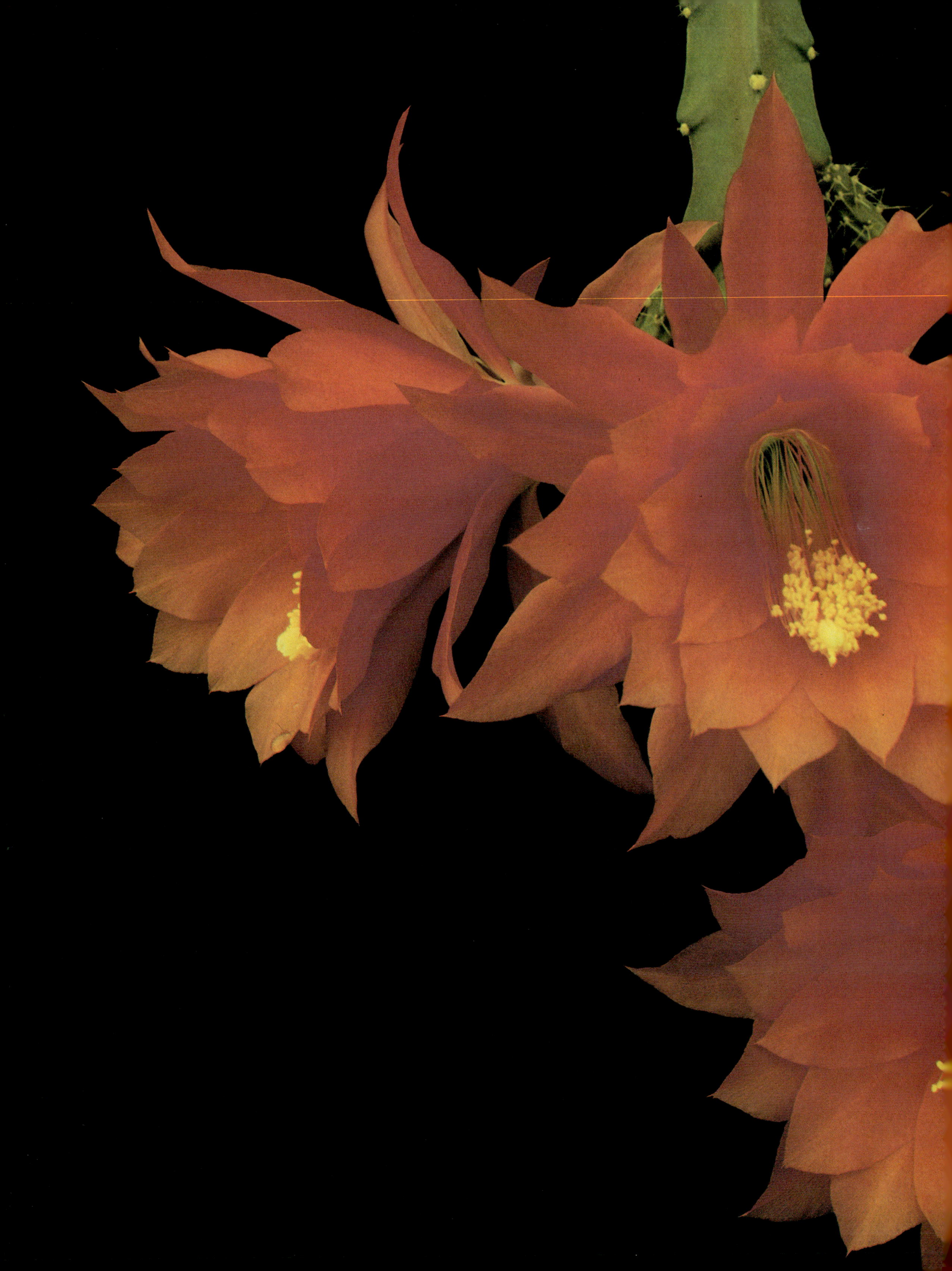

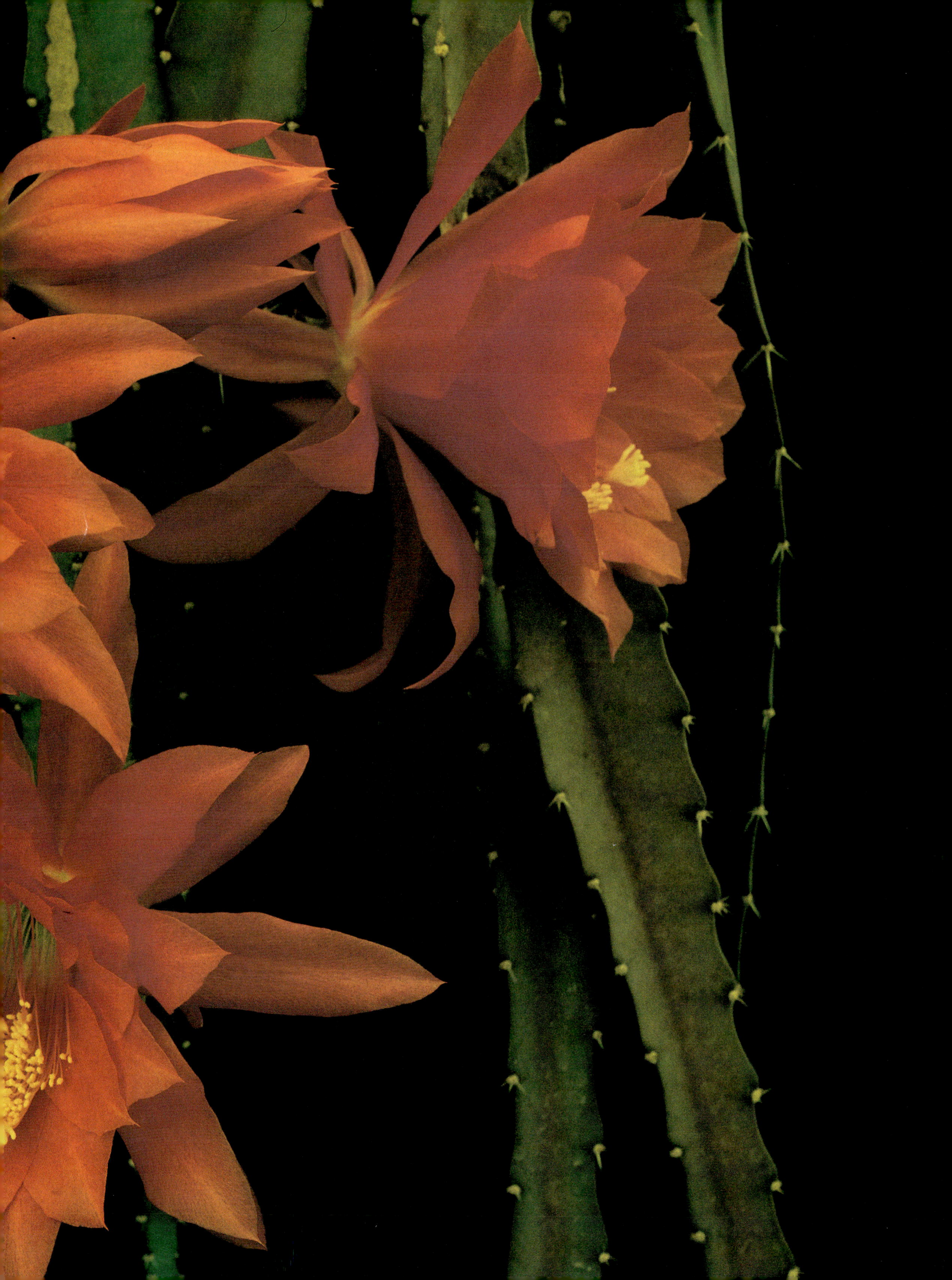

1 Buddleie 'Lochinch' *Buddleia* ×. Familie: Logangewächse. **2** Weißer Flieder *Syringa* ×. Familie: Ölbaumgewächse. **3** Strauchveronika *Hebe buxifolia* ×. Familie: Rachenblütler. **4** Buddleie *Buddleia* ×. Familie: Logangewächse. Die Buddleie stammt ursprünglich aus dem Tibet. Auch in Europa verbreitete sich die Pflanze schnell und wird heute in vielen Gärten kultiviert. Unter Botanikern wird die Buddleie wegen ihrer hohen Anpassungsfähigkeit auch als „Freund des Menschen" bezeichnet. **5** Strauchveronika *Hebe* ×. Familie: Rachenblütler. **6** Flieder *Syringa* ×. Familie: Ölbaumgewächse.

Der Flieder, ein vertrauter Anblick in unseren Gärten, ist eigentlich ein Exot. Er wurde im 16. Jahrhundert aus türkischen Gärten entwendet und zunächst nach Italien gebracht. Bald breitete er sich jedoch auch in Frankreich, Belgien und schließlich im restlichen Europa aus. Bis zum 19. Jahrhundert kannte man nur zwei Varietäten, von denen die weiße sehr selten war. Die Entdeckung einer chinesischen Spezies, *Syringa oblata*, und einer weiteren Varietät mit doppelten Blüten zog im Jahr 1876 die erste Hybride nach sich.

Rechte Seite: Phlox *Phlox* ×. Familie: Sperrkrautgewächse.

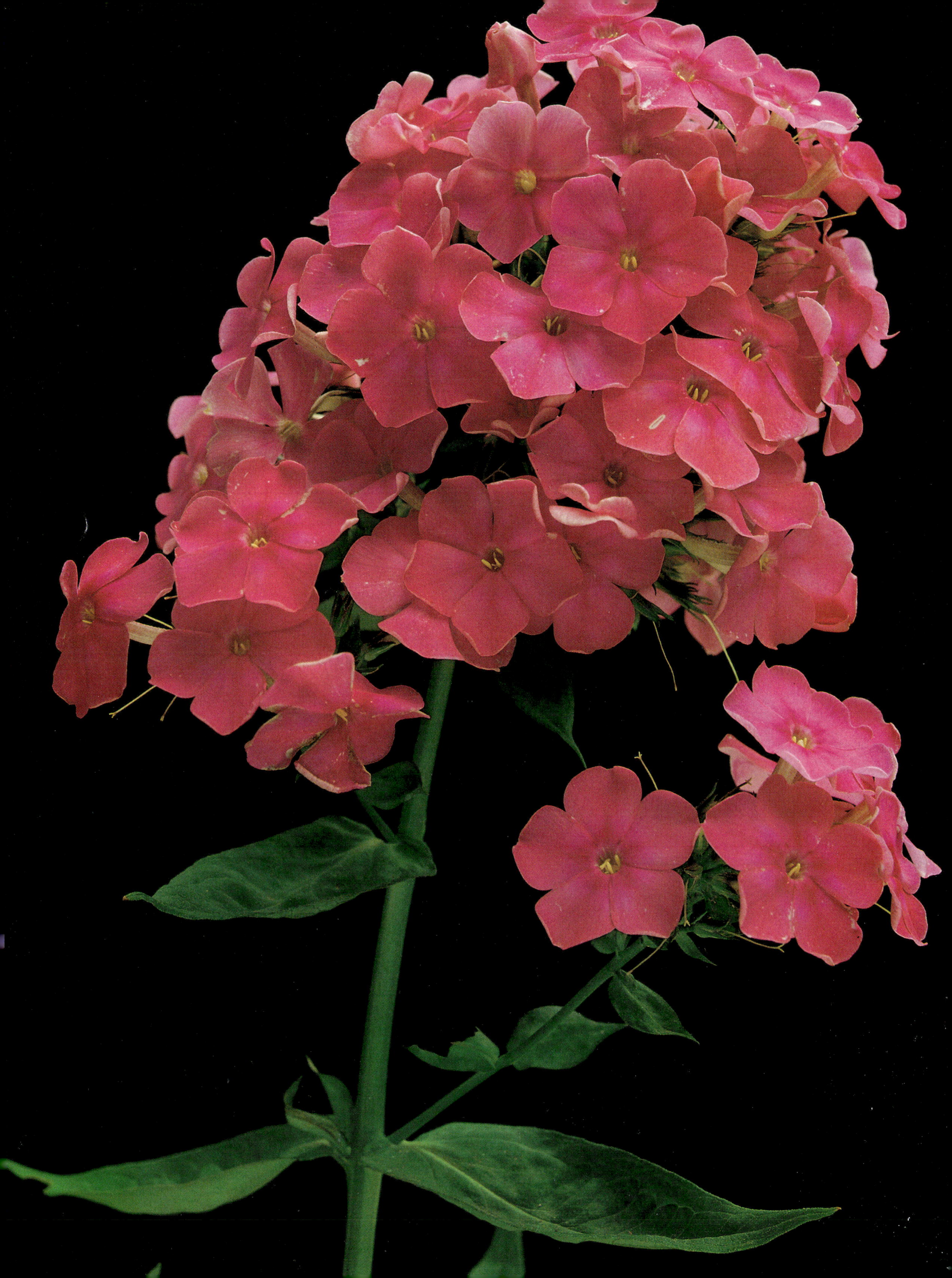

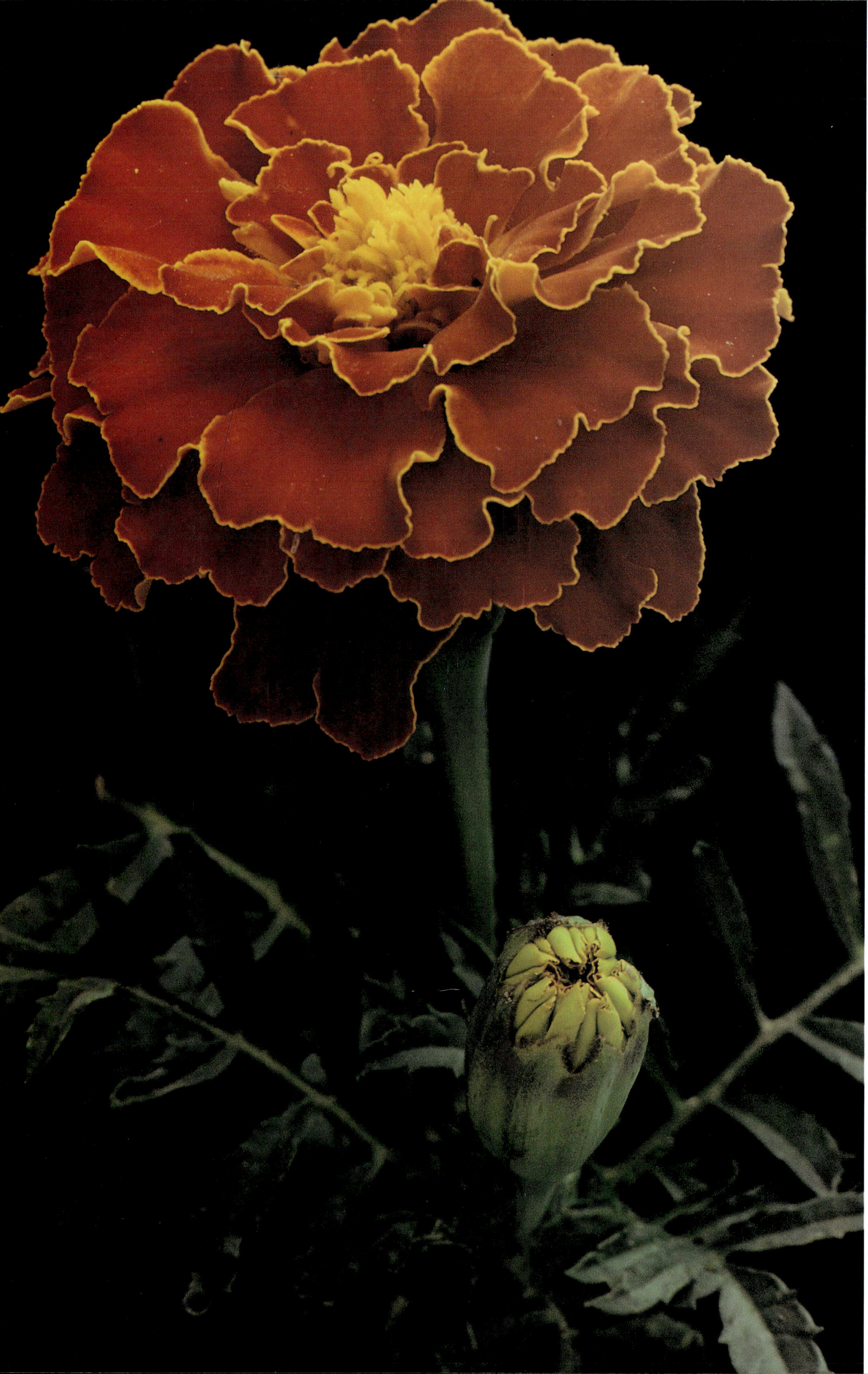

1 Pantoffelblume *Calceolaria herbeo hybrida*. Familie: Rachenblütler. **2** *Gloxinia*. Familie: Gesneriengewächse.
3 *Streptocarpus ×*. Familie: Gesneriengewächse. **4** Usambaraveilchen *Saintpaulia ionantha*. Familie: Gesneriengewächse. Die weißen, rosafarbenen, blauen oder lilafarbenen Blüten dieser Pflanze blühen das ganze Jahr.
5 'Vulcain' *Malope grandiflora*. Familie: Malvengewächse. **6** *Streptocarpus ×*. Familie: Gesneriengewächse.

Linke Seite: Aufrechte Sammetblume *Tagetes erecta*. Familie: Korbblütler.

1 Pyrethrum *Pyrethrum* ×. Familie: Korbblütler. **2** *Cineraria cruenta*. Familie: Korbblütler. **3** Taglilie *Hemerocallis* ×. Familie: Liliengewächse. **4** *Cineraria cruenta*. Familie: Korbblütler. **5** Sonnenbraut 'Beauty' *Helenium* ×. Familie: Korbblütler. **6** Ziertabak *Nicotiana affinis*. Familie: Nachtschattengewächse. Die Blüten des Ziertabaks öffnen sich gegen Abend und verströmen einen angenehmen Duft.

Rechte Seite: Goldmohn *Eschscholzia californica*. Familie: Mohngewächse. Der komplizierte Name dieser grazilen Mohnblume stammt von Doktor Johann Friedrich Eschscholtz, der sie 1815 auf einer Expedition an der kalifornischen Küste entdeckte.

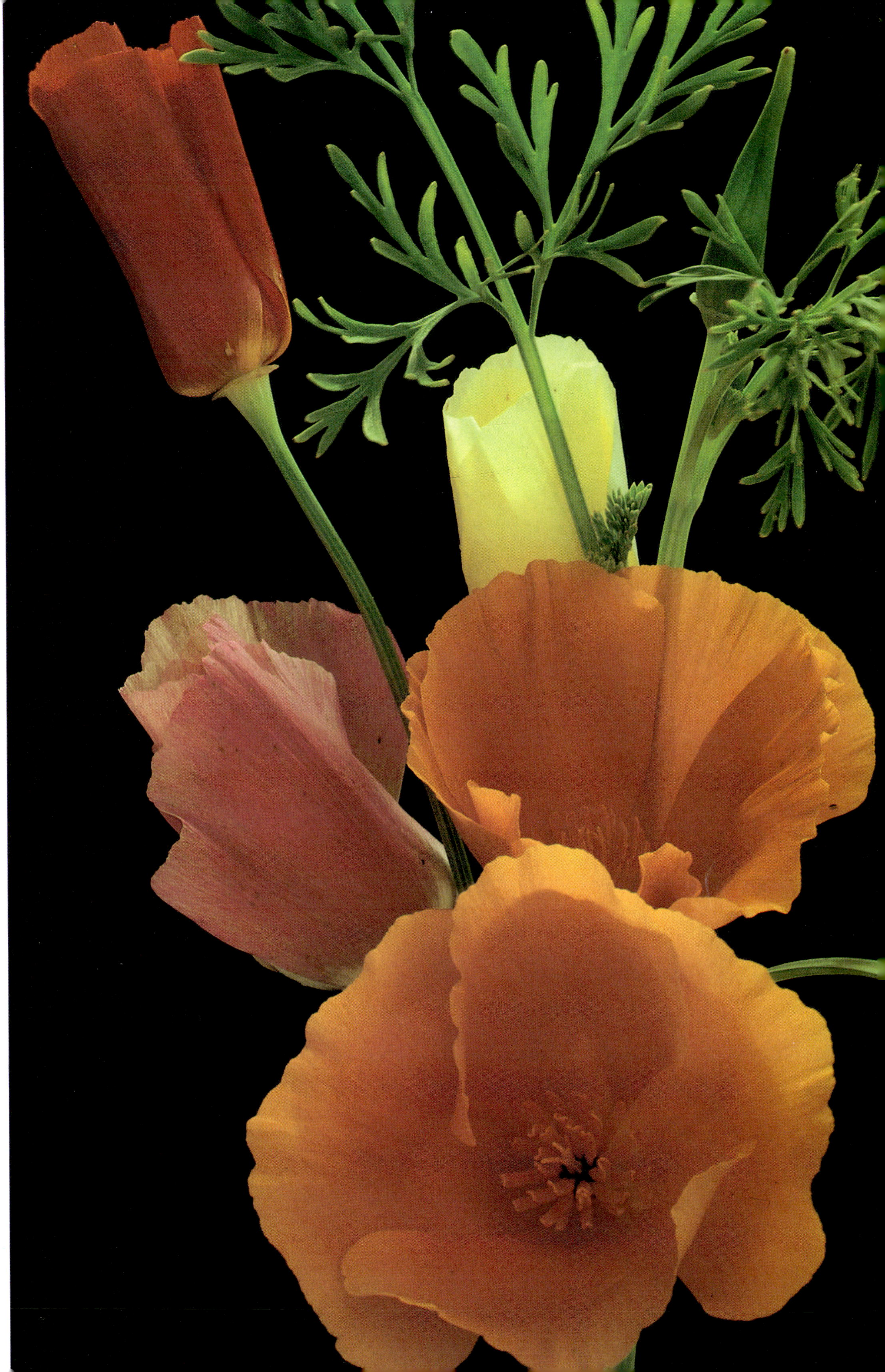

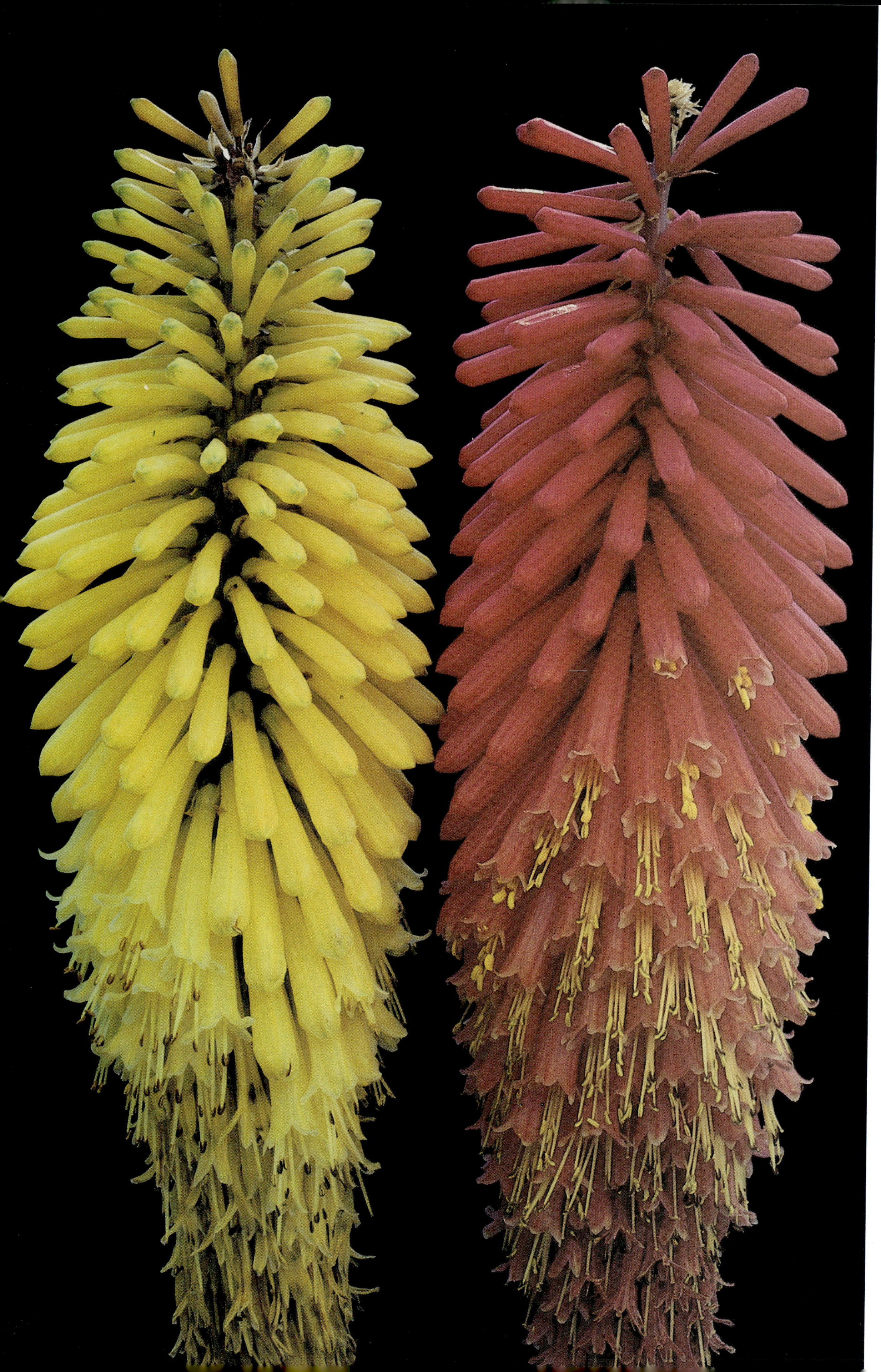

1 Kapuzinerkresse *Tropaeolum majus* ×. Familie: Kapuzinerkressengewächse. Diese Kletterpflanze ist für „Sonntagsgärtner" ideal: Je weniger man sich um sie kümmert, desto schöner wächst sie. **2** Blumenrohr *Canna* ×. Familie: Schwanenblumengewächse. **3** Klebschwertel *Ixia* ×. Familie: Schwertliliengewächse. **4** Zimmerkalla 'Mango' *Zantedeschia* ×. Familie: Aronstabgewächse. **5** Amaryllis 'Stassen Glory' *Hippeastrum* ×. Familie: Narzissengewächse. **6** Schönmalve *Abutilon* ×. Familie: Malvengewächse.

Linke Seite: *Kniphofia* ×. Familie: Liliengewächse.

1 Seerose 'Arc-en-ciel' *Nymphaea* ×. Familie: Seerosengewächse. **2** Seerose 'Greensmoke' *Nymphaea* ×. Familie: Seerosengewächse. **3** Seerose 'Rembrandt' *Nymphaea* ×. Familie: Seerosengewächse. **4** Seerose 'Albert Greenberg' *Nymphaea* ×. Familie: Seerosengewächse. **5** Seerose 'Virginia' *Nymphaea* ×. Familie: Seerosengewächse. **6** Seerose 'Texas Down' *Nymphaea* ×. Familie: Seerosengewächse.

Rechte Seite: Seerose 'Jack Wood' *Nymphaea* ×. Familie: Seerosengewächse.

Früher hieß es, die Seerose sei „die Zerstörerin des Vergnügens und der Liebesgifte". Neben dem Kopfsalat galt sie als das perfekte Antiaphrodisiakum. Mit ihr wurden die „Feuer der Sinneslust" bekämpft. In den Klöstern und Konventen wurde sie kultiviert, um die Leidenschaft der Mönche zu dämpfen. Auf dem Land verordnete man sie den Jugendlichen gegen erotische Träume. Die moderne Forschung fand nun heraus, daß ihre Wurzel, die sehr viel Stärke enthält, in Wirklichkeit aber stimulierend wirkt! Heute interessiert man sich jedoch für die Seerose hauptsächlich wegen ihrer vielen Arten, die durch Kreuzung wunderschöne, farbenfrohe Hybriden hervorbringen.

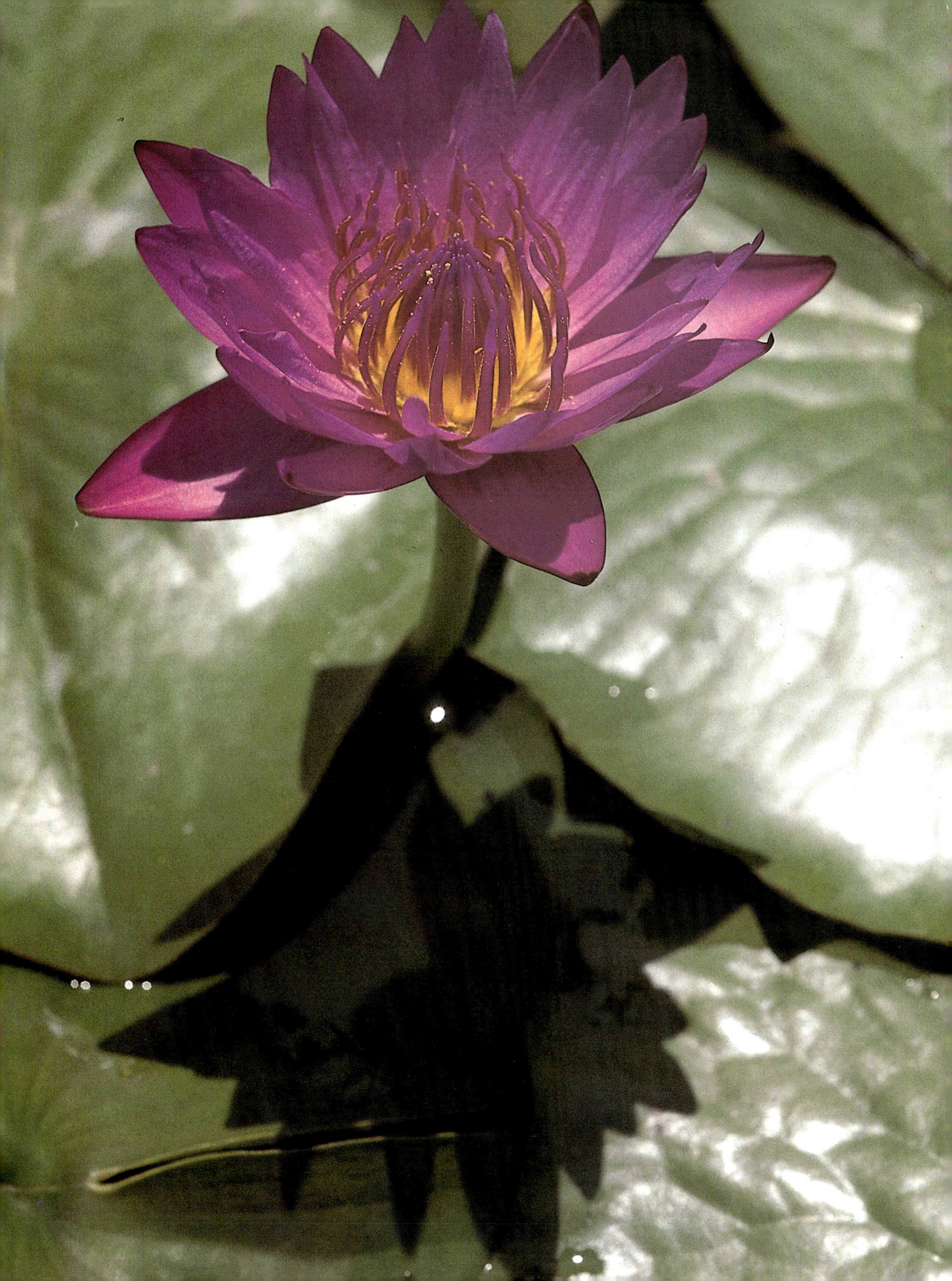

INDEX DER DEUTSCHEN UND LATEINISCHEN PFLANZENNAMEN

Abronia latifolia, 156
Abutilon ×, 231
Acanthus mollis, 160
Acer saccharum, 46
Aceras anthropophorum, 51
Achillea ptarmica, 77
Acidanthera bicolor, 110
Ackergauchheil, 80
Aconitum napellus, 61
Aconitum vulparia, 72
Acroclinum roseum, 95
Adenostyles alpina, 71
Aechmea chantinii, 29
Aechmea fasciata, 28
Aechmea nudicaulis, 29
Aechmea recurvata, 29
Aerangis cryptodon, 16
Aeschynanthus speciosus, 18
Aesculus hippocastanum, 46
Affen-Knabenkraut, 83
Affodill, 104
Agapanthus umbellatus, 87
Agrostemma githago, 80
Akanthus, 160
Akelei, 201
Akelei, Gemeine, 54
Allium giganteum, 197
Allium karataviense, 72
Allium ostrovskianum, 71
Allium schoenoprasum, 67
Alocasia sanderiana, 33
Alpenaster, 67
Alpendost, Gemeiner, 71
Alpen-Kuhschelle, 72
Alpen-Wachsblume, 75
Alpinia purpurea, 30
Alstroemeria ligtu, 88
Althaea hirsuta, 108
Althaea officinalis, 104
Amaryllis 'Picotée', 169
Amaryllis 'Stassen Glory', 231
Anacamptis pyramidalis, 83
Anagallis arvensis, 80
Anemone ×, 186
Anemone alpina, 72
Anémone de Caen, 186
Anemone nemorosa, 75
Anemone sulphurea, 72
Anethum graveolens, 133
Angelica archangelica, 145
Angelica silvestris, 144
Angraecum compactum, 16
Angraecum magdalenae, 16
Angraecum sesquipedale, 17
Anthurium andreanum, 32
Anthyllis vulneraria, 88
Antirrhinum majus, 197
Apfel, 102
Aphelandra squarrosa, 18
Aphyllanthes monspeliensis, 88
Aprikose, 102
Aquilegia ×, 201
Aquilegia vulgaris, 54
Arachnis flos-aeris, 16
Arbutus unedo, 135
Arisaema sikokianum, 58
Aristolochia clematitis, 156
Armeria maritima, 161
Arnica montana, 72
Arnika, 72
Aronstab, Italienischer, 37
Artemisia absinthium, 90
Arum dracunculus, 164
Arum italicum, 37
Asclepias currassavica, 33

Ascocenda 'Pralor', 220
Asphodelus line lutea, 159
Asphodelus albus, 104
Aster alpinus, 67
Asteriscus spinosus, 137
Astrantia major, 76
Attich, 42
Augentrost, Gemeiner, 81
Bachbunge, 150
Bach-Nelkenwurz, 150
Bärwurz, Echte, 75
Ballota foetida, 55
Baldrian, Echter, 144
Bartnelke, 208
Basilikum, 133
Begonia crispa marginata, 182
Begonia fimbriata, 182
Begonia metallica, 20
Begonia pendulata, 182
Begonia tuberhybrida, 182-183
Beinwell, Gemeiner, 39
Bellis perennis, 79
Benediktinerkraut, 137
Berg-Alant, 68
Bergclematis, 181
Besenginster, Gewöhnlicher, 156
Besenheide, 52
Betula alba, 45
Bienen-Ragwurz, 83
Billbergia nutans, 29
Bilsenkraut, Schwarzes, 129
Birke, 45
Birne, 102
Bleiwurz, Südafrikanische, 87
Bletilla striata, 50
Blumenrohr, 231
Borago officinalis, 96
Borretsch, 96
Bougainvillea glabra, 26
Brandkraut, 138
Brassavola nodosa, 25
Brassia longissima, 15
Brassolaeliocattleya 'Parador × Harlequin', 213
Braunelle, Großblüttige, 39
Braun-Klee, 68
Breitblättriger Rohrkolben, 142
Buchsbaum, 42
Buchweizen, 91
Buddleia ×, 224
Buddleie 'Lochinch', 224
Büschelschön, 111
Bulbophyllum lobii, 25
Buplevrum fruticosum, 159
Buschwindröschen, 75
Buxus sempervirens, 42
Cakile maritima, 160
Calathea crocata, 18
Calceolaria herbeo hybrida, 227
Calendula officinalis, 89
Calla, 149
Callistephus chinensis, 197
Calluna vulgaris, 52
Caltha palustris, 153
Camellia japonica ×, 197
Campanula barbata, 73
Campanula latifolia, 39
Campanula thyrsoidea, 72
Canarina canariensis, 155
Canna ×, 231
Canna coccinea, 149
Cannabis indica, 129
Carduncellus monspeliensium, 137
Carduus nutans, 70
Carex sp, 166

Carlina acaulis, 71
Carpinus betulus, 45
Carpobotrus acinaciformis, 138
Carthamus tinctorius, 137
Carum carvi, 90
Castanea vulgaris, 45
Catananche caerulea, 95
Catasetum pileatum, 24
Cattleya 'Pontcoarl', 213
Cattleyatonia 'Jamaica Red', 220
Centaurea uniflora, 71
Cephalanthera longifolia, 51
Cephalanthera rubra, 95
Cerinthe glabra, 75
Ceropegia ampliata, 33
Ceropegia distincta, 33
Ceropegia stapeliiformis, 33
Chamaecereus silvestrii, 123
Chasmanthe floribunda, 87
Chelidonium majus, 56
Chineser-Nelke, 208
Chrysantheme, 192, 201
Chrysanthemum ×, 192, 201
Chrysanthemum leucanthemum, 92-93
Cineraria cruenta, 228
Cirsium erisithales, 75
Cirsium palustre, 150
Cistus albidus, 126-127
Clematis ×, 180-181
Clematis montana ×, 181
Clematis vitalba, 42
Clematis viticella, 181
Clematis 'Jackmanii', 181
Clematis 'Nelly Moser', 181
Clematis 'Rouge Cardinal', 181
Clematis 'Ville de Lyon', 181
Clivia miniata, 87
Clusia rosea, 26
Cnicus benedictus, 137
Collinsia heterophylla, 111
Combretum farinosum, 87
Conium maculatum, 107
Convallaria majalis, 56
Copiapoa longispina, 117
Coreopsis grandiflora, 185
Coriandrum sativum, 133
Corydalis cava, 96
Cosmos bipinnatus, 185
Crassula sp, 114-115
Crataegus oxyacanthoides, 36
Crinum, 190-191
Crocus sativus, 94
Crossandra nilotica, 18
Cuminum cyminum, 132
Cydonia vulgaris, 102
Cymbidiella rhodochila, 25
Cymbidium ×, 218
Cymbidium finlaysonianum, 25
Cypella plumbea, 149
Cyperus alternifolius, 144
Cyperus papyrus, 152
Cypripedium calceolus, 69
Dactylorhiza incarnata, 71
Dahlia ×, 186, 201
Dahlie, 186, 201
Daphne gnidium, 164
Darwin-Tulpe, 188
Datura metel, 129
Datura stramonium, 129
Daucus carota, 96
Delphinium ×, 211
Dendrobium ×, 216
Dendrobium brymerianum, 15
Dendrobium cruentum, 6
Dendrobium crystallinum, 25

Dendrobium phalaenopsis 'Pompadour', 216
Dendrobium unicum, 16
Deutzia gracilis, 36
Dianthus barbatus, 208
Dianthus caryophyllus, 208
Dianthus chinensis, 208
Dicentra spectabilis, 98-99
Dickblatt, 114-115
Dictamnus albus, 138
Digitalis ×, 192
Digitalis grandiflora, 68
Digitalis purpurea, 53
Dill, 133
Dimorphotheca aurantiaca, 185
Dingel, 51
Diospyros kaki, 134
Diotis, 160
Diotis maritima, 160
Diptam, Weißer, 138
Disa uniflora, 149
Distel, Nickende, 70
Dodecatheon ×, 197
Dolden-Milchstern, 105
Doritis ×, 220
Dracula chimaera, 8
Dracula vampira, 8
Eberesche, 76
Echeveria derembergii, 124
Echeveria marinieri, 125
Echinocereus pectinatus, 123
Echinocereus reichenbachii, 118
Echinocereus roetteri, 123
Echinophora spinosa, 166
Echter Alant, 152
Echtes Labkraut, 90
Edelkastanie, 45
Edelweiss, 66
Eibisch, Echter, 104
Eibisch, Rauher, 108
Eiche, 45
Eichhornia speciosa, 151
Einbeere, 76
Eisenhut, Blauer, 61
Eisenkraut, 211
Eiskraut, Weißblühendes, 166
Elaeagnus angustifolia, 134
Engelwurz, Echte, 145
Enzian, Gefranster, 62
Enzian, Gelber, 62
Enzian, Punktierter, 62
Enzian, Stengelloser, 62
Epidendrum ilense, 14
Epiphyllum ×, 222-223
Erdbeerbaum, 135
Erica cinerea, 52
Erodium cicutarium, 52
Eryngium bourgatii, 77
Eryngium maritimum, 155
Erythronium dens-canis, 55
Esche, Gewöhnliche, 45
Eschscholzia californica, 228
Eucomis bicolor, 74
Eugenia caryophyllus, 30
Eupatorium cannabinum, 36
Euphorbia cyparissias, 90
Euphrasia officinalis, 81
Färberröte, Fremde, 36
Färber-Saflor, 137
Fagopyrun esculentum, 91
Feld-Enzian, 62
Ferocactus sinuatus, 117
Fettkraut, 149
Fettkraut, Gemeines, 146-147
Fichtenspargel, 58

Fieberklee, 142
Filipendula ulmaria, 144
Fingerhut, 192
Fingerhut, Großblütiger, 68
Fingerhut, Roter, 53
Fingerkraut, Kriechendes, 106
Flieder, 224
Flieder, Weißer, 224
Fliegen-Ragwurz, 83
Flockenblume, 71
Fratzenorchis, 51
Frauenschuh, 69
Fraxinus excelsior, 45
Freesie ×, 197
Freesie, 197
Fritillaria meleagris, 149
Fuchsia ×, 192
Fuchsie, 192
Gaillardia ×, 201
Galactites tomentosa, 137
Galanthus nivalis, 104
Galega officinalis, 96
Galium verum, 90
Gänseblümchen, 79
Gardenia jasminoides, 26
Garten-Immortelle, 201
Gartenaster, 197
Garteniris, 177-178
Gartennelke, 208
Gartenprimel, 202
Gauklerblume, 141
Gefleckter Schierling, 107
Geißblatt, Wohlriechendes, 55
Geißraute, Echte, 96
Gentiana acaulis, 62
Gentiana campestris, 62
Gentiana ciliata, 62
Gentiana cruciata, 62
Gentiana lutea, 62
Gentiana punctata, 62
Geranie, 100
Geranium phaeum, 67
Geranium robertianum, 108
Gerbera ×, 186
Gerbera jamesonii, 184-185
Gerbera, 184, 185, 186
Geum rivale, 150
Geum silvaticum, 56
Geum urbanum, 96
Gewürznelke, 30
Gladiole, 192
Gladiolus ×, 192
Gladiolus segetum, 109
Glechoma hederacea, 52
Globularia vulgaris, 111
Glockenblume, Bärtige, 73
Glockenblume, Großblättrige, 39
Glockenheide, Graue, 52
Gloriosa rothschildiana, 19
Gloxinia, 227
Gloxinie, 227
Gnaphalium silvaticum, 56
Goldmohn, 228
Goldnessel, 56
Goldrute, Echte, 156
Granatapfelbaum, 134
Grasnelke, Gemeine, 161
Gundelrebe, 52
Gymnocalycium borstii, 117
Haferwurz, 95
Hahnenfuß, Asiatischer, 186
Hainbuche, Gemeine, 45
Hamamelis virginiana, 106
Hanf, Indischer, 129
Hasenohr, 159
Hauhechel, Kriechender, 80
Hauswurz, Echte, 124
Hebe buxifolia ×, 224

Heidelbeere, 71
Heiligenkraut, 159
Helenium ×, 228
Helianthemum vulgare, 95
Helianthus ×, 200
Helichrysum bracteatum, 201
Helichrysum staechas, 159
Heliconia wagneriana, 30
Heliotropum peruvianum, 111
Helleborus foetidus, 106
Helm-Knabenkraut, 83
Hemerocallis ×, 228
Hippeastrum ×, 168, 231
Hortensie, 211
Hoya bella, 20
Hoya carnosa, 21
Hoya multiflora, 20
Hügelklee, 67
Hundsrose, 40-41
Hundswurz, 83
Hundszahn, 55
Hyacinthus orientalis, 192
Hyazinthe, 192
Hydrangea macrophylla, 211
Hyoscyamus niger, 129
Ilex aquifolium, 42
Immenblatt, 55
Immergrün, 84-85
Impatiens noli-tangere, 144
Indische Lotosblume, 149
Ingwer, 30
Ingwer, Roter, 30
Inkalilie, 88
Inula helenium, 152
Inula montana, 68
Ipomoea tricolor, 7
Iris ×, 176-179
Iris xiphium ×, 176
Iris 'Aril Lady', 176
Iris 'Duranus', 177
Iris 'Gay Parasol', 176
Iris 'Marilyn Holloway', 176
Iris pseudacorus, 152
Iris 'Speckless', 176
Iris 'Temple Gold', 176
Ixia ×, 231
Ixora macrothyrsa, 20
Jacobinia chrysostephana, 18
Jasmin, Echter, 130-131
Jasminum officinale, 130-131
Juglans regia, 44
Jungfer im Grünen, 104
Junkerlilie, 159
Kakipflaume, 134
Kalanchoe fedtschenkoi, 124
Kalanchoe pinnata, 124
Kalanchoe pumila, 124
Kalanchoe sokotra, 124
Kamelie 'Gay Time', 197
Kamm-Wachtelweizen, 106
Kapuzinerkresse, 231
Kapuzinerkresse, Dreifarbige, 58
Kartoffelrose, 170
Kentrophyllum lanatum, 137
Klatschmohn, 80
Klebschwertel, 231
Klette, Gemeine, 52
Knabenkraut, Fleischfarbenes, 71
Kniphofia ×, 231
Knollenbegonie, 182
Knollenbegonie 'Gloire de Lorraine', 182
Kokardenblume, 201
Kolchis-Pimpernuß, 36
Königin der Nacht, 12-13
Königs-Begonie, 182
Königskerze, Kleinblütige, 88
Königslilie, 207
Koriander, 133

Kornrade, 80
Kratzdistel, Klebrige 75
Kreuzenzian, 62
Kreuzkraut, 159
Kreuzkümmel, 132
Küchenschelle, Gemeine, 76
Kuckucksblume, Zweiblättrige 51
Kugelblume, 111
Kuhschelle, Gelbe, 72
Kümmel, 90
Laeliocattleya 'Consul', 213
Lamium album, 97
Lamium galeobdolon, 56
Lappa communis, 52
Lathrea clandestina, 38
Lathyrus odoratus, 197
Laurus nobilis, 134
Lavatera arborea, 158
Lebender Stein, 113
Leimkraut, Nickendes, 166
Leontopodium alpinum, 66
Lerchensporn, Hohler, 96
Leucospermum nutans, 164
Levisticum officinale, 75
Levkoje, 164
Liebstöckel, 75
Liguster, 42
Ligustrum vulgare, 42
Lilie 'African Queen', 206
Lilie 'Apple Blossom', 207
Lilie 'Casablanca', 207
Lilie 'Mabel Violet', 207
Lilien-Tulpe, 188
Lilium ×, 207
Lilium martagon 64-65
Lilium regale, 207
Lilium tigrinum, 207
Limodorum abortivum, 51
Limonium tartaricum, 160
Linde, 45
Lisianthus, 211
Lisianthus russellianus, 211
Lithops, 113
Lobelia syphilitica, 111
Lobelie, 111
Lobivia arachnacantha, 118
Lobivia emmae, 118
Lobivia pentlandii cristata, 118
Lonicera caprifolium, 55
Lophophora williamsii, 129
Lorbeerbaum, 134
Löwenmaul, Großes, 197
Löwenzahn, 106
Lunaria annua, 108
Lungenkraut, Echtes, 39
Lupine, 192
Lupinus polyphyllus, 192
Luzula nivea, 142
Lycopsis arvensis, 108
Lysimachia nummularia, 152
Mädchenauge, 185
Mädesüß, Echtes, 144
Magnolia grandiflora, 46
Magnolie, Großblütige 46
Maiglöckchen, 56
Malope grandiflora, 227
Malope 'Vulcain', 227
Malus sylvestris, 102
Malva sylvestris, 95
Malve, Wilde, 95
Mammillaria bombycina, 123
Mammillaria fraileana, 117
Mammillaria matudae, 122
Mammillaria occidentalis, 118
Mandel, 134
Mandelbäumchen, 46-47
Mannstreu, 77
Margerite, 92-93

Masdevallia caudata, 8
Masdevallia coccinea, 8
Masdevallia picturata, 8
Masdevallia robledorum, 8
Masdevallia veitchiana, 8
Matthiola sinuata, 164
Matucana intertexta, 117
Mäusedorn, Stechender, 43
Meconopsis baileyi, 60
Meerlavendel, 160
Meersenf, Europäischer, 160
Meerzwiebel, 167
Melampyrum cristatum, 106
Melittis melissophyllum, 55
Mentha aquatica, 144
Mentha ceroina, 150
Menyanthes trifoliata, 142
Mesembryanthemum cristallinum, 166
Mespilus germanica, 103
Meum athamanticum, 75
Mexikanische Seerose, 152
Mila caespitosa, 117
Miltonia 'Faribole la Tuilerie', 214-215
Miltoniopsis lyceana, 218
Mimulus sp, 141
Minze, 150
Mirabilis jalapa, 138
Mispel, Echte, 103
Mohn 'Exotica', 187
Mohn, 186
Möhre, Wilde, 96
Monarda didyma, 57
Mondviole, 108
Monotropa hypopitys, 58
Monstera deliciosa, 30
Muscari comosum, 80
Muscari comosum plumosum, 211
Muskat-Salbei, 138
Myrrhis odorata, 76
Nachtkerze, Gemeine, 80
Narcissus ×, 203
Narcissus tazetta, 104
Narzisse, 104
Narzisse 'Golden Harvest', 203
Narzisse 'Ice Follies', 203
Narzisse 'Professor Einstein', 203
Nectaroscordum siculum, 58
Nelkengewürz, Gemeine, 96
Nelumbo nucifera, 149
Neottia nidus-avis, 51
Nerium oleander, 138
Nestwurz, 51
Nicotiana affinis, 228
Nidularium innocentii, 31
Nigella damascena, 104
Notocactus scopa, 120-121
Nymphaea ×, 232
Nymphaea alba, 141
Nymphaea mexicana, 152
Ocinum basilicum, 133
Odontioda 'Menuet', 218
Odontocidium ×, 220
Odontocidium 'Arthur Elle', 216
Odontoglossum bictoniense, 15
Oenothera biennis, 80
Olea europaea, 134
Oleander, 138
Olivenbaum, 134
Ölweide, Schmalblättrige, 134
Oncidium papilio, 15
Ononis repens, 80
Ophrys apifera, 83
Ophrys insectifera, 83
Ophrys scolopax, 83
Ophrys sphegodes, 83
Opuntia vestita, 123
Orchis militaris, 83
Orchis simia, 83

Ornithogalum pyrenaicum, 75
Ornithogalum thyrsoides, 104
Ornithogalum umbellatum, 105
Orontium aquaticum, 152
Osterluzei, Gemeine, 156
Pachystachys lutea, 18
Paeonia lactiflora, 210
Pancratium maritimum, 160
Pankrazlilie, 160
Pantoffelblume, 227
Papageien-Tulpe, 188
Papaver orientale ×, 186, 187
Papaver rhoeas, 80
Papaver somniferum, 128
Paphiopedilum ×, 218
Paphiopedilum × 'Allright Nadir', 218
Paphiopedilum concolor, 16
Paphiopedilum rothschildianum, 15
Paphiopedilum sukhakulii, 15
Papyrus, 152
Paradieslilie, 68
Paradiesvogelblume, 87
Paradisia liliastrum, 68
Paris quadrifolia, 76
Parnassia palustris, 142
Parodia tarabucensis, 118
Passiflora caerulea, 10
Passiflora coriacea, 10
Passiflora cymbarina, 10
Passiflora edulis, 11
Passiflora violacea, 10
Paulownia tomentosa, 46
Pavonia multiflora, 30
Pedicularis silvatica, 39
Pelargonie, 198
Pelargonie 'Beauty of Gold', 199
Pelargonie 'Crocodile', 198
Pelargonium clorinda, 101
Pelargonium rosea, 100
Pelargonium × *domesticum*, 198, 199
Periploca levigata, 33
Petrea kohautiana, 26
Petrorhagia prolifera, 164
Petunia ×, 194-195
Petunie, 194-195
Peyotl, 129
Pfeilkraut, 142
Pfennigkraut, 152
Pfingstrose, 210
Pfirsich, 102
Phacelia tanacetifolia, 111
Phalaenopsis ×, 216
Phalaenopsis 'Lady Amboin', 217
Phlomis herba-venti, 138
Phlox, 225
Phlox ×, 225
Phoenocoma prolifera, 139
Phragmipedium besseae, 25
Phytheuma spiicatum, 62
Pinguicula moranensis, 149
Pinguicula vulgaris, 146-147
Platanthera bifolia, 51
Pleione formosana, 48-49
Plumbago capensis, 87
Plumeria acutifolia, 26
Polygonatum vulgare, 56
Polygonum bistorta, 150
Pontederia cordata, 142
Pontederie, Herzförmige, 142
Potentilla reptans, 106
Prachtlilie, 19
Primula ×, 202
Primula officinalis, 34
Protea cynaroides, 165
Protea laurifolia, 164
Protea sp, 162-163
Prunella grandiflora, 39
Prunus amygdalus, 134

Prunus armeniaca, 102
Prunus avium, 102
Prunus padus, 46
Prunus persica, 102
Prunus spinosa, 42-43
Prunus triloba, 46-47
Pulmonaria officinalis, 38-39
Pulsatilla vulgaris, 76
Punica granatum, 134
Purpur-Klee, 108
Puschkinia scilloides, 59
Pyrenäen-Milchstern, 75
Pyrethrum ×, 228
Pyrola rotundifolia, 68
Pyrus communis, 102
Quitte, 102
Quercus sessiliflora, 45
Ranunculus asiaticus, 186
Rebutia cintiensis, 119
Rembrandt-Tulpe, 188
Reseda lutea, 156
Reseda odorata, 90
Rhododendron ×, 204-205
Rhododendron 'Nova Zemblack', 204-205
Riesenlauch, 197
Ringelblume, Gemeine, 89
Rittersporn, 211
Robinia pseudoacacia, 46
Robinie, 46
Rosa ×, 169, 170, 171, 175
Rosa canina, 40-41
Rosa rugosa ×, 172-173
Roscoea purpurea, 58
Rose 'de Puteaux', 170
Rose 'Ghislaine de Féligonde', 170
Rose 'Golden wing', 175
Rose 'Handel', 175
Rose 'Hannah Gordon', 175
Rose 'Honorine de Brabant', 170
Rose 'Louise Odier', 170
Rose 'Mermaid', 170
Rose 'Parfum de L'Haÿ', 170
Rose 'Pierre de Ronsard', 175
Rose 'Queen Elizabeth', 175
Rose 'Souvenir du Dr Jamain', 175
Rose 'Veilchenblau', 170
Rose 'Westerland', 174
Rosmarin, 133
Rosmarinus officinalis, 133
Roßkastanie, 46
Rote Schlauchpflanze, 143
Rubia peregrina, 36
Rudbeckia purpurea, 201
Rudbeckia, 201
Rührmichnichtan, 144
Ruprechtskraut, 108
Ruscus aculeatus, 43
Safran, Echter, 95
Sagittaria latifolia, 142
Saintpaulia ionantha, 227
Salomonsiegel, 56
Salvia pratensis, 96
Salvia sclarea, 138
Sambucus ebulus, 42
Sammetblume, Aufrechte, 226
Sand-Bauernsenf, 166
Santolina chamaecyparissus, 159
Saponaria officinalis, 88
Sarothamnus scoparius, 156
Sarracenia purpurea, 143
Schachbrettblume, 149
Schafgarbe, 77
Scheinmohn, 60
Schierlings-Röhrschnabel, 52
Schlafmohn, 128
Schlehe, 42-43
Schmuckkörbchen, 185
Schmucklilie, Orientalische, 87

Schnee-Hainsimse, 142
Schneeball, Wolliger, 36
Schneeglöckchen, 104
Schnittlauch, 67
Schöllkraut, Großes, 56
Schönmalve, 231
Schopflavendel-Immortelle, 159
Schuppenwurz, 38
Schwalbenwurz, 166
Schwarznessel, 55
Scilla lilio-hyazinthus, 67
Scolymus hispanicus, 136
Scutellaria galericulata, 150
Seerose 'Albert Greenberg', 232
Seerose 'Arc-en-ciel', 232
Seerose 'Greensmoke', 232
Seerose 'Jack Wood', 232
Seerose 'Rembrandt', 232
Seerose 'Texas Down', 232
Seerose 'Virginia', 232
Seerose, Weiße, 141
Seidelbast, 164
Seifenkraut, Gemeines, 88
Selenicereus grandiflorus, 12-13
Sempervivum tectorum, 124
Senecio cineraria, 159
Serapias lingua, 79
Sesam, 133
Sesamum indicum, 133
Setcreasea purpurea, 22-23
Siegwurz, 109
Silberbaum, 162-163
Silberbaum, Artischockenähnlicher, 165
Silberblatt, 108
Silberdistel, 71
Silene nutans, 166
Solandra nitida, 26
Solanum pyracanthum, 20
Solidago virgaurea, 156
Sonnenblume, 200
Sonnenbraut 'Beauty', 228
Sonnenröschen, 95
Sorbus aucuparia, 76
Sparmannia africana, 86
Spathiphyllum patinii, 26
Spierstrauch, 90
Spinnen-Ragwurz, 83
Spiraea hypericifolia, 90
Spitzklette, Gemeine, 159
Springkraut, Großes, 144
Sprossende Felsennelke, 164
Stachys germanica, 55
Stachys silvatica, 52
Staphylea colchica, 36
Stechapfel, Arabischer, 129
Stechapfel, Gemeiner, 129
Stechginster, 157
Stechpalme, Gemeine, 42
Stenocactus multicostatus, 123
Sternbergia lutea, 156
Sternbergie, Gelbe, 156
Sterndolde, Große, 76
Stiefmütterchen, 202
Stinkende Nieswurz, 106
Storchschnabel, Brauner, 67
Stranddistel, 155
Strauchpappel, Baumartige, 158
Strauchveronika, 224
Strauß-Glockenblume, 72
Strelitzia reginae, 87
Streptocarpus ×, 227
Süßdolde, Duftende, 76
Süßkirche, 102
Sumpfdotterblume, 153
Sumpf-Helmkraut, 150
Sumpfherzblatt, 142
Sumpf-Kratzdistel, 150
Sumpf-Schwertlilie, 152

Symphytum officinale, 39
Syringa ×, 224
Tagetes erecta, 226
Tamariske, 160
Tamarix parviflora, 160
Taraxacum officinale, 106
Taubnessel, Weiße, 97
Teesdalia nudicaulis, 166
Tephrocactus pentlandii, 116
Teufelskralle, Ährige, 62
Thymian, 133
Thymus vulgaris, 133
Tibouchina semidecandra, 20
Tigerlilie, 207
Tigridia pavonia, 88
Tilia vulgaris, 45
Tillandsia cyanea, 29
Tragopogon porrifolius, 95
Tragopogon pratensis, 106
Tränendes Herz, 96
Träubelhyazinthe, 211
Träubelhyazinthe, Schopfige, 80
Trauben- oder Ahlkirsche, 46
Traubeneiche, 45
Trichocereus spachianus, 112
Tricyrtis hirta, 111
Trifolium alpestre, 67
Trifolium badium, 68
Trifolium rubens, 108
Trillium grandiflora, 55
Trillium sessile, 35
Trollblume, 68
Trollius europaeus, 68
Tropaeolum majus ×, 231
Tropaeolum speciosum, 58
Tropaeolum tricolorum, 58
Tulipa ×, 188, 189
Typha latifolia, 142
Ulex europaeus, 157
Urginea maritima, 167
Usambaraveilchen, 227
Vaccinium myrtillus, 71
Valeriana officinalis, 144
Vanda rothschildiana, 216
Vanda sanderiana 'Terry', 216
Vandaenopsis 'Désir Michel Viard', 221
Vanillestrauch, 111
Veilchen, Gespornes, 67
Veilchen, Wohlriechendes, 39
Verbascum thapsus, 88
Verbena ×, 211
Veronica beccabunga, 150
Veronica officinalis, 108
Viburnum lantana, 36
Vinca minor, 84-85
Vincetoxicum officinale, 166
Viola calcarata, 67
Viola odorata, 39
Viola wittrockiana ×, 202
Vriesea psittacina, 29
Vuylstekeara 'Cambria Plush', 218
Vuylstekeara 'Stamperland', 218
Wald-Ehrenpreis, 108
Wald-Engelwurz, 144
Wald-Läusekraut, 39
Wald-Nelkenwurz, 56
Waldrebe, Gemeine, 42
Wald-Ruhrkraut, 56
Waldvögelein, Rotes, 95
Waldvögelein, Schwertblättriges, 51
Wald-Ziest, 52
Walnußbaum, 44
Wasser-Minze, 144
Wasserhanf, 36
Wasserhyazinthe, 151
Wau, Gelber, 156
Wau, Wohlriechender, 90
Weißbirke, 45

Weißdorn, 36
Weißliche Zistrose, 126-127
Wermut, Echter, 90
Wicke, Wohlriechende, 197
Wiesen-Bocksbart, 106
Wiesen-Salbei, 96
Wiesenknöterich, 150
Wiesenschlüsselblume, 34
Wintergrün, Rundblättriges, 68
Wolfsauge, 108
Wolfs-Eisenhut, 72
Wunderblume, 138
Wundklee, Gemeiner, 88
Xanthium strumarium, 159
Zantedeschia ×, 231
Zantedeschia rehmanii, 149
Zaubernuß, 106
Ziertabak, 228
Ziest, Deutscher, 55
Zimmerkalla 'Mango', 231
Zimmerlinde, 86
Zingiber spectabile, 30
Zuckerahorn, 46
Zypergras, 144
Zypressen-Wolfsmilch, 90

INDEX DER PFLANZENFAMILIEN

Ahorngewächse
Acer saccharum, 46
Zuckerahorn, 46

Akanthusgewächse
Acanthus mollis, 160
Akanthus, 160
Aphelandra squarrosa, 18
Crossandra nilotica, 18
Jacobinia chrysostephana, 18
Pachystachys lutea, 18

Ananasgewächse
Aechmea chantinii, 29
Aechmea fasciata, 28
Aechmea nudicaulis, 29
Aechmea recurvata, 29
Billbergia nutans, 29
Nidularium innocentii, 31
Tillandsia cyanea, 29
Vriesea psittacina, 29

Baldriangewächse
Baldrian, Echter, 144
Valeriana officinalis, 144

Balsaminengewächse
Impatiens noli-tangere, 144
Springkraut, Großes
 (Rührmichnichtan) 144

Bananengewächse
Paradiesvogelblume, 87
Strelitzia reginae, 87

Begoniengewächse
Begonia crispa marginata, 182
Begonia fimbriata, 182
Begonia metallica, 20
Begonia pendulata, 182
Begonia tuberhybrida, 182-183
Knollenbegonie 'Gloire de Lorraine', 182
Knollenbegonie, 182
Königs-Begonie, 182

Binsengewächse
Luzula nivea, 142
Schnee-Hainsimse, 142

Birkengewächse
Betula alba, 45
Weißbirke, 45

Borretschgewächse
Alpenwachsblume, 75
Beinwell, Gemeiner, 39
Borago officinalis, 96
Borretsch, 96
Cerinthe glabra, 75
Heliotropum peruvianum, 111
Lungenkraut, Echtes, 39
Lycopsis arvensis, 108
Pulmonaria officinalis, 38-39

Symphytum officinale, 39
Vanillestrauch, 111
Wachsblume, 75
Wolfsauge, 108

Buchengewächse
Castanea vulgaris, 45
Edelkastanie, 45
Quercus sessiliflora, 45
Traubeneiche, 45

Buchsbaumgewächse
Buchsbaum, 42
Buxus sempervirens, 42

Commelinengewächse
Setcreasea purpurea, 22-23

Dickblattgewächse
Crassula sp, 114-115
Dickblatt, 114-115
Echeveria derembergii, 124
Echeveria marinieri, 125
Echte Hauswurz, 124
Kalanchoe fedtschenkoi, 124
Kalanchoe pinnata, 124
Kalanchoe pumila, 124
Kalanchoe sokotra, 124
Sempervivum tectorum, 124

Doldenblütler
Anethum graveolens, 133
Angelica archangelica, 145
Angelica silvestris, 144
Astrantia major, 76
Bärwurz, Echte, 75
Buplevrum fruticosum, 159
Carum carvi, 90
Conium maculatum, 107
Coriandrum sativum, 133
Cuminum cyminum, 132
Daucus carota, 96
Dill, 133
Echinophora spinosa, 166
Engelwurz, Echte, 145
Eryngium bourgatii, 77
Eryngium maritimum, 155
Gefleckter Schierling, 107
Hasenohr, 159
Koriander, 133
Kreuzkümmel, 132
Kümmel, 90
Levisticum officinale, 75
Liebstöckel, 75
Mannstreu, 77
Meum athamanticum, 75
Möhre, Wilde, 96
Myrrhis odorata, 76
Sterndolde, Große, 76
Stranddistel, 155
Süßdolde, Duftende, 76
Wald-Engelwurz, 144

Ebenholzgewächse
Diospyros kaki, 134
Kakipflaume, 134

Eisenkrautgewächse
Eisenkraut, 211
Petrea kohautiana, 26
Verbena ×, 211

Eiskrautgewächse
Carpobotrus acinaciformis, 138
Eiskraut, Weißblühendes, 166
Lebender Stein, 113
Lithops sp, 113
Mesembryanthemum cristallinum, 166

Enziangewächse
Enzian, Gelber, 62
Enzian, Haariger, 62
Enzian, Punktierter, 62
Enzian, Stengelloser, 62
Feld-Enzian, 62
Gentiana acaulis, 62
Gentiana campestris, 62
Gentiana ciliata, 62
Gentiana cruciata, 62
Gentiana lutea, 62
Gentiana punctata, 62
Kreuzenzian, 62
Lisianthus russellianus, 211
Lisianthus, 211

Erdrauchgewächse
Corydalis cava, 96
Dicentra spectabilis, 98-99
Lerchensporn, Hohler, 96
Tränendes Herz, 96

Fieberkleegewächse
Fieberklee, 142
Menyanthes trifoliata, 142

Froschlöffelgewächse
Pfeilwurz, 142
Sagittaria latifolia, 142

Geißblattgewächse
Attich, 42
Geißblatt, Wohlriechendes, 55
Lonicera caprifolium, 55
Sambucus ebulus, 42
Schneeball, Wolliger, 36
Viburnum lantana, 36

Gesneriengewächse
Aeschynanthus speciosus, 18
Gloxinia, 227
Gloxinie, 227
Saintpaulia ionantha, 227
Streptocarpus ×, 227
Usambaraveilchen, 227

Glockenblumengewächse
Campanula barbata, 73
Canarina canariensis, 155
Campanula latifolia, 39
Campanula thyrsoidea, 72
Glockenblume, Bärtige, 73
Glockenblume, Großblättrige, 39
Lobelia syphilitica, 111
Lobelie, 111
Phyteuma spicatum, 62
Strauß-Glockenblume, 72
Teufelskralle, Ährige, 62

Granatapfelgewächse
Granatapfelbaum, 134
Punica granatum, 134

Grasnelkengewächse
Armeria maritima, 161
Bleiwurz, Südafrikanische, 87
Grasnelke, Gemeine, 161
Limonium tartaricum, 160
Meerlavendel, 160
Plumbago capensis, 87

Hahnenfußgewächse
Aconitum napellus, 61
Aconitum vulparia, 72
Akelei, 201
Akelei, Gemeine, 54
Alpen-Kuhschelle, 72
Anemone alpina, 72
Anemone nemorosa, 75
Anemone pulsatilla, 76
Anemone sulphurea, 72
Anemone ×, 186
Anémone de Caen, 186
Aquilegia vulgaris, 54
Aquilegia ×, 201
Bergclematis, 181
Buschwindröschen, 75
Caltha palustris, 153
Clematis montana ×, 181
Clematis vitalba, 42
Clematis viticella, 181
Clematis ×, 180–181
Clematis 'Jackmanii', 181
Clematis 'Nelly Moser', 180
Clematis 'Rouge Cardinal', 181
Clematis 'Ville de Lyon', 181
Delphinium ×, 211
Eisenhut, Blauer, 61
Hahnenfuß, Asiatischer, 186
Helleborus foetidus, 106
Jungfer im Grünen, 104
Küchenschelle, Gemeine, 76
Kuhschelle, Gelbe, 72
Nigella damascena, 104
Paeonia lactiflora, 210
Pfingstrose, 210
Ranunculus asiaticus, 186
Rittersporn, 211
Stinkende Nieswurz, 106
Sumpfdotterblume, 153

Trollblume, 68
Trollius europaeus, 68
Waldrebe, Gemeine, 42
Wolfs-Eisenhut, 72

Hamamelisgewächse
Hamamelis virginiana, 106
Zaubernuß, 106

Hanfgewächse
Cannabis indica, 129
Hanf, Indischer, 129

Haselnußgewächse
Hainbuch, Gemeine, 45
Carpinus betulus, 45

Heidekrautgewächse
Arbutus unedo, 135
Besenheide, 52
Calluna vulgaris, 52
Erdbeerbaum, 135
Erica cinerea, 52
Glockenheide, Graue, 52
Heidelbeere, 71
Rhododendron ×, 204-205
Rhododendron 'Nova Zemblack', 204-205
Vaccinium myrtillus, 71

Heliconiengewächse
Heliconia wagneriana, 30

Hundsgiftgewächse
Immergrün, 84-85
Nerium oleander, 138
Oleander, 138
Plumeria acutifolia, 26
Vinca minor, 84-85

Ingwergewächse
Alpinia purpurea, 30
Ingwer, 30
Ingwer, Roter, 30
Roscoea purpurea, 58
Zingiber spectabile, 30

Johanniskrautgewächse
Clusia rosea, 26

Kaktusgewächse
Chamaecereus silvestrii, 123
Copiapoa longispina, 117
Echinocereus pectinatus, 123
Echinocereus reichenbachii, 118
Echinocereus roetteri, 123
Epiphyllum ×, 222-223
Ferocactus sinuatus, 117
Gymnocalycium horstii, 117
Königin der Nacht, 12-13
Lobivia arachnacantha, 118
Lobivia emmae, 118
Lobivia pentlandii cristata, 118
Lophophora williamsii, 129
Mammillaria bombycina, 123
Mammillaria fraileana, 117
Mammillaria matudae, 122
Mammillaria occidentalis, 118
Matucana intertexta, 117
Mila caespitosa, 117
Notocactus scopa, 120-121
Opuntia vestita, 123
Parodia tarabucensis, 118
Peyotl, 129
Rebutia cintiensis, 119
Selenicereus grandiflorus, 12-13
Stenocactus multicostatus, 123
Tephrocactus pentlandii, 116

Trichocereus spachianus, 112

Kapuzinerkressengewächse
Kapuzinerkresse, 231
Kapuzinerkresse, Dreifarbige, 58
Tropaeolum majus ×, 231
Tropaeolum speciosum, 58
Tropaeolum tricolorum, 58

Knabenkrautgewächse
Aceras anthropophorum, 51
Aerangis cryptodon, 16
Affen-Knabenkraut, 83
Anacamptis pyramidalis, 83
Angraecum compactum, 16
Angraecum magdalenae, 16
Angraecum sesquipedale, 17
Arachnis flos-aeris, 16
Ascocenda 'Pralor', 220
Bienen-Ragwurz, 83
Bletilla striata, 50
Brassavola nodosa, 25
Brassia longissima, 15
Brassolaeliocattleya
  'Parador × Harlequin', 213
Bulbophyllum lobii, 25
Catasetum pileatum, 24
Cattleya 'Pontcoarl', 213
Cattleyatonia 'Jamaica Red', 220
Cephalanthera longifolia, 51
Cephalanthera rubra, 95
Cymbidiella rhodochila, 25
Cymbidium finlaysonianum, 25
Cymbidium ×, 218
Cypripedium calceolus, 69
Dactylorhiza incarnata, 71
Dendrobium ×, 216
Dendrobium brymerianum, 15
Dendrobium cruentum, 6
Dendrobium crystallinum, 25
Dendrobium ×. 'New Guinea', 220
Dendrobium phalaenopsis
  'Pompadour', 216
Dendrobium unicum, 16
Dingel, 51
Disa uniflora, 149
Doritis ×, 220
Dracula chimaera, 8
Dracula vampira, 8
Epidendrum ilense, 14
Fliegen-Ragwurz, 83
Fratzenorchis, 51
Frauenschuh, 69
Helm-Knabenkraut, 83
Hundswurz, 83
Ipomoea tricolor, 7
Knabenkraut, Fleischfarbenes, 71
Kuckucksblume, Zweiblättrige 51
Laeliocattleya 'Consul', 213
Limodorum abortivum, 51
Masdevallia caudata, 8
Masdevallia coccinea, 8
Masdevallia picturata, 8
Masdevallia robledorum, 8
Masdevallia veitchiana, 8
Miltonia 'Faribole la Tuilerie', 214-215
Miltoniopsis lyceana, 218
Neottia nidus-avis, 51
Nestwurz, 51
Odontioda 'Menuet', 218
Odontocidium ×, 220
Odontocidium 'Arthur Elle', 216
Odontoglossum bictoniense, 15
Oncidium papilio, 15
Ophrys apifera, 83
Ophrys insectifera, 83
Ophrys scolopax, 83

Ophrys sphegodes, 83
Orchis militaris, 83
Orchis simia, 83
Paphiopedilum ×, 218
Paphiopedilum × 'Allright Nadir', 218
Paphiopedilum concolor, 16
Paphiopedilum rothschildianum, 15
Paphiopedilum sukhakulii, 15
Phalaenopsis ×, 216
Phalaenopsis 'Lady Amboin', 217
Phragmipedium besseae, 25
Platanthera bifolia, 51
Pleione formosana, 48-49
Serapias lingua, 79
Spinnen-Ragwurz, 83
Vandaenopsis 'Désir Michel Viard', 221
Vanda rothschildiana, 216
Vanda sanderiana 'Terry', 216
Vuylstekeara 'Cambria Plush', 218
Vuylstekeara 'Stamperland', 218
Waldvögelein, Schwertblättriges 51
Waldvögelein, Rotes, 95

Knöterichgewächse
Buchweizen, 91
Fagopyrum esculentum, 91
Polygonum bistorta, 150
Wiesenknöterich, 150

Korbblütler
Achillea ptarmica, 77
Acroclinum roseum, 95
Adenostyles alpina, 71
Alpenaster, 67
Alpendost, Gemeiner, 71
Arnica montana, 72
Arnika, 72
Artemisia absinthium, 90
Aster alpinus, 67
Asteriscus spinosus, 137
Bellis perennis, 79
Benediktinerkraut, 137
Berg-Alant, 68
Calendula officinalis, 89
Callistephus chinensis, 197
Carduncellus monspeliensium, 137
Carduus nutans, 70
Carlina acaulis, 71
Carthamus tinctorius, 137
Catananche caerulea, 95
Centaurea uniflora, 71
Chrysantheme, 192, 201
Chrysanthemum ×, 192, 201
Chrysanthemum leucanthemum, 92-93
Cineraria cruenta, 228
Cirsium erisithales, 75
Cirsium palustre, 150
Cnicus benedictus, 137
Coraepsis grandiflora, 185
Cosmos bipinnatus, 185
Dahlia ×, 186, 201
Dahlie, 186, 201
Dimorphotheca aurantiaca, 185
Diotis, 160
Diotis maritima, 160
Distel, Nickende, 70
Echter Alant, 152
Edelweiss, 66
Eupatorium cannabinum, 36
Färber-Safor, 137
Flockenblume, 71
Gänseblümchen, 79
Gaillardia ×, 201
Galactites tomentosa, 137
Gartenaster, 197
Garten-Immortelle, 201
Gerbera jamesonii, 184, 185

Gerbera, 184, 185, 186
Gnaphalium silvaticum, 56
Goldrute, Echte, 156
Haferwurz, 95
Heiligenkraut, 159
Helenium ×, 228
Helianthus ×, 200
Helichrysum bracteatum, 201
Helichrysum staechas, 159
Inula helenium, 152
Inula montana, 68
Kentrophyllum lanatum, 137
Klette, Gemeine, 52
Kokardenblume, 201
Kratzdistel, Klebrige, 75
Kreuzkraut, 159
Lappa communis, 52
Leontopodium alpinum, 66
Löwenzahn, 106
Mädchenauge, 185
Margerite, 92-93
Phoenocoma prolifera, 139
Pyrethrum ×, 228
Ringelblume, Gemeine, 89
Rudbeckia purpurea, 201
Rudbeckia, 201
Sammetblume, Aufrechte, 226
Santolina chamaecyparissus, 159
Schafgarbe, 77
Schmuckkörbchen, 185
Schopflavendel-Immortelle, 159
Scolymus hispanicus, 136
Senecio cineraria, 159
Silberdistel, 71
Solidago virgaurea, 156
Sonnenblume, 200
Sonnenbraut 'Beauty', 228
Spitzklette, Gemeine, 159
Sumpf-Kratzdistel, 150
Tagetes erecta, 226
Taraxacum officinale, 106
Tragopogon porrifolius, 95
Tragopogon pratensis, 106
Wald-Ruhrkraut, 56
Wasserhanf, 36
Wermut, Echter, 90
Wiesen-Bocksbart, 106
Xanthium strumarium, 159

Kreuzblütler
Cakile maritima, 160
Levkoje, 164
Lunaria annua, 108
Matthiola sinuata, 164
Meersenf, Europäischer, 160
Mondviole, 108
Sand-Bauernsenf, 166
Teesdalia nudicaulis, 166

Kugelblumengewächse
Globularia vulgaris, 111
Kugelblume, 111

Langfadengewächse
Combretum farinosum, 87

Liliengewächse
Affodill, 104
Agapanthus umbellatus, 87
Allium giganteum, 197
Allium karataviense, 72
Allium ostrovskianum, 71
Allium schoenoprasum, 67
Aphyllanthes monspeliensis, 88
Asphodeline lutea, 159
Asphodelus albus, 104
Convallaria majalis, 56

Darwin-Tulpe, 188
Dolden-Milchstern, 105
Einbeere, 76
Erythronium dens-canis, 55
Eucomis bicolor, 74
Fritillaria meleagris, 149
Gloriosa rothschildiana, 19
Hemerocallis ×, 228
Hundszahn, 55
Hyacinthus orientalis, 192
Hyazinthe, 192
Junkerlilie, 159
Kniphofia ×, 231
Königslilie, 207
Lilie 'African Queen, 206
Lilie 'Apple Blossom', 207
Lilie 'Casablanca', 207
Lilie: 'Mabel Violet', 207
Lilien-Tulpe, 188
Lilium ×, 207
Lilium martagon, 64-65
Lilium regale, 207
Lilium tigrinum, 207
Mäusedorn, 43
Maiglöckchen, 56
Meerzwiebel, 167
Muscari comosum, 80
Muscari comosum plumosum, 211
Nectaroscordum siculum, 58
Ornithogalum pyrenaicum, 75
Ornithogalum thyrsoides, 104
Ornithogalum umbellatum, 105
Papageien-Tulpe, 188
Paradieslilie, 68
Paradisia liliastrum, 68
Paris quadrifolia, 76
Polygonatum vulgare, 56
Prachtlilie, 19
Puschkinia scilloides, 59
Pyrenäen-Milchstern, 75
Rembrandt-Tulpe, 188
Riesenlauch, 197
Ruscus aculeatus, 43
Salomonsiegel, 56
Schachbrettblume, 149
Schmucklilie, Orientalische, 87
Schnittlauch, 67
Scilla lilio-hyazinthus, 67
Tigerlilie, 207
Träubelhyazinthe, 211
Träubelhyazinthe, Schopfige, 80
Tricyrtis hirta, 111
Tulipa ×, 188, 189
Urginea maritima, 167

Lindengewächse
Linde, 45
Sparmannia africana, 86
Tilia vulgaris, 45
Zimmerlinde, 86

Lippenblütler
Ballota foetida, 55
Basilikum, 133
Brandkraut, 138
Braunelle, Großblütige, 39
Glechoma hederacea, 52
Goldnessel, 56
Gundelrebe, 52
Immenblatt, 55
Lamium album, 97
Lamium galeobdolon, 56
Melittis melissophyllum, 55
Mentha aquatica, 144
Mentha ceroina, 150
Minze, 150
Monarda didyma, 57

Ocinum basilicum, 133
Phlomis herba-venti, 138
Prunella grandiflora, 39
Rosmarin, 133
Rosmarinus officinalis, 133
Salvia pratensis, 96
Salvia sclarea, 138
Schwarznessel, 55
Scutellaria galericulata, 150
Stachys germanica, 55
Stachys silvatica, 52
Sumpf-Helmkraut, 150
Taubnessel, Weiße, 97
Thymian, 133
Thymus vulgaris, 133
Wasser-Minze, 144
Wiesen-Salbei, 96
Ziest, 52
Ziest, Deutscher, 55

Logangewächse
Buddleia ×, 224
Buddleie 'Lochinch', 224

Lorbeergewächse
Laurus nobilis, 134
Lorbeerbaum, 134

Magnoliengewächse
Magnolia grandiflora, 46
Magnolie, Großblütige 46

Malvengewächse
Abutilon ×, 231
Althaea hirsuta, 108
Althaea officinalis, 104
Eibisch, Echter, 104
Eibisch, Rauher, 108
Lavatera arborea, 158
Malope grandiflora, 227
Malope 'Vulcain', 227
Malva sylvestris, 95
Malve, Wilde, 95
Pavonia multiflora, 30
Schönmalve, 231
Strauchpappel, Baumartige, 158

Mohngewächse
Chelidonium majus, 56
Eschscholzia california, 228
Goldmohn, 228
Klatschmohn, 80
Meconopsis baileyi, 60
Mohn, 186
Mohn 'Exotica', 187
Papaver orientale ×, 186, 187
Papaver rhoeas, 80
Papaver somniferum, 128
Scheinmohn, 60
Schlafmohn, 128
Schöllkraut, Großes, 56

Myrtengewächse
Eugenia caryophyllus, 30
Gewürznelke, 30

Nachtkerzengewächse
Fuchsia ×, 192
Fuchsie, 192

Nachtschattengewächse
Bilsenkraut, Schwarzes, 129
Datura metel, 129
Datura stramonium, 129
Hyoscyamus niger, 129
Nicotiana affinis, 228
Petunia ×, 194-195

Petunie, 194-195
Solandra nitida, 26
Solanum pyracanthum, 20
Stechapfel, Arabischer, 129
Stechapfel, Gemeiner, 129
Ziertabak, 228

Narzissengewächse
Alstroemeria ligtu, 88
Amaryllis 'Picotée', 169
Amaryllis 'Stassen Glory', 231
Clivia miniata, 87
Crinum ×, 190-191
Galanthus nivalis, 104
Hippeastrum ×, 168, 231
Inkalilie, 88
Narcissus tazetta, 104
Narcissus ×, 203
Narzisse, 104
Narzisse 'Golden Harvest', 203
Narzisse 'Ice Follies', 203
Narzisse 'Professor Einstein', 203
Pancratium maritimum, 160
Pankrazlilie, 160
Schneeglöckchen, 104
Sternbergia lutea, 156
Sternbergie, Gelbe, 156

Nelkengewächse
Agrostemma githage, 80
Bartnelke, 208
Chineser-Nelke, 208
Dianthus barbatus, 208
Dianthus caryophyllus, 208
Dianthus chinensis, 208
Gartennelke, 208
Kornrade, 80
Leimkraut, Nickendes, 166
Petrorhagia prolifera, 164
Saponaria officinalis, 88
Seifenkraut, Gemeines, 88
Silene nutans, 166
Sprossende Felsennelke, 164

Ölbaumgewächse
Esche, Gewöhnliche, 45
Flieder, 224
Flieder, Weißer, 224
Fraxinus excelsior, 45
Jasmin, Echter, 130-131
Jasminum officinale, 130-131
Liguster, 42
Ligustrum vulgare, 42
Olea europaea, 134
Olivenbaum, 134
Syringa ×, 224

Ölweidengewächse
Elaeagnus angustifolia, 134
Ölweide, Schmalblättrige, 134

Osterluzeigewächse
Aristolochia clematitis, 156
Osterluzei, Gemeine, 156

Passionsblumengewächse
Passiflora caerulea, 10
Passiflora coriacea, 10
Passiflora cymbarina, 10
Passiflora edulis, 11
Passiflora violacea, 10

Pedaliengewächse
Sesam, 133
Sesamum indicum, 133

Pfeilwurzgewächse
Calathea crocata, 18

Pimpernußgewächse
Kolchis-Pimpernuß, 36
Staphylea colchica, 36

Pontederiengewächse
Eichhornia speciosa, 150
Pontederia cordata, 142
Pontederie, Herzförmige, 142
Wasserhyazinthe, 150

Primelgewächse
Ackergauchheil, 80
Anagallis arvensis, 80
Dodecatheon ×, 197
Gartenprimel, 202
Lysimachia nummularia, 152
Pfennigkraut, 152
Primula officinalis, 34
Primula ×, 202
Wiesenschlüsselblume, 34

Rachenblütler
Antirrhinum majus, 197
Augentrost, Gemeiner, 81
Bachbunge, 150
Calceolaria herbeo hybrida, 227
Collinsia heterophylla, 111
Digitalis ×, 192
Digitalis grandiflora, 68
Digitalis purpurea, 53
Euphrasia officinalis, 81
Fingerhut, 192
Fingerhut, Großblütiger, 68
Fingerhut, Roter, 53
Gauklerblume, 141
Hebe buxifolia ×, 224
Kamm-Wachtelweizen, 106
Königskerze, Kleinblütige, 88
Lathrea clandestina, 38
Löwenmaul, Großes, 197
Melampyrum cristatum, 106
Mimulus sp, 141
Pantoffelblume, 227
Paulownia tomentosa, 46
Pedicularis silvatica, 39
Schuppenwurz, 38
Strauchveronika, 224
Verbascum thapsus, 88
Veronica beccabonga, 150
Veronica officinalis, 108
Wald-Ehrenpreis, 108
Wald-Läusekraut, 39

Rautengewächse
Dictamnus albus, 138
Diptam, Weißer, 138

Resedagewächse
Reseda lutea, 156
Reseda odorata, 90
Wau, 90
Wau, Gelber, 156

Riedgräser
Carex sp, 166
Cyperus alternifolius, 144
Cyperus papyrus, 152
Papyrus, 152
Zypergras, 144

Rohrkolbengewächse
Breitblättriger Rohrkolben, 142
Typha latifolia, 142

Rosengewächse
Apfel, 102
Aprikose, 102
Bach-Nelkenwurz, 150
Birne, 102
Crataegus oxyacanthoides, 36
Cydonia vulgaris, 102
Eberesche, 76
Filipendula ulmaria, 144
Fingerkraut, Kriechendes, 106
Gemeine Nelkenwurz, 96
Geum rivale, 150
Geum silvaticum, 56
Geum urbanum, 96
Hundsrose, 40-41
Kartoffelrose, 170
Mädesüß, Echtes, 144
Malus sylvestris, 102
Mandelbaum, 134
Mandelbäumchen, 46-47
Mespilus germanica, 103
Mispel, Echte, 103
Persica vulgaris, 102
Pfirsich, 102
Potentilla reptans, 106
Prunus amygdalus, 134
Prunus armeniaca, 102
Prunus avium, 102
Prunus padus, 46
Prunus persica, 102
Prunus spinosa, 42-43
Prunus triloba, 46-47
Pyrus communis, 102
Quitte, 102
Rosa ×, 169, 170, 171, 175
Rosa canina, 40-41
Rosa rugosa ×, 172-173
Rose 'de Puteaux', 170
Rose 'Ghislaine de Féligonde', 170
Rose 'Golden wing', 175
Rose 'Handel', 175
Rose 'Hannah Gordon', 175
Rose 'Honorine de Brabant', 170
Rose 'Louise Odier', 171
Rose 'Mermaid', 170
Rose 'Parfum de L'Haÿ', 170
Rose 'Pierre de Ronsard', 175
Rose 'Queen Elizabeth', 175
Rose 'Souvenir du Dr Jamain', 175
Rose 'Veilchenblau', 170
Rose 'Westerland', 174
Schlehe, 42-43
Sorbus aucuparia, 76
Spierstrauch, 90
Spiraea hypericifolia, 90
Süßkirsche, 102
Trauben- oder Ahlkirsche, 46
Wald-Nelkenwurz, 56
Weißdorn, 36

Roßkastaniengewächse
Aesculus hippocastanum, 46
Roßkastanie, 46

Rötegewächse
Echtes Labkraut, 90
Färberröte, Fremde, 36

Galium verum, 90
Gardenia jasminoides, 26
Ixora macrothyrsa, 20
Rubia peregrina, 36

Schlauchgewächse
Rote Schlauchpflanze, 143
Sarracenia purpurea, 143

Schmetterlingsblütler
Anthyllis vulneraria, 88
Besenginster, Gewöhnlicher, 156
Braunklee, 68
Galega officinalis, 96
Geißraute, Echte, 96
Hauhechel, Kriechender, 80
Hügelklee, 67
Lathyrus odoratus, 197
Lupine, 192
Lupinus polyphyllus, 192
Ononis repens, 80
Purpur-Klee, 108
Robinia pseudoacacia, 46
Robinie, 46
Sarothamnus scoparius, 156
Stechginster, 157
Trifolium alpestre, 67
Trifolium badium, 68
Trifolium rubens, 108
Ulex europaeus, 157
Wicke, Wohlriechende, 197
Wundklee, 88

Schwalbenwurzgewächse
Asclepias currassavica, 33
Hoya bella, 20
Hoya carnosa, 21
Hoya multiflora, 20
Ceropegia ampliata, 33
Ceropegia distincta, 33
Ceropegia stapeliiformis, 33
Periploca levigata, 33
Schwalbenwurz, 166
Vincetoxicum officinale, 166
Wachsblume, 21

Schwanenblumengewächse
Blumenrohr, 231
Canna ×, 231
Canna coccinea, 149

Schwarzmundgewächse
Tibouchina semidecandra, 20

Schwertliliengewächse
Acidanthera bicolor, 110
Chasmanthe floribunda, 87
Crocus sativus, 94
Cypella plumbea, 149
Freesia ×, 197
Freesie, 197
Garteniris, 177-178
Gladiole, 198
Gladiolus ×, 192
Gladiolus segetum, 109
Iris ×, 176-179
Iris 'Aril Lady', 176

Iris 'Duranus', 177
Iris 'Gay Parasol', 176
Iris 'Marilyn Holloway', 176
Iris pseudacorus, 152
Iris 'Speckless', 176
Iris 'Temple Gold', 176
Iris xiphium ×, 176
Ixia ×, 231
Klebschwertel, 231
Safran, Echter, 95
Siegwurz, 109
Sumpf-Schwertlilie, 152
Tigridia pavonia, 88

Seerosengewächse
Indische Lotosblume, 149
Mexikanische Seerose, 152
Nelumbo nucifera, 149
Nymphaea alba, 141
Nymphaea mexicana, 152
Nymphaea ×, 232
Seerose 'Albert Greenberg', 232
Seerose 'Arc-en-ciel', 232
Seerose 'Greensmoke', 232
Seerose 'Jack Wood', 232
Seerose 'Rembrandt', 232
Seerose 'Texas Down', 232
Seerose 'Virginia', 232
Seerose, Weiße, 141

Seidelbastgewächse
Daphne gnidium, 164
Seidelbast, 164

Silberbaumgewächse
Leucospermum nutans, 164
Protea cynaroides, 165
Protea laurifolia, 164
Protea sp, 162-164
Silberbaum, 162-163
Silberbaum, Artischockenähnlicher, 165

Sperrkrautgewächse
Phlox ×, 225
Phlox, 225

Stechpalmengewächse
Ilex aquifolium, 42
Stechpalme, Gemeine, 42

Steinbrechgewächse
Deutzia gracilis, 36
Hortensie, 211
Hydrangea macrophylla, 211
Parnassia palustris, 142
Sumpfherzblatt, 142

Storchschnabelgewächse
Erodium cicutarium, 52
Geranie, 100
Geranium phaeum, 67
Geranium robertianum, 108
Pelargonie, 198
Pelargonie 'Beauty of Gold', 198
Pelargonie 'Crocodile', 199
Pelargonium clorinda, 101
Pelargonium × *domesticum*, 198, 199

Pelargonium rosea, 100
Ruprechtskraut, 108
Schierlings-Reiherschnabel, 52
Storchschnabel, Schwarzer, 67

Tamariskengewächse
Tamariske, 160
Tamarix parviflora, 160

Teegewächse
Camellia japonica ×, 197
Kamelie 'Gay Time', 197

Trilliumgewächse
Trillium grandiflora, 55
Trillium sessile, 35

Veilchengewächse
Stiefmütterchen, 202
Veilchen, Gesporntes, 67
Veilchen, Wohlriechendes, 39
Viola calcarata, 67
Viola odorata, 39
Viola wittrockiana ×, 202

Walnußgewächse
Juglans regia, 45
Walnußbaum, 45

Wasserblattgewächse
Büschelschön, 111
Phacelia tanacetifolia, 111

Wasserschlauchgewächse
Fettkraut, 149
Gemeines Fettkraut, 146-147
Pinguicula moranensis, 149
Pinguicula vulgaris, 146-147

Windengewächse
Ipomoea tricolor, 7

Wintergrüngewächse
Fichtenspargel, 58
Monotropa hypopitys, 58
Pirola rotundifolia, 68
Wintergrün, Rundblättriges, 68

Wolfsmilchgewächse
Euphorbia cyparissias, 90
Zypressen-Wolfsmilch, 90

Wunderblumengewächse
Abronia latifolia, 156
Bougainvillea glabra, 27
Mirabilis jalapa, 138
Wunderblume, 138

Zistrosengewächse
Cistus albidus, 126-127
Helianthemum vulgare, 95
Sonnenröschen, 95
Weißliche Zistrose, 126-127